YingYong XieZuo
应用写作

彭 青 ◎ 主 编

王鸿雁 冯佩昕 ◎ 副主编

U0426803

北京大学出版社
PEKING UNIVERSITY PRESS

图书在版编目(CIP)数据

应用写作/彭青主编. —北京：北京大学出版社，2015.1

ISBN 978-7-301-25423-3

Ⅰ.①应… Ⅱ.①彭… Ⅲ.①汉语－应用文－写作－高等学校－教材 Ⅳ.①H152.3

中国版本图书馆CIP数据核字(2015)第018094号

书　　　名	应用写作
著作责任者	彭　青　主编　王鸿雁　冯佩昕　副主编
责任编辑	任　蕾
标准书号	ISBN 978-7-301-25423-3
出版发行	北京大学出版社
地　　　址	北京市海淀区成府路205号　100871
网　　　址	http://www.pup.cn　新浪微博:@北京大学出版社
电子信箱	zpup@pup.cn
电　　　话	邮购部 62752015　发行部 62750672　编辑部 62754149
印　刷　者	北京虎彩文化传播有限公司
经　销　者	新华书店
	787毫米×1092毫米　16开本　19.25印张　310千字
	2015年1月第1版　2022年12月第4次印刷
定　　　价	39.00元

未经许可，不得以任何方式复制或抄袭本书之部分或全部内容。
版权所有，侵权必究
举报电话: 010-62752024　电子信箱: fd@pup.pku.edu.cn
图书如有印装质量问题，请与出版部联系，电话: 010-62756370

目 录

前 言 ··· 1

第一章　应用写作基本原理 ·· 1
　　第一节　应用写作的性质、种类与特点 ·························· 1
　　第二节　应用写作的语言要求 ······································ 5
　　第三节　应用写作的表达方式 ······································ 12
　　第四节　学习应用写作的基本条件 ································ 24
　　思考与练习 ·· 25

第二章　公务文书 ·· 27
　　第一节　概述 ··· 27
　　第二节　决议　公报 ·· 35
　　第三节　命令（令）　决定 ·· 41
　　第四节　意见　批复 ·· 48
　　第五节　公告　通告 ·· 56
　　第六节　通知　通报 ·· 63
　　第七节　报告　请示 ·· 72
　　第八节　函　纪要　议案 ·· 80
　　思考与练习 ·· 91

第三章　事务文书 ·· 94
　　第一节　事务文书概述 ··· 94
　　第二节　计划　总结 ·· 95
　　第三节　简报　调查报告 ·· 108

· 1 ·

第四节　会议记录 ································· 121
思考与练习 ····································· 125

第四章　日常应用文书 ································· 127
第一节　日用文书概述 ····························· 127
第二节　求职信 ··································· 128
第三节　演讲稿 ··································· 132
第四节　读书笔记 ································· 143
思考与练习 ······································· 148

第五章　经济文书 ····································· 150
第一节　合同 ····································· 150
第二节　广告 ····································· 162
第三节　市场调查报告 ····························· 171
第四节　审计报告 ································· 179
第五节　涉外商函 ································· 186
思考与练习 ······································· 189

第六章　诉讼文书 ····································· 193
第一节　概述 ····································· 193
第二节　起诉状 ··································· 194
第三节　上诉状 ··································· 204
第四节　申诉状 ··································· 208
第五节　答辩状 ··································· 211
思考与练习 ······································· 214

第七章　科技文书 ····································· 217
第一节　概述 ····································· 217
第二节　科技论文 ································· 219
第三节　科技报告 ································· 231
思考与练习 ······································· 241

第八章 新闻报道类文书 ……………………………………… 243
第一节 概述 …………………………………………… 243
第二节 消息 …………………………………………… 246
第三节 通讯 …………………………………………… 260
第四节 新闻评论 ……………………………………… 264
思考与练习 …………………………………………… 268

第九章 申论 ………………………………………………… 273
第一节 概述 …………………………………………… 273
第二节 申论测试 ……………………………………… 274
第三节 申论写作 ……………………………………… 279
思考与练习 …………………………………………… 285

参考文献 ……………………………………………………… 297

前 言

应用写作是高等院校各类专业均可开设的基础必修或选修课,学习和掌握应用文体的写作,是当代大学生必须具备的基本能力。通过这一课程的学习,使学生系统、熟练地掌握应用文写作的基础理论、基础知识和基本技能,获得较强的应用文写作能力,以适应将来工作的需要,服务于社会,这是学习应用文写作的根本目的。根据编者多年的应用写作教学实践与调查研究显示,受应试教育以及各种因素的影响,当今大学生应用文体写作的能力让人堪忧:类似于介绍信、求职信、各种条据等最为简单、明了的应用文体的写作,有一部分大学生不能够顺利完成,这是大学素质教育必须重视的问题。提高大学生的写作能力已成为高校教学的当务之急。毫不夸张地说,应用写作教学面广、参与学生众多,承担着检验大学生写作素质、能力的重要使命。

写作基本功的培养训练,主要靠学生自己,靠主动自觉有意识地学习养成,教师和教材起指点迷津和画龙点睛的作用。要学习应用文体的写作,必须研究应用写作的特点和规律;研究应用写作的取材途径、运思方式和表达技巧;研究多种应用文体之间写作上的同异关联,以及写作训练由易而难,由熟而生的程序过程等。由此,才能从必然王国走向自由王国,进而步入应用写作的殿堂。不系统学习应用写作的上述知识,不理解写作活动中的写作原理,一味盲目模仿,堆砌材料,便毫无应用性思维逻辑可言,提高写作能力也将成为一句空话。

本教材在编写过程中充分考虑到大学生的实际情况,以简明实用为原则,借鉴多种应用写作教材的长处,又具有自己的鲜明特色。本教材体例完善,既注重传统,又充满时代气息。教材所选例文具有典型性,并附有简短的点评,适合学生揣摩提高。教材共9章,包括应用写作基本原理,公务文书、事务文书、日常应用文书、经济文书、诉讼文书、科技文书、新闻报道类文书与申论等8种文体,涵盖了应用文书的基本体裁,既有理论的讲解,又有例

文示范与简评,每章附有数量较为可观的练习,题型多样,方便学生练笔。本教材内容深入浅出,文字通俗易懂,适合各类高等院校本科各专业学生使用。在职的公务员、企业秘书以及其他社会在职人员等,也可作为自学参考读物。

  本书的编写由彭青负责全书的体例、提纲设计及组织协调工作,并负责全书的整理、统稿及把关工作。彭青承担第一章应用写作基本原理、第五章经济文书两章内容的撰写;王鸿雁承担第六章诉讼文书、第七章科技文书、第八章新闻报道类文书及第九章申论的撰写;冯佩昕承担第二章公务文书、第三章事务文书及第四章日常应用文书的撰稿。编写者尽心尽力,严肃、认真、负责地完成了各自的编写任务,为本书的出版付出了积极的努力与大量的劳动。

  本教材的编写是在兰州交通大学文学与国际汉学院统一规划与领导下实施的。王为群院长与主管教学工作的刘青汉副院长对本书的编写从总体设计、规划到具体编写都给予支持和帮助;郭令原教授在本书的出版联系事宜等方面给予大力的支持;写作教研室的各位老师对本书的编写体例进行了反复的酝酿与讨论,最后确定了编写计划。经过三年的辛勤耕耘,全书终告完成,本书凝聚了兰州交通大学文学与国际汉学院全院教师的心血,是集体智慧的结晶。

  在编写过程中,我们参考了大量的相关书籍,例文也大多选自报刊与网络,有的内容和例文注明了出处,有的因多次转载,没有进行详细说明,在此对相关作者以及各类媒体表示衷心的感谢和诚挚的敬意!对兰州交通大学文学与国际汉学院领导、老师们的支持和帮助表示衷心的感谢和敬意。北京大学出版社的王飙先生,本书责任编辑任蕾女士对本书提出了宝贵的修改意见,并对本书的顺利出版付出了大量的劳动和心血。可以说,这本书是大家集体智慧的和心血的结晶,是所有参与者、关注者的共同成果。在此,向所有关心、帮助和支持本教材编写的人们表示深深的感谢和诚挚的敬意。

  由于编写时间仓促,编者水平有限,书中难免存在缺点和错误,敬请读者批评指正。

编 者
2014年12月20日

第一章

应用写作基本原理

应用写作是一门综合性文化基础课程。它是研究应用文的结构形式和写作规律的学科。由于应用文与文字同时产生，人们的工作、学习、生活处处都要用到它，社会生活须臾离不开它，所以应用写作在人文科学中处于极为重要的地位。新世纪以来，应用写作越来越受到国内外高等教育的重视，并成为高校素质教育的重头戏。

与基础写作不同，应用写作有其特殊的结构形式和写作规律，包括应用写作的共同规律和各种应用文体的特殊规律。这些形式和规律，因应用文体种类繁多而异彩纷呈，内容丰富而蕴涵深厚。

第一节 应用写作的性质、种类与特点

一、应用写作的性质

应用写作是为了实行管理、传递信息等社会效用，运用书面语言和图表符号进行的写作活动。人类的写作活动，从功能效用来分，主要有两大类：一类是作者为抒发主观感情，反映现实生活，进行艺术创作而写的，这主要指文学写作，如诗歌、散文、小说、戏剧、报告文学等的写作；另一类是为了处理公务和个人事务而写的，这就是应用写作。应用写作是一种最直接、最有效地为表述思维、传播信息、解决问题，为实现社会服务的写作。

应用写作源远流长。人类社会产生文字之后，就开始了写作。应用写作的成果，便是应用文。应用文有约定俗成的格式，应用文的语言都较通俗简明。

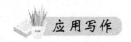

二、应用文的种类

我们以内容和范围为标准,把应用文大致分为以下几类:

(一)日常文书类

人们用于日常生活、工作、生产、学习、交往方面的应用文称为日常文书。日常文书包括条据、书信、电报稿、对联、日记、读书笔记等。

(二)公务文书类

国家机关、社会团体和事业单位用于处理公务的应用文,称为公务文书,简称公文。公文包括命令(令)、决定、决议、公告、公报、通告、通知、通报、议案、报告、请示、批复、意见、函、纪要15种。

(三)事务文书类

人们在机关工作中除公务文书外用于日常公务并具有惯用格式的应用文,称为事务文书。事务文书包括计划、总结、调查报告、简报、会议记录、述职报告、规章制度等。

(四)礼仪文书类

礼仪文书是指人们在社会交际和社会活动中用于礼节和仪式方面的应用文。礼仪文书包括祝词、贺信、贺电、请柬、欢迎词、欢送词、答谢词、仪式程序、贺幛题词、挽幛题词、讣告、唁电、悼词等。

(五)司法文书类

司法文书是指司法机关在实施法律的过程中以及有关机关、组织和公民在处理法律事务中依法制作的具有法律效力的文书。司法文书包括诉状、答辩状、仲裁申请书、仲裁决定书、调解书、授权委托书、笔录等。

(六)涉外文书类

涉外文书是涉外经济部门和企业用于外贸业务、商情、经济合同方面的,并具有特定格式的应用文。涉外文书包括外贸业务函电、涉外商情调研报告、涉外经济合同、索赔书、理赔书和索、理赔协议书等。

(七)经济文书类

经济文书指的是在经济工作中经常使用的一种具有明显实用目的和相对固定书写格式的应用文。经济文书包括商品说明书、广告、合同、市场调查报告、审计报告、资产评估报告、标书等。

（八）科技文书类

人们用于科学技术方面的应用文,称为科技文书。科技文书包括实验报告、科研报告、学术论文、科技动态等。

（九）新闻报道类

人们用于报道或述评最近发生的新鲜而又重要的信息、事件方面的应用文,称为新闻报道类。新闻报道类应用文包括消息、通讯、评论、特写等。

由于篇幅所限,本书不介绍礼仪文书,但增加了"申论"的内容,并将"涉外商函"调整到经济文书中。在此予以说明。

三、应用写作的特点

和文学创作不同,应用写作有以下五个特点：

（一）明确的实用性

应用写作与文学写作的一个很大的区别,就在于它有明确的实用性。文学写作（如写一首诗、一篇散文、一篇小说）能给读者审美的享受,有认识生活、陶冶情操的功能,但很难立即解决生活中的实际问题。应用写作是为解决实际问题而写的,实用性很强。如写一则消息,是为了传递信息;写一份说明书,是为了介绍产品;写一份函,是为了联系工作。所以,应用写作应从实际需要出发,为事造文,因事生文,避免去写那些内容空洞、不着边际、不解决任何实际问题的文章。

（二）内容的真实性

文学创作可以虚构,文学作品中所写的人与事,在生活中一般不能对号入座。正如鲁迅所说的,他小说中的模特儿,"没有专用过一个人,往往嘴在浙江,脸在北京,衣服在山西,是一个拼起来的角色"（《我怎么做起小说来》）。文学作品源于生活,却又高于生活,创作时进行艺术的加工,"杂取种种,合成一个",是完全可以的,因为这样创造出来的形象,更典型,更有概括力,也更能反映生活的本质。但应用写作就不能这样了,应用写作中涉及的人与事,一定要确有其人其事,情节、数字、细节都不能虚构,否则就不能达到解决现实生活中实际问题的目的,还会影响党和政府的威信,给工作造成很大的损失。

（三）作者与读者的特定性

文学创作是一种复杂的创造性的精神劳动，其作者一般都为个人，由于每个作者的个性不同、生活经历与艺术素养不同，成熟的作者，其作品都会有独特的艺术风格。文学作品的读者对象具有广泛性与不确定性，一部作品出版发行以后，任何人都可能购买或阅读。

应用文的作者，尤其是公文的作者，一般不是一个人，而是一个集体。公文的草拟靠一个人往往是不行的。作者在执笔之前，领导要交代写作意图，初稿完成之后，要在一定范围内集体讨论，请大家提出意见，然后再做修改，最后经领导审核通过后才能付印。因此，公文是集体劳动的产品，其作者是一个群体。应用文的读者对象是特定的，尤其是带有保密性的公文，其读者对象被严格控制在一个很小的范围内，远不如文学作品的读者对象那么广泛和不确定。

（四）较强的时效性

文学创作(报告文学除外)一般不强调时效性，作者可以精雕细琢，慢慢琢磨，一部长篇小说可以写10年20年。应用写作一般都讲究时效，要求作者在一定的时间内完成写作任务，不容许慢慢吞吞、拖拖拉拉，否则就会贻误工作。如会议通知，一定要在开会之前发出，若会议开过后再写会议通知，就没有效用了。再如一些紧急指示，一定要在规定的期限内写出，超过时限，这个指示就不能发挥应有的作用。

（五）格式的规范性

应用写作讲究格式规范。每一种应用文体，在长期的使用过程中，都形成了比较固定的格式。这些格式，大家都要遵守。所谓格式，包括书写、排印款式、结构层次、习惯用语、称谓、签署等。应用文有了固定格式，可便于写作、阅读、承办、归卷、查询。当然，格式不是一成不变的，但这种变化必须以社会公认为前提。

第二节 应用写作的语言要求

一、应用文的语言表达要求

（一）准确

应用写作是一种实用写作，是为了解决社会生活中的各种实际问题而写的，因此对语言准确性的要求特别高。

应用写作中使用的语言概念，要求十分准确。准确就是表达明白清楚，文字准确贴切，做到不产生歧义，不引起误会，能够使人看了就懂。如"参照执行"和"遵照执行"，"原则同意"和"完全同意"，"试行"与"施行"等的区别。要使语言做到准确，必须做到以下几点：

1. 尽量少用意义不确定的词

2. 使用数字要准确

如：国有经济的比重降低了，但公有制经济的实力和控制力却不断增强。比重降低到多少？怎么个"不断增强"法呢，可不可以量化呢？这都是要拿数据说话的。否则，你说"不断增强"，别人还能说"不断削弱"呢，都是空对空，搞纯理论想象，没多大用处。

3. 运用时间概念要明确

例如在当前大力宣传对外开放、引进外资，发展外向型经济之际，新闻单位就经常收到这样一类稿子：导语部分几乎大同小异地写某某地方面对当前形势，采取积极措施，走发展外向型经济之路，取得较好成绩；新闻主体部分就写这个地方采取什么样的措施走外向之路，扩大出口创汇；再举一两个例子，一篇报道就算完成了。这类没有时间概念的报道，从严格意义上来说，是算不上新闻报道的。

4. 统一使用标准化的计量单位

在各种技术文件中，不容许使用非法计量单位，只能把非法计量单位用在括号中。例如："14英寸"应写成"35cm"，或"35cm（14英寸）"。如果原来的单位不是法定计量单位，应进行换算。例如，"500Gs"可换算成"0.05T"。

5. 名称的使用要规范，不能够滥用简称

例如："数学、物理、化学"可以简称为"数理化"，而"人造革"决不能简称为"人革"。

(二)简洁

应用文的语言,要求文字简洁明了。中共中央在1951年2月发出的《关于纠正电报、报告、指示、决定等文字缺点的指示》中指出:"必须注意文字的简明扼要","必须以负责的精神,至再至三地分清条理,压缩文字,然后发出,否则应受批评"。2000年8月24日国务院发布的《国家行政机关公文处理办法》也明确要求公文"篇幅力求简短"。应用文体为了使语言简洁,经常使用一些专用词语与固定的语言习惯用语,如"业经""遵照""收悉""为要""照办"等。

应用文体为了精练地概括事实或分析认定问题的性质,还常常使用富有概括力的成语或熟语。如2002年5月28日江泽民同志在中国科学院第十一次院士大会和中国工程院第六次院士大会上的讲话中,就用了"辛勤耕耘""顽强拼搏""开拓创新""与时俱进""奋力攀登""茁壮成长""率先垂范""实事求是"等数十个成语与熟语,使语言简洁有力。

简洁要以明白为前提,如果只是为了简洁而压缩字句,应该说的话不说,应该用的词不用,弄得语气不连贯,意思不好懂,那也是不可取的。

(三)质朴

应用文是为了解决实际问题而写作的,内容必须真实可靠,语言必须平实质朴,一般不需要运用文学笔法,不必运用描写、抒情的表现方法,不宜使用深奥孤僻的词语,力求用人人易懂的普通话词语。质朴的语言应该达到"三易"的要求,即易看、易读、易懂。如国务院在2012年1月27日发布的《国务院关于2011年度国家科学技术奖励的决定》的最后一段:

> 全国科学技术工作者要向谢家麟院士、吴良镛院士及全体获奖者学习,自觉弘扬求真务实、勇于创新的精神,以科教兴国为己任,坚持科学技术为经济社会发展服务、为人民服务,切实增强自主创新能力,为建设创新型国家、推动经济社会又好又快发展作出新的更大贡献。

这里使用的语言,都是明明白白的,一点也没有华丽的辞藻,一切都显得非常质朴通俗。应用文体所需要的就是这种语言。

说到"质朴"与"生动",人们可能会认为,这是从语言性能的两个层面来进行界定的。似乎质朴的语言就不具有生动的特点;而生动的语言,又绝不可能是质朴的。实际上,这是人们认识上的一个误区。要达到何种效果,并不在于语言本身,而在于作者运用语言的能力。写作者的写作技巧高,质朴的语言也同样耐读,吸引人;如果驾驭语言的能力差,即便通篇堆砌华丽的辞藻,人们也不愿意读。

应用文体的语言也并不全是枯燥无味的,有些文体的语言,还有着感人的一面。比如有些书信,写得情意真挚、意味深长、感人至深。司马迁的《报任安书》,是给好朋友任安的一份回信,在信中司马迁以无比激愤的心情,向友人,也是向世人诉说了自己因李陵之祸遭受的奇耻大辱,倾吐了内心积郁已久的痛苦和愤懑:"古者富贵而名摩灭,不可胜记,唯俶傥非常之人称焉。盖西伯(文王)拘而演《周易》;仲尼厄而作《春秋》;屈原放逐,乃赋《离骚》;左丘失明,厥有《国语》;孙子膑脚,《兵法》修列;不韦迁蜀,世传《吕览》;韩非囚秦,《说难》《孤愤》;《诗》三百篇,大氐(抵)圣贤发愤之所为作也。此人皆意有所郁结,不得通其道,故述往事、思来者。及如左丘无目,孙子断足,终不可用,退而论书策,以舒其愤,思垂空文以自见。"委婉述说了他受刑后"隐忍苟活"的一片苦衷。这一段用排比句式一气呵成,有着强烈的抒情色彩,用恣肆汪洋的语言抒发心中的愤懑之情,成为"千古奇文"中最感人心的部分。

(四)得体

语言得体,指的是能够恰当地使用语言体现语境和语体的要求,选择恰当的词语、语体和语气。具体内容包括:内容得体、目的得体、对象得体、手段得体、场合得体等。在使用中要注意以下几点:

1. 正确使用谦词敬语,根据对象的差异调整语言

许多汉语词汇具有倾向性,如果把握不好,就会闹出笑话。尊称的词语只能用于称呼对方,而谦称的词语只能用于称呼己方。

有人把谦敬词语归纳为"家大舍小令外人"一句话,即:对别人称自己的长辈和年长的平辈时冠以"家",如家父(家严)、家母(家慈)、家叔、家兄等;对别人称比自己小的家人时则冠以"舍",如舍弟、舍妹、舍侄等;称对方家中的人,则冠以"令"表示敬重,如令尊、令堂、令郎、令爱等。

除"家""舍""令"外,谦词还有"小"(如小女,称自己的女儿)、"拙"(如拙见,称自己的见解)、"鄙"(如鄙见,称自己的意见)、"寒"(如寒舍,称自己的家)、"愚"(如愚见,称自己的意见)等等。

常见的敬词有"贵"(如贵庚,称别人年龄)、"大"(如大作,称对方作品)、"高"(如高见,称对方见解)、"贤"(如贤弟,称比自己小的男子)、"尊"(如尊

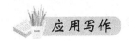

姓,问对方的姓)、"光"(如光临,称别人的到来)、"拜"(如拜托,托人办事)、"赐"(如赐教,请求别人给予指教)、"雅"(如雅正,表示请对方指正)、"惠"(如惠顾,称对方到自己这里来)、"鼎"(如鼎力,对对方的帮助表示感谢)等等。

2. 恰当地选用褒义词、贬义词、中性词

恰当地选用褒义词、贬义词、中性词,能准确严密地表达对事物的感情态度。但要注意,褒义词和贬义词的褒贬感情并不是一成不变的,根据语境的不同,会发生相应的变化,此时,我们应该恰当地选用褒义词、贬义词和中性词来表情达意。随着社会社会生活的变化,有些词语的感情色彩也发生了变化。有的由褒到贬,例如"大锅饭",开始是"褒义",现在略含贬义;有的词语由贬到褒,例如"竞争",从前用的是贬义,现在用的是褒义;有的词由中性到贬义,又由贬义回到了中性,如"集团、策划"等。词语的感情色彩反映了人们对事物的爱憎感情和褒贬评价。一般来说,表示对人或事物的褒扬、喜爱或尊敬等感情,要用褒义词;表示贬斥、憎恶、鄙视等感情,要用贬义词。因此,使用词语,特别是使用同义词语,不仅要弄清词语的意义,对带有感情色彩的词语,还要分清是褒义词语还是贬义词语,根据表达的需要来选用,这样才能把自己的思想感情准确、鲜明地表达出来。

3. 适应场合,巧妙用语

场合,即交际环境,包括时间、地点、话题,有关对象身份、职业、地位、教养、性格,以及对象之间(还有听读者与说写者之间)的关系等内容。如果不注意交际的场合、对象、气氛等信口开河,往往达不到交际目的,甚至招致不良后果。反之,根据具体的场合、对象而选择的理智的、充满内涵和智慧的语言,往往能收到预期的良好效果。场合,既指一定的时间、地点构成的总体氛围,也指交际当时的自然情景和社会情景。

4. 把握语体,用语准确

语体,是适应特定的语言环境而形成的不同的语言体系,是修辞规律的间接体现者。写文章必须按文体的要求写,不同的文体在语言的运用上各有特点,这些特点表现在词汇选择、句子结构、辞格(修辞手段)运用等方面,具有相当大的差别,形成不同的风格和体系。文章语体的类型多种多样,按功能不同,应用文语体可分为以下几种:

(1)科学语体

科学语体是通过系统地论述自然现象、社会现象和人类思维的规律,使读者获得理性认识的语言体系。科学语体运用于自然科学和社会科学方面的学术著作、论文、科研报告、工具书、教材等,具有精确性、规范性、客观性和简明性的修辞特点,大量运用比较复杂的长句、复句,重视词语的单义性、规定性、严谨性,讲求实施的可靠性和论证的逻辑性。

(2)法律语体

法律语体是适应法律这种具有普遍约束力的特殊的社会规范,适应处理法律事务而形成的语言体系。法律语体具有法律约束力,使用这种语体的人必须经过严格训练,拥有相关的法律知识,并获得有关政府部门的认可、批准,才可以操作,所以法律语体是最典型的专业语体。法律语体具有精确性、论证性、简明性的表述特点,大量使用专业术语,力避个人感情色彩,不用比拟、夸张、借代等积极修辞手法,要求高度的逻辑性,从而形成庄重、严密、规范的语言风格。

(3)事务语体

事务语体是适用于各种事务交往、事务处理和事务管理的目的而形成的语言体系。它主要用于公文、条据、契约、专用书信、电报等应用性文体之中,具有务实性、简要性、逻辑性、规范性等特点,多使用专业词语、文言词语,多用陈述句和祈使句,多用单句和并列复句,多用专业词语、文言词语,力避方言俚语,力避个人用语风格,不用冷僻字,较少使用外来词汇,一般不用积极修辞,句法完整、严谨,讲究格式。例如《中共中央办公厅、国务院办公厅关于印发〈党政机关公文处理工作条例〉的通知》的正文:

各省、自治区、直辖市党委和人民政府,中央和国家机关各部委,解放军各总部、各大单位,各人民团体:

《党政机关公文处理工作条例》已经党中央、国务院同意,现印发给你们,请遵照执行。

中共中央办公厅
国务院办公厅
2012年4月16日

语言平实、简洁、明了,每句话都有实实在在的信息。公文和日常应用

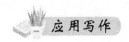

文,主要就是运用这种语言。

(4) 政论语体

这是用于社会政治活动领域的宣传、鼓动、交际、教育等的语言体系,包括政治性文章、宣传、讲话、社论、思想评论、宣传纲要等。政论语体具有议论性、感情性、形象性等特点,一方面使用大量的规范的政治术语、科学术语和专业术语,进行推理论证,另一方面又大量使用表情性和描绘性的词语,适当使用比喻、设问、反问、排比、借代、夸张等积极的修辞方式,把严格的逻辑和生动的形象结合起来。

(5) 新闻语体

新闻语体是用于新闻报道的语言体系,包括消息(动态消息、综合消息)、深度报道(解释性新闻、评述新闻)、通讯、新闻特写等。新闻语体具有准确性、清晰性、通俗性和生动性的特点,以叙述为主要表达方式,并交替使用一些描写、说明和议论;以消极修辞为主,并适当使用一些积极修辞的辞格。就一般情况而言,政治、经济、外交、社会等方面的报道行文严谨周密,用词准确规范,风格严肃平实;而民生、文化、娱乐、体育等方面的报道则语言通俗、生动,有时使用方言词语、时尚语言和形象语言。

二、应用文常用的专用语言

(一) 称谓词

即表示称谓关系的词。在应用文中,涉及机关时,一般直呼机关的全称或规范化的简称;涉及个人时,要直呼对方的职务或××同志、××先生。在表述指代关系的称谓时,一般用下列专门词语。

第一人称:"本""我",后面加上所代表的单位的简称,如院、局、部、厅等。第二人称:"贵""你",后面加上所代表的单位的简称,如院、局、部、厅等。第三人称:"该",可用于指代人、事物或单位,如该同志、该唱片、该厂等。

(二) 引叙词

即用于引出应用文撰写的根据、理由或应用文具体内容的词。应用文的引叙词多用于文章的开端,引出法律、法规及国家政策作依据,或引出事实作根据;用在文章的中间,起过渡、衔接的作用。一般情况下,借助引叙词可以使应用文写得开宗明义。常用的引叙词有:根据、按照、遵照、为了、接

第一章 应用写作基本原理

……悉、近悉、惊悉、为……特……、前接……、近接……等。

(三) 经办词

即用来说明工作处理过程的已然时态,表明处理时间及经过情况。在使用时,应注意这类词在表述次数和时态方面的差异。常用的经办词有:兹经、业经、前经、即经、复经、均经等。

(四) 承转词

又称过渡语,即承接上文转入下文时使用的关联词、过渡用语。承转词用在陈述理由及事实之后引出作者的意见和方案。常用的承转词有:为此、据此、故此、综上所述、总而言之、总之等。

(五) 祈请词

即用于向受文者表示请求和希望的词语。使用祈请词的目的在于营造机关之间相互敬重、和谐的氛围,从而建立正常的工作关系。常用的祈请词有:请、敬请、恳请、务请、敬希、希望、即请查照、希即遵照等。

(六) 商洽词

即用于征询对方的意见和反应,具有探询的语气。这类词语一般用于公文的上行文、平行文中。在使用时要有实际的针对性,即确定需要征询对方的意见时才使用。常用的商洽词有:妥否、当否、可否、能否、是否可行、是否得当、意见如何、有何意见等。

(七) 受事词

即向对方表示感谢、感激时使用的词。常用的受事词有:蒙、承、承蒙、多蒙、荷、为荷、是荷等。

(八) 命令词

即表示命令或告诫语气的词语。命令词的作用在于增强公文的严肃性与权威性,以引起受文者的高度注意。常用的命令词有:着、着令、特令、勒令、着即、务须、责令、切勿、严禁、不得等。

(九) 目的词

即直接交代行文目的的词语。撰写应用文,尤其是公文时都有明确而具体的目的,对此需要有使用简洁的词语加以表述,以便受文者正确理解并加速办理。用于上行文、平行文的目的词,还需加上祈请词,常用的有:请批复、函复、批示、告知、批转、转发。用于下行文的有:查照办理、遵照办理、参

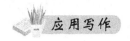

照执行。用于知照性文件的目的词有:周知、知照、备案、审阅。

（十）表态词,又称回复用语

即针对对方的请示、问函,表示明确意见时使用的词语。在使用表态词时,应对公文中的下行文和平行文严加区别。常用的表态词有:照办、同意、可行、不宜、不可、不同意、遵照执行等。

（十一）时态词

是表示行为、动作、状态在各种时间条件下的词语。常用的时态词有:兹、现、顷、将要、即将、即行、届时、届此、值此、如期、亟、亟待、俟、方等。

（十二）结尾词

即置于正文最后,表示正文结束的词语。使用结尾词,有助于使文章表达更简练、严谨并富有节奏感,从而赋予文章庄严、严肃的色彩。常用的结尾词有:此致、此布、特此报告、特此公告、特此通告、此令、特此通知、特此报告、特此批复、此复、为要、为盼、为荷、特此函达、敬礼、谨致谢忱等。

第三节 应用写作的表达方式

表达方式也称作表达方法、表达技巧或表达手段。所谓表达方式是指作者运用语言文字表达思想内容的基本手段,它是由写作目的所决定的。写作总是需要运用一定的语言手段表达信息内容,写文章必然涉及事件陈述、形象展现、情况说明、感情抒发、道理阐述等内容,这些都需要借助特定的表达方式。常见的表达方式有叙述、描写、抒情、议论和说明。应用文主要运用叙述、议论和说明三种表达方式。

一、叙述

（一）什么是叙述

叙述是对人物的出生、经历和事实、事件发生、发展、变化、结局的记叙和述说。这是一种最基本的、使用频率最高的表达方式。它不仅是记叙类文体的主要表达方式,也是议论类、说明类文体离不开的一种表达方式。

人物、事件、时间、地点、原因、结果,是叙述应具备的要素。完整的叙述离不开这六要素。当然,具体运用时可以有变化,有时根据表达的需要可以省去原因或结果,但人、事、时、地四个要素是不能省的。

叙述有详细叙述和概括叙述之分。这种区分是相对而言的,因为与描写相比,叙述的特点在于概括性,它一般不作具体的、细致的描绘,只概括地显示进程。因此,叙述往往只使用陈述句,而不使用描写句。概括叙述和详细叙述之分,是根据叙述的程度、范围、节奏划分的。概括叙述一般用于叙述梗概,是一种快节奏的叙述;详细叙述一般用于叙述局部,是一种慢节奏的叙述。与概括叙述相比,详细叙述对事物的细枝末节表现得较细致。记述类文章的叙述是详细叙述,议论类、说明类文章里的叙述一般地说是概括叙述。

(二)叙述的人称

无论是叙述人物,还是叙述事件,都有一个叙述主体与叙述对象的问题。一个人、一件事,是由当事者来叙述,还是由第三者来叙述,这就涉及叙述主体的人称问题。人称问题,也是作者的立足点问题,是叙述主体站在什么地位,从什么角度,用什么口气去叙述的问题。

在文章中用"我"("我们")的口吻叙述所见、所闻、所感,这就是第一人称的叙述。这是日记、书信、自传、游记、回忆录等文体常用的叙述人称。

以第一人称作为叙述主体的"我",所代表的实体并不相同。在写真人真事的文章中,"我"就是作者,如郁达夫的《故都的秋》、朱自清的《背影》、巴金的《怀念肖珊》等,其中的"我",既是作者,又是故事的叙述者,又是故事中的人物。在文学作品中,情况就有些不同。作品中的"我",可能是作者,也可能不是作者,而且在多数情况下不是作者,而只是一个故事的叙述者,故事里的一个人物。

用第一人称叙述,可以增强文章的真实感,使读者感到亲切、自然,同时也便于作者抒发自己的感情。不足之处是,这种叙述囿于所见所闻的范围,使作者在反映生活时受到时空的限制。

作者站在第三者的立场,以局外人、旁观者的身份,用"他"("他们")的口吻,叙述人物经历和事件的经过,这就是第三人称的叙述。这种叙述不受叙述者见闻和感觉的约束,不受时空的限制,可以更广阔地反映社会生活和复杂多变的矛盾斗争。用第三人称叙述的缺点是,缺乏第一人称叙述的那种亲切感,也不便于作者抒发感情。

叙述的人称是以叙述者的立足点确定的。在文章中,叙述者或者是站

在自身的立足点上叙述,或者是站在第三者的立足点上叙述,所以,第二人称的叙述实际是不存在的。

一般情况下,叙述时只用一种人称叙述,但也可以几种方法交替使用。如《祝福》,先用"我"叙述,再用"他"称说祥林嫂的经历。莫泊桑的《米龙老爹》也是一、三人称交替使用。灵活多变地采用适当的人称叙述,可以打破叙述的平板状态,增强叙事的情感波澜。在转换人称时必须交代清楚,以免造成混乱。

(三)叙述的方式

叙述的方式多种多样,刘熙载在《艺概》中就列举了十八种之多,在文章写作中,最常见的、使用频率最高的有以下几种:

1. 顺叙

这是按照客观事物发展的先后顺序进行的叙述,是最常见、最基本、使用频率最高的叙述方式。这种叙述方式与事物的发展过程是一致的。采取这种方式,可以将事物的发展过程有头有尾叙述出来,来龙去脉十分清楚。运用这种叙述方式,要处理好主次、轻重、详略关系,做到重点突出、主次分明,避免平铺直叙。

2. 倒叙

先叙述结局或事件中的突出片断,然后再按事件发生、发展的顺序叙述的一种方式。倒叙的最大特点是能够造成悬念,开卷兴波,引人入胜。如清人王源《左传评》中所说:"中者前之,后者前之,前者中之后之,使人观其首,乃身乃尾;观其身与尾,乃首乃身,如灵蛇腾雾,首尾都无定处,然后方能活泼泼地。"运用这种方式要注意,由"倒"到"顺"的过渡要自然,要衔接好。

3. 插叙

在叙述中心事件的过程中,由于某种需要,暂时中断原来的叙述,插入另一件与中心事件有关的事件的叙述方式。例如《举重台上一团火》(《体育报》1987年11月24日)在叙述举重运动员何英强破世界纪录的经过时,插入过去一年间,他为突破世界纪录在世界锦标赛上痛失两枚金牌的事件,空前的失利使他苦恼,但面对同队队员的挑战,他仍坚定地说:"我的对手不是他,而是世界纪录。"插入的这些内容,使读者进一步了解何英强不甘失败、顽强坚毅的性格特点。

插叙部分不属于情节的主线,但是有助于读者了解事情发展或作品思想,在文中往往是不可省略的。插叙部分是有关事件的回忆或追溯,称为追叙;对上文作补充说明,称之为补叙;谈到某事时,顺便交代几句,称为带叙;中断谈话,临时插进几句称之为夹叙。

4. 分叙

分叙也叫平叙,是叙述同一时间内不同地点的事物发展过程的方式。一是采取分别叙述,先说这一件,再说另一件,即传统的"花开两朵,各表一枝"的分头叙述法。我国古典的记叙类文章常用此法,它常用"按下××不表,且说××"的语式表达。二是交叉并行地叙述。如《为了六十一个阶级弟兄》在叙写抢救中毒民工的事件时,就采用了这种交叉进行的手法,记录了同一时间在北京、平陆、三峡等不同地点人物的活动,将头绪纷繁的事件叙述得有条不紊。

(四)叙述的要求

1. 叙述要反映事物的本质

刘熙载说过:"叙事要有尺寸,有斤两,有剪裁,有位置,有精神。"(《艺概》)老舍说:"叙述不是枝枝节节地随便说,而是把事物的本质说出来,使人得到确实的知识。"(《出口成章》)在文章里,不应该是"枝枝节节地随便"叙述,而应抓住"事物的本质",按照事物发展的客观规律叙述,这样的叙述才"有斤两",有分量,能反映人物和事物的精神。

2. 交代清楚,条理分明

要交代清楚人物的经历、事件的发展经过,以及叙述的六要素。叙述时要围绕中心线索进行,线索要清楚,脉络要分明。

3. 重点突出,主次分明,详略得当

叙述,最忌平铺直叙,最忌流水账似的枝枝节节地随便说,叙述之前要分析好,要分清主次、轻重,理清主线,然后一层一层地铺叙。

二、议论

(一)什么是议论

议论就是作者对客观事物进行的评论。人们对客观世界丰富的现象和材料进行分析综合、概括抽象,形成了一定的思想观点,将之诉诸语言文字,

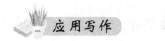

便成为议论。

议论在各类文章中表现不同,议论文是一种剖析、论述事理的文体,因为作者要把自己在实践中形成的某种认识传达给别人,必须通过论证来以理服人。因而议论文中的议论是有条理、有次序的说理,它与逻辑思维密不可分,违背逻辑规律的论证,是无法得出正确的结论的。

(二) 议论的三要素

在议论文中,一段完整的议论必须由论点、论据和论证构成。这从逻辑角度讲,叫论证结构;从写作角度讲,叫议论三要素。

1. 论点

论点就是文章中加以阐述和说明的基本观点,解决"证明什么"的问题。

论点有中心论点和分论点之分。中心论点是作者的基本观点、主要见解,在文章中处于中心地位。分论点是中心论点的分支,中心论点是依靠分论点来说明、补充、扩展和阐发的。在议论的结构中,分论点起着谋篇和结构全文的作用。

论点是议论文的价值所在,一篇文章高下优劣主要取决于它。因此,对论点有如下要求:

(1) 论点要正确。论点要符合客观实际,作者除了要有正确的世界观外,还要以辩证法来分析研究问题,防止认识上的主观片面性。此外还要注意论断中的每一个概念都应当是准确的。

(2) 论点要明确。论点应当是明确的,不能模棱两可。假如论点含糊,就很难再议论清楚。态度暧昧、首鼠两端,是应竭力避免的。

(3) 论点要新颖。论点要有独创性,不要沿袭别人的观点。要善于发现新的问题,提出新的见解,不能人云亦云。即使是阐发一个旧有的观点,也应有自己独特的认识和感受。

2. 论据

论据就是用来证明论点的理由或根据,是议论的基础,解决"用什么证明"的问题。

充当论据的材料一般有:

(1) 事实论据

事实论据是最基本最主要的论据。它指已经发生或正在发生的客观事实材料。他可以是具体事例,也可以是概括的事实,还可以是统计数字。此外,事实论据还可以分为历史事实和现实事实,它们都有其独特的作用。

(2)理论论据

理论论据是指反映客观事物的本质、规律及其内在联系的理论和思想材料。它包括党和国家的政策、法律、法令,古今中外政治家、思想家、文学家和科学家的经典著作、正确言论,科学上的公理,反映社会生活的格言、成语、俗语,以及人们所公认的生活常识等等。

使用理论论据时,要把握精神实质和时代背景,不能断章取义,歪曲原意。

3. 论证

论证就是用论据来证明论点的过程和方法,它解决"怎样证明"的问题。

议论的目的就在于使别人同意并接受你的观点,这除了要看你的观点是否有理,还取决于你是否会说理,只有说理充分、分析透彻、论证周密,议论才会有说服力。因此,论证是一个逻辑推理的过程,必须尊重逻辑规律,遵守概念、判断、推理等思维形式的规则。另外,材料应与观点相统一。如果材料偏离观点,或不能充分揭示所要论证的观点的内涵,那就无法证明论点了。论证还应该讲求顺序,组织和安排好材料。在论证中,由点到面,由浅入深,由远到近地论述,会增强说理效果。

(1)论证的种类

论证在形式上,表现为两种:立论和驳论。

① 立论即证明,是正面论述自己的观点,证明它是正确的,从而把论点建立起来的议论形式。

② 驳论即反驳,是批驳对立的论点,证明它是错误的,从而驳倒对方的议论形式。

就二者之间的关系来讲,立论即阐述事理,目的是求真;驳论即驳斥谬误,目的是斥假。立论和驳论是从正反两方面对问题进行论述,是相辅相成的,对立统一的。二者之间也是你中有我,我中有你。因为在确立一个正确的论点的同时,必须确立与它相对立的见解或主张。

立论和驳论的重点在"立""驳"。二者不是简单地表示赞成或反对,而是要提出理由,进行阐述,说明为什么赞成或反对。因此,立论、驳论的重点在于设法证实一种观点的正确或谬误。立论和驳论的重点在于立和驳,而

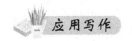

不在论。"论"是文章的思想内容,而立和驳则是文章的逻辑形式。

(2) 论证方式

广义的论证,包括证明和反驳两方面;狭义的论证,是指用论据证明论点时所运用的推理形式,即论证方式。这是一种综合运用概念、判断、推理等思维形式及规律的比较复杂的思维过程。

① 证明

证明就是用事实或事理说明自己的观点正确,它是最主要的一种证明方法。按论证方式的不同,可以分为直接证明和间接证明。

A. 直接证明　用可靠的论据正面论证观点的正确,它是最主要的一种证明方法。按论证方式的不同,可分为演绎法、归纳法、类比法。

a. 演绎法　就是从一般规律推论到个别事物的事理论证。它最常见的做法是引用公认的事实或原理来说明个别事理。演绎法最基本的形式,通常被称为三段论,由三个判断组成,分别为大前提、小前提和结论。例如毛泽东《为人民服务》一文:"为人民利益而死,就比泰山还重。张思德同志是为人民利益而死的,他的死是比泰山还要重的。"

演绎法的证明力很强。它要求前提必须是真实可靠的。否则,就会产生谬误。它还要求前提和结论之间存在着必然的联系,推理进程必须符合推理规则。这样的结论才是可靠的。运用演义法要防止偷换概念。

b. 归纳法　是从个别事例中推论出一般规律的事实论证。它通过许多个别的事例归纳出它们所共有的特征,从而得出一个一般性的结论。例如李斯《谏逐客书》一文,作者列举了穆公求五士,孝公用商鞅,惠王用张仪,昭王用范雎等实例,从而归纳出"此四君者,皆以客之功"的共同特点,进而得出"由此观之,客何负于秦哉"的结论。

归纳法的说服力很强,但其论据穷尽一类事物的全部情况的可能性不大,因此所用事实必须是真实典型的。运用归纳法时要避免轻率概括或以偏概全的逻辑错误。

演义法和归纳法是互为补充的人类对客观世界的认识方法,写作时它们往往是交错使用、互相配合的。

c. 类比法　是从已知的特殊事物推论到相类的特殊事物的论证方法。它主要通过将性质、特点相同或相近的事物放在一起加以比较,从而证明论点。例如邹忌对齐王的"讽"就是典型的类比法:

邹忌处境——（类比）齐王处境
臣之妻私臣——宫妇左右，莫不私王
臣之妾畏臣——朝廷之臣，莫不畏王
臣之客欲有求于臣——四境之内，莫不有求于王
结论——王之蔽甚矣！

类比法富于启发性。它深入浅出，使读者易于领悟抽象的道理，可使文章简练生动。使用这一方法要注意，类比对象应有共同的或相似的属性，要防止出现机械类比的毛病。由于用来类比的前提是特殊的事物，所以类比推理的结论具有或然性，论述复杂问题时只用类比说理就会显得不够充分。

B. 间接证明　通过证明与论点相矛盾的论点的虚假错误，从而确立原论点的正确。间接论证可以分为反证法和排除法两种。

a. 反证法　就是通过证明反论点的虚假，确认原论点正确的间接证明。反证法简洁利索，比一般正面的论述生动有力。反证法中的反论题一般是隐含的。在运用反证法时，要注意原论题和反论题必须是矛盾关系。

b. 排他法　是围绕论点假设出全部可能的情况，通过论证否定与论点相关的其他可能情况，从而使论点得到肯定的间接证明。排他法的优点，是在对错误观点的逐个否定中加强了自己论点的正确性，在否定一种情况时，既说明了理由，又比较了优劣，有很强的说服力，使人相信最终的选择是唯一正确的。排他法的假设要穷尽有关问题上的一切可能。另外要注意排除的正确。

对论证方法进行分类，是为了研究、学习。实际上各种方法常常是交叉使用的。在论证中，如果把有证明力的演绎法、说服力强的归纳法和富于启发的类比法综合起来使用，就会使议论充实有力。如果把直接证明和间接证明结合一起运用，从正反两个方面来解释道理，就会大大增强文章的说服力。

② 反驳

反驳就是用事实或道理证明对方观点的错误。反驳是一种特殊的证明方式。它是用一个论证去推翻另一个论证，因此，反驳也应该遵守论证的规则。由于反驳是针对证明的，因此，它分为反驳论点、反驳论据、反驳论证方式三方面。

A. 反驳论点 即证明对方论点是错误的,不能成立的。争论双方的分歧主要在于观点的对立,因此,论点是反驳的主要对象。例如《答司马谏议书》一文,王安石针对司马光对新法的指责,概括其要点为侵官、生事、征利、拒谏、致怨,然后逐点驳斥,针锋相对,气盛理足,很有说服力。

对所反驳的论点要认真分析,抓住要害,或以不容置辩的事实,或以透辟深刻的事理剖析其错误。要注意区别不同性质的矛盾,注意掌握批驳的尺度。反驳方式可以是直接反驳或间接反驳。

a. 直接反驳 就是用确凿的事实或一般原理从正面直接证明对方论点是错误的,这是最主要的反驳方法。例如:

策之不以其道,食之不能尽其材,鸣之而不能通其意,执策而临之曰:"天下无马。"呜呼!其真无马耶?其真不知马也!

(韩愈《杂说》)

b. 间接反驳 就是从侧面或反面来驳斥对方,从而确定对方论点是错误的。间接反驳有独立证明和归谬法两种。

独立证明是从反论点的正确推出原论点错误的间接反驳方法。如:

于是有人慨叹曰:中国人失掉自信力了。(原论点)

我们有并不失掉自信力的中国人在。(反论点)(反论点与原论点必须是矛盾关系或对立关系,二者不能同真。)

我们从古以来,就有埋头苦干的人,有拼命硬干的人,有为民请命的人,有舍身求法的人,……虽是等于为帝王将相作家谱的所谓"正史",也往往掩不住他们的光耀,这就是中国的脊梁。

这一类的人们,就是现在也何尝少呢?他们有确信,不自欺;他们在前仆后继的战斗,不过一面总在被摧残,被抹杀,消灭于黑暗中,不能为大家所知道罢了。(论证反论点的正确,即可判定被反驳论点是错误的。)说中国人失掉了自信力,用以指一部分人则可,倘若加于全体,那简直是诬蔑。

(鲁迅《中国人失掉自信力了吗?》)

c. 归谬法 先假定对方的错误论点是正确的,进而按照逻辑规律进行合理的引申,推导出荒谬的结果,从而驳倒对方论点。对于一些似是而非的甚至是胡搅蛮缠的论点,正面剖析不仅浪费笔墨,且纠缠不清。不如设下机关,请君入瓮。归谬法正是这样一种欲擒故纵之法。它充分暴露了错误论点的荒谬,反驳简洁有力,笔调犀利幽默。

间接反驳只是一种辅助性的反驳方法,多数情况下要把间接反驳同直接反驳结合起来。

B.反驳论据 就是证明对方的论据是虚假的,从而使对方的论点不能成立。因为错误的论点常常是建立在错误的论据之上的,揭示了对方论据的错误,可以驳倒对方的论点。例如:《论语·季氏将伐颛臾》一文,冉有以"今夫颛臾,固而近于费,今不取,后世必为子孙忧"为理由,为季氏将伐颛臾一事进行辩护。孔子指出:"吾恐季孙之忧不在颛臾,而在萧墙之内也。"就是针对冉有的论据来进行驳斥的。

需要注意的是,驳倒了论据并不等于驳倒了论点。论据虚假,论点也可能是正确的。驳倒了对方的论据,只说明对方论点缺乏根据,如果认为对方论点是错误的,那还需要进一步论证。但这并不意味着反驳论据是无效的。驳倒了论据,使对方论点失去根据,同样是一种有力的反驳,这可以说是一种釜底抽薪的方法。

C.反驳论证方式 就是从逻辑推理入手,揭露对方错误的推理论证,从而使对方的证明不能成立。如大前提、小前提与结论之间的矛盾,对方论点之间的矛盾,论点与论据之间的矛盾等等,都可以驳倒对方的。

逻辑混乱、论证错误的表现形式是多种多样的。驳倒了对方的论证方式,就是指出对方犯了"不能推出"的逻辑错误,但也有论证不合逻辑而论点并无错误的情况。驳倒了对方的论证方式虽然不等于驳倒了对方的论点,但是可以使对方从论据推不出论点,因而也是一种有效的反驳,可以说是一种打乱对方阵脚的方法。

以上三种反驳类型,在实际应用中,可根据对方议论的具体情况,选择一种最能集中要害的方法,或把几种反驳类型结合起来使用。

三、说明

(一)什么是说明

说明是对某种事物或事理作客观的、科学的、平实的解释、介绍或阐述的一种表达方式。说明的基本特点在于它的解说性。从思考类型来说,说

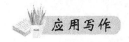

明要回答"是什么""有什么""如何办""怎样操作""有什么注意的"这类问题,其基本功能是把相关的知识、方法、技巧、规定、要求等传授或告诉读者。

(二)说明的要素

要对某种事物或事理的发生、发展、结果、特征、性质、状态、功能等进行解说,必然涉及围绕哪个主题或从哪一个角度进行说明、用什么材料说明和用什么方法说明的问题,因此构成说明的三个要素是说明中心、说明材料和说明方法。

1. 说明中心

所谓说明中心,就是根据行文的主题和目的,给说明的对象划定范畴,确定说明的角度和重点。例如:

> 范仲淹是怀有远大抱负的政治家,也是宋代诗文革新运动的倡导者之一。作为北宋名臣,他一身系国之安危,无论在朝还是外任,是春风得意还是秋风失意,始终矢志不渝;作为文学家,其作品大都洋溢着强烈的忧患意识,高度的社会责任感,自觉的担当精神,浓郁的人文情怀。

> 范仲淹,字希文,北宋政治家,文学家。苏州吴县人。范仲淹散文、诗、词均有名篇传世。其词存世不多,仅《渔家傲》《苏幕遮》《御街行》三首比较完整,但意境宏阔,气象雄奇,以反映边塞风光和征战劳苦见长。具有一定的创新精神。

以上两段都是介绍范仲淹的文字,但说明中心有别,前者是从政治家的角度,突出人物的远大抱负和忧国忧民的责任意识,而后者从文学的角度,重点介绍范仲淹词的特点。

2. 说明材料

所谓说明材料,就是对说明对象进行说明的事实依据或相关材料。说明必须揭示事物或事理的本质属性,讲求科学性和知识性,因此对用来说明的材料的真实性、公正性和全面性要求非常严格,言必有据,只有这样才能做到符合客观实际。

说明所用的材料大致可分为事实材料和文献材料两大类。事实材料来自观测、调查、勘测、勘察、解剖、挖掘、实验、分析、体验等实践活动。文献性材料来自收集、阅读、鉴别、对比、考证相关的资料、文献、著述、作品等研究工作。

3. 说明方法

说明的方法多种多样,主要有比喻说明、比较说明、举例说明、数字说明、定义说明、分类说明等。这些方法,在中学阶段都学习过,不赘述。

(三) 说明的要求

1. 选准角度,突出重点

一个说明对象的可说明之处很多,可以从不同的角度,围绕不同的中心进行说明,因此在说明时必须明确要说明对象的什么问题,或者说必须明确的重点是什么,这样才能正确地把握对象,回答问题。例如芍药就有如下一些可说明之点：

○ 高度　　○ 叶状　　○ 花色　　○ 花期　　○ 根状
○ 分布　　○ 性味　　○ 功用　　○ 主治

在具体行文时,就要根据主题的需要,选择角度,进行说明：如果是一篇植物学论文,可以说"芍药是多年生草本植物,属毛茛科,株高60~80厘米,地下有圆柱形或纺锤形块根"；如果是一篇介绍花卉品种的知识小品,可以说"芍药是观赏植物,初夏开花,与牡丹相似,大型。有红、白等色"；如果是中药学词典,则要说"芍药的块根可入药。性微寒,味酸苦,功能调肝脾、和营血,主治血虚腹痛、胁痛、痢疾、月经不调、崩漏等症"。也就是说,要说明的虽为同一事物,但由于目的不同、读者对象不同或学科不同,说明的角度和重点也会有区别。

2. 区分种属,显示差异

说明靠把握对象的特点、本质,作客观的、冷静的、科学的介绍、分析或阐述,因此必须符合客观实际,做到概念准确、判断恰当、分类清楚、种属分明,不至于同其他事物或类似的事物相混淆。请看一篇科普文章：

　　小雨——24小时内雨量15毫米以下,可淋湿衣服,马路有少量积水,泥土全湿。

　　中雨——24小时内雨量在15~39.9毫米,可听到雨声,泥地有少量积水,水沟有流水现象。

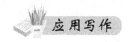

大雨——24小时内雨量在40~79.9毫米,雨声激烈,在排水不良的地方积水不消。

暴雨——24小时内雨量在80~149.9毫米,马路积水。如果24小时内雨量超过150毫米。则称为大暴雨。

此外,如果24小时内降水不超过6小时,雨点较大,时降时停,落雨时间短促,这种雨叫阵雨。

以24小时内降雨量为标准划分出雨量等级,再对不同等级的雨的相关现象作了说明,读者可以据此判定雨的量级。

3. 把握关系,言而有序

说明需要准确把握物与物之间的关系(如并列关系、先后关系、主次关系、总分关系、表里关系等),这些关系,有分有合,分则相对独立,合则互相联系,形成一个有机的统一体。要把握好这些关系,并按照所说明的对象的特征和规律性以严格的顺序进行说明。但由于事物形形色色,千变万化,各有特征,因此说明的顺序也因物而异:或因方位为序,或以时间为序,或以空间转换为序,或以事物自身的特征、规律和功用为序,或以事物的分类、分解为序,等等。清代袁枚《随园食单》中对"鱼圆"的做法是这样介绍的:

鱼圆 用白鱼、青鱼活者。剖半钉板上,用刀刮下肉,留刺在板上;将肉斩化,用豆粉、猪油拌,将手搅之;放微微盐水,不用清酱,加葱、酱汁作团,成后,放滚水中煮熟撩起,临吃入鸡汤、紫菜滚。

作者采用连贯式结构,严格按照制作的先后环节,传授具体的操作方法,这样的顺序安排符合读者接受和理解技术操作知识的思维逻辑。

第四节 学习应用写作的基本条件

一、掌握知识要点

要学好应用写作,最重要的是要加强政治思想修养,提高政策理论水平。除此之外,还应当掌握知识要点。阅读材料时,要带着问题去研究,提取知识要点,如各种应用文的性质、作用、使用范围、格式、构成要素、写作要求等。掌握知识要点很重要，比如，掌握了请示和报告的区别，在拟写请示和报告的时候就不会将两种文体混淆了。

二、加强语文基础训练，反复练笔

应用写作同其他文章的写作一样，要具备一定的语言基础和写作水平。要提高应用写作能力，必须综合运用语文知识中的语法、逻辑、修辞知识和写作知识，严格地进行立意、选材、布局、谋篇、遣词造句和修改的基本技能训练，不断提高运用文字的水平。

要学好应用文，还必须联系实际，反复练笔，通过练习，使知识转化为能力。

练习写应用文，学习一些写作基础知识与各种文体的写作格式是完全必要的，但学习一定要联系实际，自己要多多练笔。鲁迅说："文章应该怎样做，我说不出来，因为自己的作文，是由于多看和练习，此外并无心得或方法的。"（《致赖少麟》）这的确是他的经验之谈。要学习好应用写作，一定要多练习。在练习中，要着重培养朴实的文风，准确、简明的语言，练得多了，就会熟能生巧，写出各种符合要求的应用文来。

三、深入实际，调查研究

调查研究是应用文体写作者的一项重要的基本功，是他们不断观察、认识客观世界，获取信息的一条重要途径。应用文体写作者在动笔撰稿以前，必须围绕要说明的问题，充分掌握情况，深入实际，进行周密的调查研究。

调查研究是应用文体写作者认识世界、掌握客观事物规律的基本手段和途径。客观世界是极其复杂的，要认识客观世界的真相，必须进行深入调查，并在此基础上进行科学的分析，才能获得正确的认识，掌握客观事物的规律。调查研究工作做得是否充分，决定了应用写作的成败。

思考与练习

一、什么叫应用文？你过去接触过哪些应用文？

二、应用写作的语言为什么要求准确？怎样才能做到语言准确？

三、要学好应用文,必须掌握一定的语法、修辞、逻辑知识,使得文从字顺、层次分明,并要注意正确使用标点符号。根据这些要求,请修改下列病句。

1. 该厂本季度超额完成生产指标,上缴利润五万多元,是空前少有的。
2. 对少数人在改革中抵制怠工、失职渎职、趁机制造思想混乱、拉帮结派……错误行为,要加强监督检查,一经发现,就要严肃处理。
3. 市区养狗,影响环境卫生,且已多次发生疯狗咬人的事件。现有养狗者必须于本月15日前将所养之狗自行处理,违反此规定者,由公安局派人捕杀,并罚款500元。
4. 院长和其他院领导参加了今天的校庆活动。
5. 报纸上宣传了许多李厂长的事迹。

四、以下几段文字,分别出自一些文章的初稿,请对照相关语体的要求,指出不当之处,并改写。

1. 这天早晨天蒙蒙亮,厂设备科外号叫"大口袋"的职工朱利发和他的表弟、厂机修队职工王中强溜进厂区,偷偷地将一辆铲车开出大门,打算干点私活。车子飞速开到黄河路口,只见一辆卡车迎面而来,开车的王中强心里一慌,猛打方向盘就想避让,一下子把坐在旁边的朱利发甩下车去,当场就昏了过去,后被交警发现,送到了市第三人民医院抢救,到现在也没脱离生命危险。(工厂通报)
2. 张三,男,三十来岁,身高六尺有余,方形脸,绿豆眼,鲶鱼嘴,招风耳,络腮胡,蛤蟆肚,水桶腰,公鸭嗓;爱留长发,往上一甩是小分头,往下一甩能把眼睛遮住;操一口苏北奶油普通话。(公安部门通缉令)
3. 我校教室一共八间,有五间处在风雨飘摇之中,东倒西歪,气息奄奄,人命危浅,朝不保夕,迫切希望市教育局伸出援助之手,拨款修整为荷。(学校写给上级的情况报告)
4. 费尽九牛二虎之力,求爹爹,告奶奶,好不容易才购买到J-5型机床共计两台,价格是每台15万元,已办好托运事宜。我本人将于本月4日乘坐3次船离开武汉返回南京,希望于8日下午4时整派车来江边5号码头接我回厂。(公务电报)

第二章

公务文书

第一节 概述

一、公文的概念和作用

（一）公文的概念

公文即公务文书,是党政机关实施领导、履行职能、处理公务的具有特定效力和规范体式的文书,是传达贯彻党和国家的方针政策,公布法规和规章,指导、布置和商洽工作,请示和答复问题,报告、通报和交流情况等的重要工具。目前,企事业单位和人民团体在工作中也要运用党政机关公文处理业务。

为了适应中国共产党机关和国家行政机关工作需要,推进党政机关公文处理工作的科学化、制度化、规范化。2012年4月16日,中共中央办公厅、国务院办公厅联合印发了《党政机关公文处理工作条例》（以下简称《条例》）,同时废止了1996年中共中央办公厅印发的《中国共产党机关公文处理条例》和2000年国务院印发的《国家行政机关公文处理办法》（以下简称《办法》）。

原《办法》中规定公文种类为13种,新《条例》中规定公文种类为15种,增加了"决议"和"公报",同时将"会议纪要"改为"纪要"。

（二）公文的作用

1. 发布政令,传达决策

党的各项方针、政策,国家的各项政令、法规、决定,各级各类机关的决策意图,需要发布开来、推行下去、报告上来、传递出去,这就要借助公文,通过公文运行渠道来实现。从发布最高一级机关制定的大政方针,到传递最低一级机关的报告、请示,无不依靠公文这个工具。

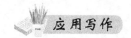

2. 指导、推动工作

由于公文是一种具有权威性的特殊文体,各级机关运用公文手段来推行决策意图。领导机关用它来组织和指导各系统、部门、地区的具体工作;下级机关用它来汇报情况或求得批准支持,以开展工作。公文是推动行政机关工作的一项不可缺少的重要工具。

3. 工作依据,检查凭证

依据和凭证作用是公文的基本作用。上级依据上报的公文审批、答复、决定;下级依据下发的公文开展工作。离开了公文,工作便失去了依据,必然各行其是。上级的决策是否正确,下级情况反映是否属实,公文是最好的凭证。工作开展后,评价其绩效,也要以公文为检查凭证。

4. 沟通信息,联系公务

各机关在公务活动中,用公文与上下左右的机关进行联系,相互告知情况、交换情报、交流思想、接洽工作、协调工作。随着公文在其间的往复运行,整个机关系统由此联成一体,使各项工作能高效率、有秩序地开展起来。

5. 宣传教育,统一思想

公文不仅要传达决策意图、布置任务,还要解释原因、说明情况,让人们知道为什么要这样做,从思想上弄清问题,提高认识。充分发挥公文的宣传教育作用,可以使广大干部、群众明确目标,统一思想,以积极的态度对待工作,提高工作的自觉性。

二、公文的分类和格式

(一) 公文的分类

1. 按照公文的功能来划分

根据新《条例》规定,我国党政机关现行的公文有15种:决议、公报、命令(令)、决定、公告、通告、通知、通报、议案、报告、请示、批复、意见、函和纪要。

《条例》对每一文种的功能都作出了明确规定,如命令(令)"适用于公布行政法规和规章、宣布施行重大强制性措施、批准授予和晋升衔级、嘉奖有关单位和人员"。

2. 按照行文方向来划分

按照行文方向,行政公文可分为下行文、上行文和平行文。

下行文指具有隶属关系的上级发给下级机关的公文,如命令、批复、决定、公告、通告、通报等。

上行文指具有隶属关系的下级机关呈报给上级机关的公文,如报告、请示等。

平行文指不相隶属机关之间来往的公文,如函。

所谓隶属关系是指上下级机关具有直接管理和被管理的关系。通知在不同情况下属于平行文或下行文。纪要在不同场合分属于下行文或上行文。函一般属于平行文,但有时也属于上行文(如请示较小事情的函),有时也属于下行文(如答复下级机关询问的函)。

3. 按照缓急程度来划分

"缓急程度"指公文送达和办理上的时限要求。根据紧急程度,紧急公文应当分别标注"特急""加急",电报应当分别标注"特提""特急""加急""平急"。

4. 按照保密级别来划分

涉密公文应当根据涉密程度分别标注"绝密""机密""秘密"和保密期限。

绝密文件是指涉及党和国家最核心机密的文书;机密文件是指涉及党和国家重要机密的文书;秘密文件是指涉及党和国家一般秘密的文书。具有密级的文件一旦泄漏,会使党和国家的安全和利益遭受不同程度的损害。

(二)公文的格式

党政公文都非常重视行文的格式。《条例》规定:"公文一般由份号、密级和保密期限、紧急程度、发文机关标志、发文字号、签发人、标题、主送机关、正文、附件说明、发文机关署名、成文日期、印章、附注、附件、抄送机关、印发机关和印发日期、页码等组成。"《党政机关公文格式》将组成公文的各要素划分为"版头""主体""版记"三部分。

版头由份号、密级和保密期限、紧急程度、发文机关标志、发文字号、签发人六要素组成。

主体由标题、主送机关、正文、附件说明、发文机关署名、成文日期、印章、附注、附件九要素组成。

版记由抄送机关、印发机关和印发日期两要素组成。

另外,版心外还有一个要素:页码。

1. 版头部分

(1)份号。公文印制份数的顺序号,即将同一文稿印刷若干份时每份公

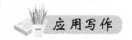

文的顺序编号。涉密公文应当标注份号。份号顶格编排在版心左上角第一行,用阿拉伯数字。

(2)密级和保密期限。公文的秘密等级和保密的期限。涉密公文应当根据涉密程度分别标注"绝密""机密""秘密"和保密期限。保密期限是对公文秘密等级时效规定的说明。如需标注密级和保密期限,一般用3号黑体字,密级顶格编排在版心左上角第二行。

(3)紧急程度。公文送达和办理的时限要求。根据紧急程度,紧急公文应当分别标注"特急""加急",电报应当分别标注"特提""特急""加急""平急"。 紧急程度一般用3号黑体字,顶格编排在版心左上角或密级的下一行。

公文同时标识份号、密级与紧急程度时,份号顶格编排在版心左上角第一行,密级顶格编排在版心左上角第二行,紧急程度顶格编排在版心左上角第三行。

(4)发文机关标志。由发文机关全称或者规范化简称加"文件"二字组成。联合行文时,发文机关标志可以并用联署发文机关名称,也可以单独用主办机关名称。

发文机关标志居中红色套印在文件首页上端。联合行文时,发文机关标志可以并用联署发文机关名称,但需将主办机关名称排列在前。"文件"二字编排在发文机关名称右侧,以联署发文机关名称为准上下居中排布。

党的机关可以使用发文机关全称或者规范化简称作为发文机关标志,不加"文件"二字。这是因为《党政机关公文处理工作条例》取消了各级党的机关以往大量使用的发文机关全称或者规范化简称加括号标明文种的版头形式,而改用这种形式。

(5)发文字号。发文字号是发文机关按照发文顺序编排的顺序号。由发文机关代字、年份、发文顺序号加"号"组成。年份、序号用阿拉伯数字标识;年份应标全称,用六角括号"〔 〕"括入;序号不编虚位(即1不编为01),不加"第"字。联合行文时,使用主办机关的发文字号。发文字号编排在发文机关标志下空二行。平行文、下行文时需居中排布;上行文时则居左排布,并左空一字,右侧对称位置标注签发人,发文字号与最后一个签发人姓名同处一行。发文字号之下4mm处印一条与版心等宽的红色分隔线。

(6)签发人。上行文应当标注签发人姓名。签发人是在上报的公文中批准签发的领导人姓名。所有公文都有签发人这一概念,上行文必须标注签发人姓名。一般性公文可由主管领导签发,上行文必须由机关主要负责人签发,即本机关正职或主持工作的领导。签发人平行排列于发文字号右侧。发文字号居左空一字,签发人姓名居右空一字;"签发人"用3号仿宋体字,签发人后标全角冒号,冒号后用3号楷体字标识签发人姓名。如有多个签发人,签发人姓名按发文机关的排列顺序依次顺排,一般每行两个姓名,回行时与上一行第一个签发人姓名对齐。

2. 主体部分

(1)标题。即对公文主要内容准确、简要的概括。由发文机关名称、事由和文种组成。位于红色分隔线下空二行的位置,用2号小标宋体字,可分一行或多行居中排布;标题排列应当使用梯形或菱形,不应使用长方形或沙漏形。回行时,要做到词义完整。

① 结构完整:发文机关+事由(表明文件主要内容)+文种;发文机关和事由有时可省略,唯一不能省略的是文种。

② 公文标题要正确选用文种。

③ "事由"的结构,"关于……的",要求准确概括公文内容。

(2)主送机关。公文的主要受理机关,是指对公文负有处置、答复或执行责任的机关。应当使用机关全称、规范化简称或者同类型机关统称。编排在标题下空一行的位置,左侧顶格3号仿宋体字编排,回行时仍顶格。最后一个主送机关名称后标全角冒号。

(3)正文。公文的主体,用来表述公文的内容。公文首页必须显示正文。一般用3号仿宋体字,编排于主送机关名称下一行,每个自然段左空二字,回行顶格。文中结构层次序数依次可以用"一、""(一)""1.""(1)"标注;一般第一层用黑体字、第二层用楷体字、第三层和第四层用仿宋体字标注。

① 正文一般由三部分组成:原由+事项+结尾。

② 引文:先引标题,后引发文字号。

③ 日期:要求用阿拉伯数字写明具体的年月日,不能把2005年写成05年。

(4)附件说明。公文附件的顺序号和名称。

公文如有附件,在正文下空一行左空二字用3号仿宋体字标识"附件",后标全角冒号和名称。附件如有序号使用阿拉伯数字(如"附件:1.

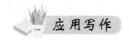

×××××");附件名称后不加标点符号。附件说明处的标题应与附件本身的标题相一致。

(5)发文机关署名。署发文机关全称或者规范化简称。

(6)成文日期。署会议通过或者发文机关负责人签发的日期。所有成文日期中的数字均统一使用阿拉伯数字。成文日期在公文中的标注位置有两种:一是在公文标题文下,写全年、月、日并用圆括号括起来;二是成文日期在公文正文或附件说明的右下方标注,写全年、月、日。成文日期的确定分为以下几种:一是经会议通过的公文以会议正式通过日期为准;二是经发文机关负责人签发的公文,以签发日期为准;三是联合行文的公文,以最后签发的机关负责人签发的日期为准。电报则以发出的日期为准。

(7)印章。公文中有发文机关署名的,应当加盖发文机关印章,并与署名机关相符。电报可以不加盖印章。上行文一定要加盖印章。联合下行文时,发文机关也应加盖印章。印章顶端应上距正文(或附件说明)一行内,端正、居中下压发文机关署名和成文日期,印章用红色。

联合行文时,应将各发文机关名称(可用简称)排在发文时间和正文(或附件说明)之间。主办机关印章在前,每排最多排3个印章,两端不得超出版心,印章之间互不相交或相切;最后一个印章居中下压发文机关署名和成文日期。党的机关有特定发文机关标志的普发性公文可以不加盖印章。

(8)附注。是需要说明的其他事项,如公文的发放范围、政府信息公开方式、联系人和联系电话等。公文如有附注,居左空二字加圆括号编排在成文时间下一行。"请示"件应在附注处注明联系人和电话。

(9)附件。公文正文的说明、补充或者参考资料。附件应当另面编排,并在版记之前,与公文正文一起装订。"附件"二字及附件顺序号用3号黑体字顶格编排在版心左上角第一行。附件标题居中编排在版心第三行。附件顺序号和附件标题应当与附件说明的表述一致。附件格式要求同正文。如附件与公文正文不能一起装订,应在附件左上角第一行顶格编排公文的发文字号并在其后标识附件和附件顺序。

3. 版记部分

(1)抄送机关。除主送机关外需要执行或者知晓公文内容的其他机关,应当使用机关全称、规范化简称或者同类型机关统称。

公文如有抄送,一般用4号仿宋体字,左空一字标识"抄送",后标全角冒号和抄送机关名称;回行时与冒号后的首字对齐;同一系统内同级机关之间用顿号分隔,不同系统机关之间用逗号分隔,最后一个抄送机关后标句号。

(2)印发机关和印发日期。公文的送印机关和送印日期。设在公文末页最后一行。一般用4号仿宋体字,印发机关左空一字,印发日期右空一字。印发时间以公文付印的日期为准,用阿拉伯数字标识。

4. 页码

一般用4号半角宋体阿拉伯数字,编排在版心下边缘之下,数字左右各放一条一字线;一字线上距版心下边缘7 mm。单页码居右空一字,双页码左空一字。

【公文格式示意图】

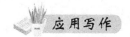

三、公文的句式

公文的语句含义完整确切,在文章中具有较强的独立性,关键性文句脱离上下文后仍不会产生歧义,陈述句较多,祈使句次之,疑问句、感叹句再次之。一般都有专门表达公文主题的主题句,使主题鲜明地显露出来。

在公文语句中大量使用介词结构。在现代汉语中,介词属于虚词范围,其本身没有具体的意义,但它和实词结合起来,能使词语表达的意义更加明确、严密。公文中常用的介词主要有:

1. 为、为了、由于 —— 表目的、原因
2. 对、对于、将、关于、除了 —— 表对象、范围
3. 根据、依照、遵照、通过、在、随着 —— 表根据、方式

如以下各句:

为了提高全体干部的素质,增强执行党的路线、方针、政策的自觉性,特作如下通知。

对于基层单位存在的问题,我们必须高度重视,采取措施认真予以解决。

现将《上海市图书报刊市场管理条例实施细则》发给你们,请认真贯彻执行。

关于完善企业职工基本养老保险制度问题,国务院及各省、自治区、直辖市都予以高度重视,曾作出过多次决定。

国务院根据《中华人民共和国公司登记管理条例》的决定,将对以下条文进行修改。

上述例句中的介词结构,第一句表目的,第二、三、四句表对象,第五句表根据。

在公文语句中,还有一种由"将"字结构所构成的第二宾语提前的句式。在一些转发性的文件中,这种句式几乎成了一种较为固定的表达模式,如:

现将国务院《关于深化农村义务教育经费保障机制改革的通知》转发给你们,请遵照执行。

现转发给你们国务院《关于深化农村义务教育经费保障机制改革的通知》,请遵照执行。

将以上两段文字比较一下,我们不难发现,前一段文字要比后一段文字显得清晰、明朗、重点突出,其原因就是因为采取了第二宾语提前的句式。

第二节 决议 公报

一、决议的含义、特点和类型

(一)决议的含义

决议适用于会议讨论通过的重大决策事项。在1993年之前,行政公文中也有决议这种文体,国务院办公厅对其功能的表述是"用于经会议讨论通过并要求贯彻执行的事项"。1993年《国家行政机关公文处理办法》进行修订时,删去了这一文种。2012年新《条例》又增加了这一文种。

(二)决议的特点

1. 决策性

决议是针对重大问题和重大事项所作出的决策,一经形成,就会在较大范围内对党内的工作和生活造成重大影响。例如"文革"结束后不久,中央发布的《关于建国以来党的若干历史问题的决议》,就是对"文革"、对毛泽东同志的功过进行评价的重大政策性文件,对统一党内思想起了十分突出的作用。

2. 权威性

决议作为党的领导机关用于重要决策事项的公文,是在党的高级领导机构的会议上研究、讨论后形成的,代表着发文机关的意志。一经发布,其下属党组织和党员必须严格遵守,认真落实,不得违背,具有很强的权威性。

3. 严格的程序性

决议必须经会议讨论,并经表决通过之后才能形成,有严格的程序性。

(三)决议的基本类型

根据决议涉及内容范围的不同,可分为三大类型:

1. 批准某事项或通过某文件的决议

这类决议涉及的内容比较具体,一般用于批准某项报告或文件。如《中国共产党第十四次全国代表大会关于〈中国共产党章程〉(修正案)的决议》

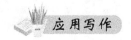

《中国共产党第十四次代表大会关于十三届中央委员会报告的决议》等。

2. 安排某项工作的决议

对于重要的、长期的工作,可采用决议的形式进行布置安排,如《中共四川省委关于认真学习、坚决贯彻〈中共中央关于加强党同人民群众联系的决定〉的决议》等。

3. 涉及原则问题的决议

这类决议涉及的内容是原则性的、非事件性的,影响范围更大,影响时间更为久远。如《中共中央关于加强社会主义精神文明建设若干问题的决议》等。

(四)决议的写法

1. 标题和成文日期

(1)标题

决议的标题有三种写法。

第一种是由发文机关、主要内容、文种组成,如《中共四川省委关于认真学习、坚决贯彻〈中共中央关于加强党同人民群众联系的决定〉的决议》。

第二种是由会议名称、主要内容、文种组成,如《中国共产党第十一届中央委员会第五次全体会议关于为刘少奇同志平反的决议》。

第三种是省略发文机关,由主要内容和文种组成,如《关于确认十一届三中、四中全会增补中央委员的决定的决议》。

(2)成文日期

决议的成文日期加括号标写于标题之下居中位置。具体写法有两种情况:如果公文标题中已包括会议名称,括号内只需写明"×年×月×日通过"即可,如果公文标题中没有会议名称,括号内要写明"××委员会第×次会议×年×月×日通过"。

2. 正文

(1)开头部分

决议的开头部分写决议的根据,一般要写明会议听取了什么、学习讨论了什么、审议了什么、批准或通过了什么,自何时生效等。如中国共产党第十四次全国代表大会通过十三届中央委员会提出的《中国共产党章程》(修正案),决定自通过之日起,经修正后的《中国共产党章程》即行生效。以上各项要根据会议的内容而定，不必面面俱到。

（2）主体部分

这部分的内容比较复杂，写法也比较灵活多样。

如果是批准事项或通过文件的决议，相对比较简单，这部分多是强调意义，提出号召和要求。如果是安排工作的决议，要写明工作的内容、措施、要求。内容复杂时，要明确分出层次并列出各层次的小标题，或者分条撰写。如果是阐述原则问题的决议，主体部分要有较多的议论，多采用夹叙夹议的写法，把道理说深说透。

（3）结尾部分

这部分可有可无。有时主体结束，全文也就自然结束了，不必再专门撰写结尾。有时需要写一个结尾，多以希望、号召收结全文。

【例文】

中国共产党第十四次全国代表大会关于十三届中央委员会报告的决议
（1992年10月18日通过）

中国共产党第十四次全国代表大会批准江泽民同志代表十三届中央委员会所作的报告。大会对十三届中央委员会的工作表示满意。

大会赞成报告对14年伟大实践的基本总结。十一届三中全会以来，党领导各族人民实行改革开放，进一步解放和发展生产力，开辟了社会主义现代化建设的新时期。我们所以能够取得举世瞩目的巨大成就，根本原因就是坚持把马克思主义基本原理同中国具体实际相结合，逐步形成和发展了建设有中国特色社会主义的理论，制定和实行了党在社会主义初级阶段的基本路线。邓小平同志作为我国改革开放和现代化建设的总设计师，为这一理论和路线的创立作出了历史性的重大贡献。大会认为，报告对党在实践过程中形成的基本理论、基本路线和一系列战略决策，作出郑重的结论是十分必要的。这对于进一步统一全党思想，坚持党的基本理论和基本路线不动摇，把建设有中国特色社会主义的伟大事业继续推向前进，具有重大的现实意义和长远意义。

大会同意报告提出的加快改革开放和现代化建设步伐的决策和部署。全面完成报告提出的各项任务，必将有力地推动90年代我国经济的发展和

社会的全面进步。大会指出,抓住有利时机,集中力量把经济建设搞上去,力争国民经济在讲求效益的前提下有一个较高的增长速度,是完全正确和可能的。大会认为,将我国经济体制改革的目标,确定为建立社会主义市场经济体制,是对有中国特色社会主义理论的丰富和发展。建立社会主义市场经济体制,涉及经济基础和上层建筑的许多领域,要有一系列相应的体制改革和政策调整,必须抓紧制定总体规划,有计划、有步骤地实施。

大会同意报告对国际形势的分析和阐述的对外政策。大会指出,要坚持奉行独立自主的和平外交政策,反对霸权主义和强权政治,努力为我国的改革开放和现代化建设争取有利的国际环境,为世界的和平和发展继续作出贡献。

大会指出,适应加快改革开放和现代化建设步伐的新形势,必须用邓小平同志建设有中国特色社会主义的理论武装全党,进一步加强党的建设和改善党的领导。要加强领导班子建设,培养社会主义事业接班人;密切党和人民群众的联系,坚决克服消极腐败现象;加强基层党组织建设,充分发挥党员的先锋模范作用;坚持和健全民主集中制,维护党的团结和统一。

大会号召,全党同志要在十四届中央委员会的领导下,更加紧密的团结起来,为夺取有中国特色社会主义事业的更大胜利而努力奋斗。

(载1992年10月19日《人民日报》)

【简析】这是一篇批准文件的决议。格式正确,结构完整,语言运用恰当,内容充实、深刻,结尾有力,明确地表明了大会的态度。最后,对与会者发出号召,使决议具有很好的层次性和整体性。

二、公报

(一)公报的概念

公报适用于公布重要决定或者重大事项。公报也称新闻公报,是党政机关和人民团体公开发布重大事件或重要决定事项的报道性公文,是党和国家行使职权的过程中经常使用的一种公文。

(二)公报的特点

1. 重要性

公报的发布机关级别很高,或者是以中央的名义,或者是以国家的名义,或者是以中央政府的名义。公报所涉及的内容应是党内外、国内外普遍关心和瞩目的重大事件或重要决定。

2. 公开性

公报是公之于众的文件,无需保密,一般也没有主送机关和抄送机关,而是要普告天下,一体周知。

3. 新闻性

公报的内容都是新近发生的事件或新近作出的决定,属于人民群众关心、应知而未知的事项,要求制作和发布迅速、及时。因此又具有新闻性特点。

（三）公报的种类

1. 会议公报

是用以报道重要会议或会谈的决定和情报的公报。这种公报一般用于党中央召开的会议。

2. 新闻公报

这是以新闻形式将重大事件向党内外、国内外公布的文件。适用于党政机关或社会团体发布重大事件、重要决定。其写法与新闻的主要文体消息有些类似。

3. 联合公报

这是政党之间、国家之间、政府之间就某些重大事项或问题经过会谈、协商取得一致意见或达成谅解后,双方联合签署发布的文件。这类公报中有一些双方认可、联合签署的条文,比一般的新闻公报有更多的务实性内容。但联合公报和新闻公报之间的界限是很模糊的,有时甚至还可以合为一体。

（四）公报的写法

公报包括首部、正文和尾部三部分。

1. 首部

标题。公报的标题常见的有三种形式,一种是只写文种,如《新闻公报》；第二种是由会议名称和文种构成；第三种是联合公报,由发表公报的双方或多方国家的简称、事由、文种构成。

成文时间。用括号在标题之下正中位置注明公报发布的具体日期。

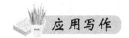

2. 正文

开头,即前言部分。事件性公报要求用最鲜明、最精练的语言概述事件的核心内容,即何时、何地、发生了什么重大事件;会议性公报要求概述会议的名称、时间、地点、参加人员等;联合公报要求概述公报的来由,即在何时、何地、谁与谁举行了什么会谈或谁对谁进行了什么性质的访问等。

主体,是公报的核心内容,要求把公报的内容完整、系统、有序地表达清楚。常见的有三种写作形式:一种是分段式,即每段说明一层意思或一项决定;第二种是序号式,多用于内容复杂、问题头绪较多的公报;第三种是条款式,多用于联合公报。

3. 尾部

事件性公报和会议性公报一般没有尾部;联合公报要在正文之后写明双方签署人的身份、姓名、签署日期及签署地点。

【例文】

香港特别行政区筹委会预委会第六次全体会议新闻公报

新华社北京12月8日电 香港特别行政区筹委会预备工作委员会第六次全体会议新闻公报:香港特别行政区筹委会预备共和委员会第六次全体会议于1995年12月7日至8日在北京举行。

这次会议是预委会结束工作前的最后一次全体会议。会议听取和讨论了政务、经济、法律、文化、社会及保安五个专题小组的工作报告,讨论了五个专题小组就于1997年香港政权交接和香港的平稳过渡有关的事项提出的46份书面建设和意见,通过了《关于预委会各专题小组的建议和意见的决议》,会议决定发表《香港特别行政区筹委会预备工作委员会关于保持香港公务员队伍和制度稳定的若干意见》。

会议全面回顾和总结了预委会成立以来所做的工作。两年半来,各专题小组就涉及香港政权交接和平稳过渡的一系列重大问题进行了认真的调查研究,广泛咨询了香港各界人士的意见,从我国政府对香港恢复行使主权、确保香港平稳过渡的实际需要和香港的实际情况出发,提出了有关建议和意见。会议认为,各专题小组所提的建设和意见符合"一国两制"的方针和我国政府对香港的一系列政策,符合基本法,也符合全国人大及其常委会的有关决定。会议认为,预委会的工作为即将成立的香港特别行政区筹委会及其工作奠定了良好基础。会议认为,邓小平同志关于香港问题的一系列重要论述对预委会的工作起到了方向性的指导作用,预委会在工作中贯彻了"以我为主"和"面向港人,依靠港人"的方针。会议指出,广大港人的关心、支持和参与,是预委会的工作取得成功的重要原因。会议向参加预委会各专题小组属下研究小组的人士致以谢意,并向所有对预委会工作给予关心和支持的人士表示感谢。

根据全国人大常委会关于设立香港特别行政区筹委会预备工作委员会的决定,香港特别行政区筹委会预备工作委员会将在筹委会成立时结束工作。

【简析】这是一篇新闻公报。它的写法和消息有些类似,开头部分将这次会议达成的主要事项做以概述,随后是具体的会议精神,具有发布性特点。

第三节 命令(令) 决定

一、命令(令)

(一)命令(令)的定义与特点

1. 命令(令)的定义

命令适用于公布行政法规和规章、宣布施行重大强制性措施、批准授予和晋升衔级、嘉奖有关单位和人员。

2. 命令(令)的特点

(1)权威性和强制性

命令(令)是所有公文中最具权威性和强制性的下行文种。命令一经发布,受令者必须绝对服从,没有讨价还价的余地,更不允许抵制和违反。通常所说的"令行禁止",通过命令这种文体,能得到最充分的体现。

受权威性和强制性特点的制约,命令(令)只能用于重大决策性事项,如发布重要的行政法规和规章,宣布实行重大强制性行政措施,以及奖励成就突出的人员等。

(2)严格的发布权限

命令(令)虽是行政公文的主要文体,但并不是所有行政机关都有权发

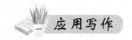

布命令(令)。按照《中华人民共和国宪法》和《中华人民共和国各级人民代表大会和地方各级人民政府组织法》的有关规定,只有全国人民代表大会的常务委员会、委员长、国家主席,国务院和国务院总理,国务院各部委局及其首长,地方各级人民政府和各级人民代表大会,才有权力发布命令(令)。其他各种企事业单位、党团组织和社会团体,均无权发布命令(令)。党的领导机关可以和同级人民政府联合发布命令(令),但是要以行政公文的方式出现。

(3)内容的重要性

命令(令)所涉及的事项,有的是发布行政法规和规章,有的是宣布重大强制性行政措施,这些内容都是非常重要的。运用命令来奖惩有关人员时,往往也是在全国或某一地区影响较大,如果是一般的表彰先进或批评错误,就不用命令而用通报或别的公文文种。

(二)命令(令)的分类

命令这种文体可大致分出三种基本类型。

1. 公布令

公布令是依照有关法律公布行政法规和规章的命令。公布令一般由四个方面的内容组成:发布对象、发布依据、发布决定、执行要求。公布令篇幅短小,言无虚设,四个方面的内容并不各自独立成段,而是篇段合一。请看例文:

中华人民共和国国务院令
第619号

《女职工劳动保护特别规定》已经2012年4月18日国务院第200次常务会议通过,现予公布,自公布之日起施行。

总　理　温家宝
2012年4月28日

其中《女职工劳动保护特别规定》是发布对象,"经2012年4月18日国务院第200次常务会议通过"是发布依据,"现予公布"是发布决定,"自公布之日起施行"是执行要求。

2. 行政令

宣布施行重大强制性行政措施的命令,称为行政令。例如国务院1984年4月13日发布的《国务院关于严格保护珍贵稀有野生动物的通令》就是典型的行政令。属于行政令的还有动员令(如1949年毛泽东、朱德联合签署的《向全国进军的命令》)、特赦令(如1959年由刘少奇签署的《中华人民共和国主席特赦令》)、戒严令(如1989年3月7日由李鹏签署的《国务院关于在西藏自治区拉萨市实行戒严的命令》)等。

3. 嘉奖令

嘉奖令就是用来奖励有关人员的命令。嘉奖令是奖励的最高级别,用于奖励贡献突出的个人或集体。它由先进事迹、性质和意义、奖励项目、希望和号召四部分组成。例如《国务院、中央军委关于给郑静晨同志记一等功的命令》(2006年5月17日发布)。

(三) 命令(令)的写法

1. 标题

命令(令)的标题有三种构成形式。

(1) 由发令机关名称、主要内容、文种构成。如《中华人民共和国国务院关于发行新版人民币的命令》。

(2) 由发令机关名称或发令人身份加文种组成。如《中华人民共和国主席令》。

(3) 由主要内容加文种组成。如《向全国进军的命令》,这种形式应用较少。

2. 正文

公布令、嘉奖令的结构和内容,前面已有介绍。这里着重介绍行政令的写法。

行政令的正文由三大部分组成,按照公文的常规模式进行操作。

开头部分主要写发布命令的原因、根据、目的、意义等。作为开头部分,原则上不宜过长,但有时因原因复杂、意义重大,也可以用较多文字表述。如《向全国进军的命令》,开头部分就占了全文的二分之一左右。

主体部分是全文的核心,主要写命令事项,也就是要求受令者做些什么、怎么做、做到何种程度等等。这部分内容复杂,层次较多,一般都需要分条表达,以便眉目清楚。

结尾部分,主要用来写执行要求。如由何单位负责执行,从何时起开始执行等等。这部分内容单纯,篇幅短小。

【例文】

中国人民解放军驻澳门部队进驻澳门特别行政区的命令

中国人民解放军驻澳门部队全体官兵:

根据《中华人民共和国宪法》赋予中国人民解放军的使命,依照《中华人民共和国澳门特别行政区基本法》、《中华人民共和国澳门特别行政区驻军法》有关规定,命令你们进驻中华人民共和国澳门特别行政区,于1999年12月20日开始履行防务职责。

我国政府对澳门恢复行使主权,是继香港回归祖国后中华民族的又一盛事,标志着中国人民按照"一国两制"的方针,在实现祖国统一大业的道路上又迈出了坚实的一步。中国人民解放军驻澳门部队担负澳门特别行政区的防务,是中国政府对澳门恢复主权的重要象征,使命神圣,责任重大。你们进驻澳门特别行政区以后,要坚持人民解放军全心全意为人民服务的宗旨,发扬优良传统,忠实履行职责,遵纪守法,依法治军,把部队建设成"政治合格,军事过硬,作风优良,纪律严明,保障有力"的威武文明之师,为维护祖国统一,捍卫国家主权和领土完整,保持澳门的稳定和发展做出积极的贡献。

中华人民共和国中央军事委员会主席 江泽民
一九九九年十二月十九日

【简析】这是一篇行政令,是由"令的依据""令的具体内容"及"令的执行要求"三部分组成。首先交代"令的依据",即中国人民解放军驻澳门特别行政区是《宪法》赋予的使命以及依据的相关法律;接着是命令的事项,即实行的行政措施的具体内容;最后是令的执行要求,即从"你们进驻澳门特别行政区后"至全文结束。本文语言简洁,陈述清楚,语气威严,体现出命令的特点。

二、决 定

(一)决定的定义和特点

1. 决定的定义

决定适用于对重要事项作出决策和部署、奖惩有关单位和人员、变更或者撤销下级机关不适当的决定事项。

2. 决定的特点

(1) 权威性

决定虽然没有命令那样浓烈的强制色彩,但也是一种权威性很强的下行文。决定是上级机关针对重要事项和重大行动,经重要会议或领导班子研究通过后,对所辖范围内的工作所做的安排。决定一经发布,就对受文单位具有很强的约束力,必须遵照执行。

(2) 指挥性

决定在对重要事项进行决策时,同时也提出工作任务、具体措施和实施方案,要求受文单位依照执行,从而保证工作的顺利开展,并取得预期效果。

(3) 全局性

决定一般不是向某一个具体单位发出的,行文对象有一定的普遍性。这是由于决定所涉及的事项和解决的问题,都有全局性的意义。类似依法行政、西部开发,都是事关全国的重要问题。即使有时涉及事件比较具体,但其影响也是全局性的。

(二) 决定的分类

决定大致可分为法规政策性决定、重要事项决定、奖惩决定、变更性决定。

1. 法规政策性决定

关于建立、修改某项法规的决定,关于贯彻、落实某一法律的决定,关于对某一领域犯罪行为进行专项打击的决定,都属于法规政策性决定。如《全国人大常委会关于惩治侵犯著作权的犯罪的决定》。

2. 重要事项决定

对重要事项或事关全局的重大行动做出的决定具有决策的性质,一般要阐述基本原则,提出工作任务、方案、措施、要求。如《国务院关于进一步加强食品安全工作的决定》。

3. 奖惩决定

决定也可以对一些事迹突出、有典型意义的先进个人或集体进行表彰,或者对一些影响较大、群众关心的事故、错误进行处理。前者如《国务院关于追授常香玉同志"人民艺术家"荣誉称号的决定》。后者如《国务院关于大

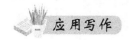

兴安岭特大森林火灾事故的处理决定》等。奖惩性决定跟用于奖惩的命令和通报作用接近，但层次规格不同。决定从规格上看低于命令，但高于通报。一般性奖惩或基层单位奖惩活动，用通报即可。

4. 变更性决定

用以变更或撤销行政机关不适当的决定事项。不适当的决定事项包括违背国家法律、法规、以及党的路线、方针、政策的决定事项。如《国务院关于第四批取消和调整行政审批项目的决定》。

（三）决定的写法

1. 标题

决定的标题一般采取公文标题的常规模式，即由发文机关、事由、文种组成的单一标题的形式。如《国务院关于进一步加强产品质量工作若干问题的决定》。

2. 正文

正文采用公文常用结构的基本型，由开头、主体、结尾三部分组成。

开头一般是写发布决定的背景、根据、目的、意义。如果是批准某一文件的决定，开头要写明批准对象的名称。如果是表彰、惩戒性的决定，开头部分则要叙述基本事实，也就是先进事迹或事故情况，篇幅要比一般决定长一些。这实际上也属于行文的根据，跟公文结构的基本型仍是一致的。

主体部分主要用来撰写决定事项。用于指挥工作的决定，主体部分要提出工作任务、措施、方案、要求等，内容复杂时要用小标题或条款显示出层次来。用于批准事项的决定，主体部分要表达批准意见，如有必要，还可对批准此事项的根据和意义予以阐述。

决定的结尾通常写法比较简单，主要用来写执行要求或希望号召。

【例文】

国务院关于表彰全国"两基"工作
先进单位和先进个人的决定

国发〔2012〕46号

各省、自治区、直辖市人民政府，国务院各部委、各直属机构：

1986年义务教育法和1988年《扫除文盲工作条例》施行以来，在党中央、国务院正确领导下,各地区、各部门高度重视、真抓实干,社会各界积极参与、齐心协力,我国"两基"(基本普及九年义务教育、基本扫除青壮年文盲)工作取得重大成就,2011年全面实现九年义务教育,青壮年文盲率下降到1.08%,改变了中国教育的基本面貌,实现了教育发展的历史性跨越。在实施"两基"巩固提高和"两基"攻坚过程中,涌现出一大批先进单位和个人。为表彰先进,激励和动员全社会进一步重视、关心、支持教育事业,推动教育改革发展,国务院决定,授予北京市朝阳区教育委员会等300个单位"全国'两基'工作先进单位"称号,授予徐万厚等500人"全国'两基'工作先进个人"称号。

希望受到表彰的先进单位和先进个人珍惜荣誉,再接再厉,为义务教育工作再上新台阶作出新的更大贡献。各地区、各部门以及关心支持教育事业的社会各界要向受到表彰的先进单位和先进个人学习,深入贯彻落实《国家中长期教育改革和发展规划纲要(2010—2020年)》,坚持把教育摆在优先发展位置,巩固义务教育普及成果,促进义务教育均衡发展,推动教育事业在新的历史起点上科学发展,为建设教育强国和人力资源强国、实现中华民族伟大复兴而努力奋斗。

附件:1. 全国"两基"工作先进单位名单
　　　2. 全国"两基"工作先进个人名单

国务院

2012年9月5日

(摘自中国政府网)

【简析】这是一则奖惩决定。标题是由发文机关+事由+文种组成的一个完全标题。正文部分先写表彰原因,再写表彰事项,最后提出希望,发出号召。全文思路清晰,结构完整。

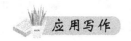

第四节 意见 批复

一、意见

(一)意见的含义和特点

1. 意见的含义

意见原属党的机关公文,中共中央办公厅于1996年5月3日印发的《中国共产党机关公文处理条例》(以下简称《条例》),首次将意见列入了中国共产党机关公文文种;后来,于2001年1月1日起施行的《国家行政机关公文处理办法》,将意见正式列入了国家行政机关的公文文种,意见从而成为行政机关使用频率较高的法定公文。

意见也是一种指导性的公文,虽然没有命令、决定那样的强制色彩,但它也是用来布置工作,要求下级机关贯彻执行的一种文体。《条例》对意见所下的定义是适用于对重要问题提出见解和处理方法。

2. 意见的特点

(1)指导性

意见虽然在文种的字面含义上没有明显的指导色彩,似乎只是对某一工作提出些意见供参考,可实际上它也是指导性很强的一种文体。一种"意见"是指来自于下级的,一经上级批转或批准,即从建议性转化为指导性和约束性。另一种是来自于上级机关的"意见",虽然文种名称叫做"意见",这里的本质含义已不再是参谋建议的性质,而是有了指示性。

(2)针对性

意见有着较强的针对性。它总是根据现实的需要,针对某一重要的问题提出见解或处理意见。例如,我国针对农村儿童重大疾病因经济原因,无法得到及时有效的治疗而导致其不该有的后果,提出了《关于开展提高农村儿童重大疾病医疗保障水平试点工作的意见》,就具有较强的针对性。

(3)原则性

意见通常不是具体的工作安排,而是从宏观上提出见解和意见,要求受文单位结合具体情况,参照文件中提出的精神来办理。下级机关在落实意见精神时,有较大的灵活处理的余地。

（二）意见的分类

1. 规划性意见

规划性意见是对某一时期的某一方面的工作提出的大体构想。它的特点是适用时期长，内容宏观化、整体化，类似于规划、纲要等计划性文体。它指示了一个时期内某项工作的要点、原则和努力方向，但一般没有具体的方法和措施。教育部在1999年8月用通知的形式发布的《关于新时期加强高等学校教师队伍建设的意见》，就是一个面向21世纪的宏观化、纲要化的意见。

2. 实施意见

实施意见一般是为贯彻落实某一重要决定或中心工作所制定的实施方案，它重在阐发上级的有关精神，使下级单位对上级的文件精神有更深入的理解，同时提出较为具体的行动方案和工作安排。例如《工业和信息化部关于推进重点工业产品质量达标的实施意见》。

3. 具体工作意见

对如何做好某项工作提出意见，所涉及的内容比较具体，有时还会有一些可操作性的办法、措施等。例如教育部和妇联联合发布的《教育部、全国妇联关于做好农村妇女职业教育和技能培训工作的意见》，就是比较具体化的关于妇女的工作意见。

（三）意见的写法

1. 意见的标题和主送机关

（1）意见的标题

意见的标题有两种常见写法。一种是由发文机关＋主要内容＋文种组成，如《教育部关于进一步推进对口支援西部地区高等学校工作的意见》。另一种由主要内容＋文种组成，如《关于进一步加强中央企业全员业绩考核工作的指导意见》。

（2）意见的主送机关

意见的发布，有两种情况，一种需要用决定、通知等文体转发，另一种独立发布。作为转发对象的意见，本身没有主送机关这一项，但转发该意见的决定或通知，要把主送机关写清楚。直接发布的意见，要有主送机关，主送机关的排列方法和一般公文相同。

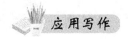

2. 意见的正文

（1）发文缘由

这是意见的开头部分，主要写出发布意见的背景、根据、目的、意义等，但不面面俱到。文字根据具体情况可长可短，最后以"现提出以下意见""特制定本实施意见"等过渡性语句转入下文。

（2）意见条文

这是意见的主体，要把对重要问题的见解或处理办法一一写明。

如果是规划性意见，内容繁多，可列出小标题作为各大层次的标志，小标题下再分条表述。如《民政部关于进一步深化殡葬改革促进殡葬事业科学发展的指导意见》一文，主体就分为三大部分，各自冠以小标题，分别是：一、充分认识深化殡葬改革的重要意义；二、深化殡葬改革的总体要求；三、采取有效措施，扎实推进殡葬改革。每一小标题下列出若干条文，共计21条。

如果是内容较单纯集中的工作意见，主体部分直接列条即可，不必再设小标题。

（3）执行要求

有些意见需要对贯彻执行提出一些要求，可以列入条款，也可单独在正文最后写一段简练的文字予以说明。如无必要，此项免除。

【例文】

住房城乡建设部关于动员和组织
社会力量支持大别山片区村镇建设的意见

建村函〔2013〕146号

有关省、自治区、直辖市住房城乡建设厅（建委、建交委、农委）、企事业单位、社会公益组织及慈善团体：

为贯彻落实中央扶贫工作部署，根据《中国农村扶贫开发纲要（2011—2020年）》和国务院扶贫办、国家发展改革委印发的《大别山片区区域发展与扶贫攻坚规划（2011—2020年）》以及《住房城乡建设部关于支持大别山片区住房城乡建设事业发展的通知》的要求，现就组织动员社会力量支持大别山集中连片特殊困难地区（以下简称"大别山片区"）村镇建设提出以下意见：

一、充分认识社会力量支持大别山片区村镇建设的重要意义

中央高度重视扶贫工作,强调没有农村的小康、特别是没有贫困地区的小康,就没有全面建成小康社会。扶贫工作需要社会力量参与,《中国农村扶贫开发纲要(2011—2020年)》提出鼓励社会组织通过多种方式参与扶贫开发。住房城乡建设部负责联系的大别山片区既是革命老区,也是粮食主产区,同时也是重要生态保护和乡村旅游区。大别山片区的发展问题主要是农村发展问题,支持大别山片区村镇建设,对推进片区经济社会发展、保障粮食安全、构筑生态安全屏障、建设美丽乡村具有重要意义。

二、支持范围和项目

支持的范围为大别山片区的36个县(市)(名单见附件)。

支持的项目可结合住房城乡建设部开展的以下工作实施:

(一)绿色低碳小城镇示范

(二)重点镇建设

(三)特色景观旅游名镇名村示范

(四)传统村落保护和发展

(五)美丽宜居小镇和美丽宜居村庄示范

(六)村镇产业发展及其他项目

具体项目可包括村镇规划编制、村镇道路建设、危桥改造、村镇供水、垃圾和污水处理、农房建设、可再生能源利用、传统民居保护修缮、公共设施、旅游设施和服务、产业发展等。

鼓励支持单位引入符合村镇实际、符合可持续发展要求的新理念、新技术、新材料。

三、社会力量和支持方式

社会力量包括国有企业、民营企业、金融机构、科研院所、社会公益组织、慈善组织、国际组织等。

支持方式以资金和实物支持为主,也包括技术支持和培训教育等方式。资金和实物直接给付被支持的县(市)、乡镇和村。支持单位与被支持县(市)建设局、乡镇人民政府或村委会等签订支持协议。支持单位应先向住房城乡建设部提出支持意向,经住房城乡建设部协调与大别山片区取得联系。支持单位可结合自身优势,自主选择支持的对象、主题、项目、方式、时间等。

支持单位要遵循中央的各项农村政策,遵守法律法规,尊重和维护农民

权益,做好与地方各级住房城乡建设部门和乡村基层组织的协商与对接,不搞形式主义,量力而行,不搞摊派,不搞攀比,切实让农民受益。

四、协调和服务

住房城乡建设部负责社会力量支持大别山片区村镇建设的组织工作,接收支持单位意向和片区3省备选项目申报,协调支持单位和大别山片区,提供相关支持,开展监督和宣传。

安徽、河南和湖北省住房城乡建设厅负责本省的社会力量支持工作,结合本省村镇建设工作,推荐备选地区和项目并报住房城乡建设部。要加强协调,提供技术支持,根据情况整合资金,给予支持。要加强监督管理及宣传。

大别山片区36个县(市)建设局要加强调查研究,摸清情况,及时提供需要帮扶的备选乡镇和村以及备选项目。要准备好相关情况介绍,做好目录编制。要对支持项目给予人力和技术帮助,提供各项服务。

乡镇政府和村级组织要积极配合,落实好项目,管理好项目。要开展对村民的宣传教育,鼓励村民积极参与配合,不提不符合实际的目标和要求。

五、宣传和表扬

根据支持单位意愿,社会力量支持大别山的项目信息都可在住房城乡建设部网站上公开。我部也将及时总结相关经验,加强宣传。对表现突出的组织或个人,将通过不同形式给予表扬。

联系人:住房城乡建设部村镇建设司　牛大刚

电话:010-58933318,传真:010-58933123

附件:大别山片区36县(市)名单

中华人民共和国住房和城乡建设部

2013年7月2日

(摘自中国政府网)

【简析】实施性意见的特点就是为贯彻落实某一重要决定或中心工作而制定的实施方案,它重在阐发上级的有关精神,使下级单位对上级的文件精神有更深入的理解,同时提出较为具体的行动方案和工作安排。本文正是对如何动员和组织社会力量支持大别山片区村镇建设工作提出的具体行动方案。

二、批复

(一) 批复的含义

批复适用于答复下级机关的请示事项。批复是指导性的下行文,所表达的内容都是受文的下级机关开展某项工作的依据。

(二) 批复的特点

1. 答复性

批复是用来答复下级请求事项的,下级有请示,上级才会有批复。下级有多少份请示呈报上来,上级就有多少份批复回转下去。批复不是主动的行文,是公文中唯一的纯粹被动性文种。另有两种公文也可以是被动性的,就是报告和函。不过,报告只有在答复上级机关询问时才是被动的,函只有复函才是被动的,所以说,纯粹的被动性公文只有批复。

2. 针对性

批复这种文体所写的内容针对性极强,下级机关请示什么事项或问题,上级机关的批复就指向这一事项或问题,决不能答非所问,也无需旁牵他涉。

3. 集中性

由于下级的请示是一事一报,请示内容集中在某一事件或某一问题上,与此相应,批复也应一文一批,答复的内容也十分集中。因此批复的篇幅一般不长。

4. 明确性

批复的态度和观点必须十分明确。对于请求指示的请示,批复要给以明确的指示;对于请求批准的请示,批复或者同意、批准,或者不同意、不批准。有时,由于情况的复杂性,原则同意,但对某些个别环节提出不同的意见和要求,这是允许的,不违背态度明确的原则。但如果观点不明,态度含糊,令下级机关无所适从,就不符合基本要求了。

5. 政策性

批复是一种有很强政策性的文体。对于撰写批复的上级机关而言,不管是发出指示还是批准事项,都必须有政策依据,不能随意为之。对于发出请示的下级机关而言,批复一旦到达,就是行动的依据,不得违背。在这些方面,批复和指示的特点是一致的。

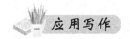

(三)批复的分类写法

1. 批复的分类

根据批复的内容和性质不同,可以分为审批事项批复、审批法规批复和阐述政策的批复等三种。还有肯定性批复、否定性批复和解答性批复三种。

2. 批复的写法

批复一般由标题、主送机关、正文、落款构成。

(1) 批复的标题和主送机关

批复的标题一般采用公文常规模式写法,即发文机关+主要内容+文种。略有不同的是,批复往往在标题的主要内容一项中,明确表示对请示事件的意见和态度,而常规公文标题中的主要内容部分一般只点明文件指向的中心事件或问题,多数不明确表示态度和意见。如《国务院关于同意陕西省撤销榆林地区设立地级榆林市的批复》,其中"同意"两字就是用来表明态度和意见的。如果不批准请求事项,标题中可以不出现态度和意见,到正文中再表态。如果是答复请求指示的请示,也无须在标题中表态。

批复的主送机关,一般只有一个,那就是发出请示的下级机关。

(2) 批复的正文

批复的正文由三部分组成,分别是批复依据、批复事项、执行要求。

批复依据主要涉及两个方面:一是对方的请示,二是与请求事项有关的方针政策和上级规定。对方的请示是批复最主要的依据,撰写批复时要完整引用对方请示的标题并加括号注明其请示的发文字号,例如:"你省《关于变更西宁市行政区域范围的请示》(青政〔1999〕49号)收悉。"上级有关的文件和规定是答复请示的政策和理论依据。可表述为:"根据××关于××的规定,现作如下答复。"必要时,可标引文件名、文件编号和条款序号。如果请示的事项在上级文件和规定中找不到依据,这样的文字便不需出现了。

批复事项可能很简单,也可能很复杂。针对下级机关请示所发出的指示,做出的批准决定,以及补充的有关内容,都属于批复事项。如果内容复杂,可分条表述,但必须坚持一文一批的原则,不得将若干请示合在一起用列条的方式分别给以答复。

执行要求可写在结尾处,文字要简略。如《国务院关于同意陕西省撤销榆林地区设立地级榆林市的批复》的结尾:"榆林市的各级机构均应按照'精简、效能'的原则设置,所需人员编制和经费由你省自行解决。"如果只是批准事项,无需提出要求,此段可免。

批复撰写要注意及时、明确、庄重严谨、言简意赅。撰写时,不管是否同意,批复意见必须十分清楚明白,态度明朗。不能含糊其辞,模棱两可,以免下级无所适从。

(3) 落款

这部分写在批复正文右下方,署成文日期并加盖公章,成文日期用阿拉伯数字,标全年、月、日。

【例文】

国务院关于同意建立全国
社会救助部际联席会议制度的批复

国函〔2013〕97号

民政部:

你部《关于报送〈全国社会救助部际联席会议制度(代拟稿)〉的请示》(民发〔2013〕118号)收悉。现批复如下:

同意建立由民政部牵头的全国社会救助部际联席会议制度。联席会议不刻制印章,不正式行文,请按照国务院有关会议和文件精神认真组织开展工作。

附件:全国社会救助部际联席会议制度

国务院

2013年8月30日

(摘自中国政府网)

【简析】这是一篇审批事项的批复,全文由标题、受文单位、正文、发文机关构成,格式规范。正文部分首先是批复的依据,即受文单位的"请示";然后是批复的事项及执行要求,全文简洁明了、态度明确。

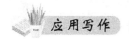

第五节 公告 通告

一、公告

（一）公告的含义

公告是公文的主要文种之一，适用于向国内外宣布重要事项或者法定事项。

公告的用途主要体现在两个方面。

1. 向国内外宣布重要事项

具体说，包括公布法律、法令、法规；公布重大国家事务活动，如领导人出访、任免、逝世；公布重大科技成果；公布有关重要决定等。如国家税务总局关于外籍个人储蓄存款利息所得个人所得税有关问题所发布的《国家税务总局公告》。

2. 向国内外宣布法定事项

法定事项，包括按照《中华人民共和国民事诉讼法》等法律规定发布的公告，以及根据法律条文向社会公布有关规定的公告。例如外交部根据《中华人民共和国澳门特别行政区基本法》第139条的规定，继续给予进入澳门的国家及地区的人员进入澳门特别行政区免办签证待遇的公告。

（二）公告的特点

1. 制发机关的限制性

在我国，可以使用公告这一文种来宣布重大事项或法定事项的机构通常都是层次级别较高，尤其是最高层的国家机关及其职能部门。具体来说，国家及省一级的权力机关（人大及其常委会）、行政机关（国务院及其组成部门或被其授权的机构，各省、自治区、直辖市人民政府）、司法机关（人民法院、人民检察院）都具有发布公告的权利。层次级别较低的国家机关，由于不具有影响国内外的重大事项和法定事项的决定权，通常也就没有制发公告的权利。党的机关发布重大事项，使用的文种是"公报"。至于一般的社会团体、企事业单位，都不宜制发公告。因此公告具有严格的制发权限要求。

2. 发布范围的广泛性

公告是向国内外发布重要事项和法定事项的公文,其信息传达范围有时是全国,有时是全世界。譬如,我国曾以公告的形式公布中国科学院院士名单,一方面确立他们在我国科学界学术带头人的地位,一方面尽力为他们争取在国际科学界的地位。这样的公告肯定会在世界科学界产生一定的影响。我国有关部门还曾在《人民日报》上刊登公告,公布中国名酒和中国优质酒的品牌、商标和生产企业,以便消费者能认清名牌。

3. 题材的重大性

公告的题材,必须是能在国际国内产生一定影响的重要事项,或者依法必须向社会公布的法定事项。公告的内容庄重严肃,体现着国家权力部门的威严,既要能够将有关信息和政策公之于众,又要考虑其在国内外可能产生的政治影响。

4. 内容和传播方式的新闻性

公告还有一定的新闻性特点。所谓新闻,就是对新近发生的、群众关心的、应知而未知的事实的报道。公告的内容,都是新近的、群众应知而未知的事项,在一定程度上具有新闻的特点。

（三）公告的分类

按公告的内容可划分为：

1. 重要事项的公告

凡是用来宣布有关政治、经济、军事、科技、教育、人事、外交等方面需要告知全民的重要事项的,都属此类公告。常见的有重要领导岗位的变动,领导人的出访或其他重大活动,重要科技成果的公布,重要军事行动等等。如全国人大常务委员会关于确认全国人大代表资格的公告,新华社受权宣布我国将向太平洋发射运载火箭试验的公告,都属此类公告。

2. 法定事项的公告

依照有关法律和法规的规定,一些重要事情和主要环节必须以公告的方式向全民公布。《中华人民共和国专利法》第三十九条规定:"发明专利申请经实质审查没有发现驳回理由的,由国务院专利行政部门作出授予发明专利权的决定,发给发明专利证书,同时予以登记和公告。"《中华人民共和国企业破产法》第十四条规定:"人民法院应当自裁定受理破产申请之日起

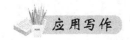

二十五日内通知已知债权人,并予以公告。"《中华人民共和国公务员法》第二十六条规定:"录用公务员,应当发布招考公告。"《中华人民共和国民事诉讼法》规定发布的公告种类繁多,有通知权利人登记公告,送达公告,开庭公告,宣告失踪、宣告死亡公告,财产认领公告,强制迁出房屋、强制退出土地公告等。

上述公告均属法定事项公告。

(四)公告的写法

1. 公告的标题和发文字号

公告的标题有四种不同的构成形式。

(1)公文标题的常规形式,由发文机关、主要内容、文种组成。如《甘肃省人民政府关于公布行政执法机关执法依据的公告》。

(2)省略主要内容的写法,由发文机关、文种组成。如《中华人民共和国农业部公告》。

(3)省略发文机关,由主要内容、文种组成。如《关于坚决制止捕杀国家珍稀野生动物的公告》。

(4)只标文种《公告》二字。

公告一般不用公文的常规发文字号,而是在标题下方正中标示"第×号"。有些公告可以没有发文字号。

2. 公告的正文

(1)开头

开头主要用来写发布公告的缘由,包括根据、目的、意义等。这是公文普遍采用的常规开头方式,多数公告都采用这样的开头。但也有不写公告缘由,一开头就进入公告事项的。

(2)主体

主体用来写公告事项。因每篇公告的内容不同,主体的写法因文而异。有时用贯通式写法,有时需要分条列出。总之,这部分要求条理清楚、用语准确、简明庄重。

(3)结语

一般用"特此公告"的格式化用语作结。不过,这不是唯一的选择,有些公告的结尾专用一个自然段来写执行要求,也有的公告既不写执行要求,也不用"特此公告"的结语,事完文止,也不失为一种干净利落的收束方式。

【例文】

中华人民共和国财政部公告

2013年第66号

根据国家国债发行的有关规定,财政部决定发行2013年记账式附息(二十期)国债(以下简称本期国债),已完成招标工作。现将有关事项公告如下:

一、本期国债计划发行300亿元,实际发行面值金额315.5亿元。

二、本期国债期限7年,经招标确定的票面年利率为4.07%,2013年10月17日开始计息,10月17日至10月21日进行分销,10月23日起上市交易。

三、本期国债为固定利率附息债,利息按年支付,利息支付日为每年的10月17日(节假日顺延,下同),2020年10月17日偿还本金并支付最后一次利息。

其他事宜按《中华人民共和国财政部公告》(2013年第1号)规定执行。

特此公告。

中华人民共和国财政部

2013年10月16日

(摘自中国政府网)

【简析】这是一则关于重要事项的发布公告,具有一定的权威性和强制性。标题由发文机关和文种构成,标题下方标明该公告的顺序号。正文部分开头先写明发布公告的缘由;主体是公告的事项;最后用"特此公告"收尾。表达简洁明确。

二、通告

(一)通告的含义和特点

1. 通告的含义

通告适用于在一定范围内公布应当遵守或者周知的事项。

通告和公告二者有一些相似之处,也有一些不同之处。相似之处是都具有晓谕性和公布性,但二者的制发机关的级别、内容、发布范围有较大的区别,主要体现在以下三个方面。

(1) 发布级别不同

公告使用级别高,只有涉及全局性的重大事项或法定事项时,才能由高级别的行政部门发布,一般由省级以上党政机关或法定的专门职能机关发布;而通告是的使用范围相对来说比较广泛,上级机关和基层单位均可使用,不仅行政机关可以制发,社会团体、企事业单位在自己的职权范围之内,也可以制发。

(2) 内容的重要程度不同

公告用于发布重要事项和法定事项,涉及内容多是国家大事或法定事项,由较高级别的行政部门发布;而通告适用于一定范围内公布应当遵守或周知的事项。

(3) 发布范围不同

公告是向国内外发布重要事项和法定事项采用的文种,它的发布范围比较大,面向国内外广大公众;而通告只面对国内一定范围内的公众。

2. 通告的特点

(1) 法规性

通告常用来颁布地方性的法规,法规一经颁布,特定范围内的部门、单位和民众都必须遵守、执行。例如《兰州市人民政府关于禁止围堵国家机关和阻断道路交通的通告》,为改善交通秩序和市容环境,做了四条规定。

(2) 使用的广泛性

表现在两个方面:一是通告的使用单位广泛,上至国家机关,下至基层单位,都可以使用通告来公布具体事项。如供电局的停电通告,机关、学校、公共场所维护正常秩序的通告。二是通告的内容广泛,既可以是法规,也可以是一些具体事务,既可以是大事,也可以是较小的事情。

(3) 事项内容的专业性

通告往往在特定的单位和部门使用,如公安交通部门、工商税务局、公共事业部门、邮电银行等,它们常用通告来公布一些专业方面的规定或具体事务、事项。

3. 通告的分类

通告有法规性通告和知照性通告两大类型。这两种通告是以法规性的强弱不同为标准来区分的,二者之间没有绝对的界限。法规性的通告不可能没有知照性,知照性的通告完全没有法规内容的也不多见。但二者在性质上毕竟有所区分,如《关于坚决清理非法占道经营的通告》,强制性措施较多,属于法规性通告;关于因施工停水、停电的通告,主要起告知的作用,没有强制性措施,属于知照性通告。

(二)通告的写法

1. 通告的标题和发文字号

(1)通告的标题

通告的标题,主要有两种写法。

一种是完全式写法,也是公文标题的常规写法,由发文机关、事由、文种三者共同构成。如《兰州市人民政府关于禁止围堵国家机关和阻断道路交通的通告》等。

另一种是省略事由的写法,由发文机关、文种组成。如《中华人民共和国公安部通告》等。

通告也可以由事由和文种构成标题,省略发文机关名称,如《关于2008年北京奥运会公路自行车训练期间采取交通管制措施的通告》。还有的通告标题只有文种"通告"两字。

(2)通告的发文字号

通告的发文字号不像一般公文那样只用常规方式,实践中有多种情况并存。如果是政府发布通告,要有正规的发文字号,如《甘肃省人民政府关于小盘河水库占地和淹没区停止新增建设项目和迁入人口的通告》,发文字号就是"甘政发〔2012〕96号";如果是某一行业管理部门发布通告,则可采用"第×号"的方式,标示位置在标题之下正中。

2. 通告的正文

正文采用公文通用结构模式撰写,共分三大部分,可分别称为通告缘由、通告事项、通告结语。

(1)通告缘由

作为开头部分,通告缘由主要用来表达发布通告的背景、根据、目的、意义。如:

为进一步加强全市护林防火工作,确保森林资源和人民群众生命财产安全,根据《中华人民共和国森林法》《森林防火条例》和《兰州市燃

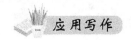

放烟花爆竹安全管理规定》等有关法律法规规定，现就禁止生产、销售、燃放孔明灯和在林区周边燃放烟花爆竹等有关事宜通告如下：

这个开头部分主要写了发布通告的根据和目的。

（2）通告事项

这是主体部分，文字最多，内容最复杂。较多采用分条列项的写法，以做到条理分明、层次清晰，事项一般由主到次，由大到小分层安排。如果内容比较单一，也可采用贯通式写法。

（3）通告结语

这是结尾部分，写法比较简单，多采用"本通告自发布之日起实施"或"特此通告"的模式化结语。

【例文】

甘肃省人民政府关于小盘河水库占地和淹没区停止新增建设项目和迁入人口的通告

甘政发〔2012〕96号

庆阳、平凉市人民政府，省政府有关部门，中央在甘有关单位：

小盘河水库工程是我省为加快庆阳能源化工基地建设而新建的水资源配置保障工程。为开展小盘河水库占地和淹没区实物调查工作，保证工程占地区实物指标的准确性，减少国家、业主和移民不必要的经济损失，根据《大中型水利水电工程建设征地补偿和移民安置条例》（国务院令第471号），现将有关事项通告如下：

一、小盘河工程占地区范围。小盘河水库坝址位于蒲河下游、庆阳市宁县太昌乡小盘河村，北距庆阳市区30公里，南距宁县长庆桥镇8公里。工程占地和淹没区主要涉及庆阳市宁县太昌镇小盘河村，和盛镇显头村、庙底村、西刘村，平凉市泾川县荔堡镇庙李村、刘山村。

二、自本通告发布之日起，除国家已批准开工建设的铁路、公路、电力、通信等重点项目外，禁止任何单位、集体或个人在小盘河水库占地和淹没区新建或改建任何工程项目，不得改变该区域内原地类、地貌，不得从事抢开耕地、园地、抢栽树木等改变土地用途和影响建设的活动，不得移动或破坏为建设小盘河水库所设立的标记、标点。

三、有关部门要加强对小盘河水库占地和淹没区的户籍管理,严格控制人口迁入。除出生、婚嫁、军人转业退伍及大中专毕业生分配等正常情况外,一律不准再迁入人口。

四、本通告发布后,水库筹建单位要会同设计部门按本通告明确的范围和有关技术要求界定范围,设置明显、易于识别的标志,并尽快将工程总体布置图送达工程占地区市、县人民政府,共同做好宣传和实物调查工作,避免影响当地群众的生产生活秩序。省移民管理机构要会同省市有关管理部门做好指导和监督。

五、对违反本通告擅自迁入的人口和建设的工程,一律不予登记和补偿。

六、本通告自发布之日起执行。

甘肃省人民政府
2012年7月24日

【简析】这则通告应属于法规性通告。通告公布的事项是甘肃省政府向公众公布的带有强制性质的事项,既有法律依据,又有需要公众周知的具体事项。事项具体明确,法律依据清楚。

第六节 通知 通报

一、通知

(一)通知的含义和特点

1. 通知的含义

通知在公文中是使用最为广泛的文种之一。适用于发布、传达要求下级机关执行和有关单位周知或者执行的事项,批转、转发公文。通知不受发文机关级别的限制,上至国务院,下至乡、镇人民政府,都可以制发,其他机关、人民团体、企事业单位也可以制发。通知的内容广泛,国家大事乃至社会生活的方方面面都能涉及。

2. 通知的特点

(1) 功能的多样性

在下行文中,通知的功能是最为丰富的。它可以用来布置工作、传达指

示、告晓事项、发布规章、批转和转发文件、任免干部等等,总之,下行文的主要功能,它几乎都具备。但通知在下行文中的规格,要低于命令、决议、决定等文体。用它发布的规章,多是基层的,或是局部性的、非要害性的;用它布置工作、传达指示的时候,文种的级别和行文的郑重程度,明显不如决定等。

(2) 运用的广泛性

通知的发文机关,几乎不受级别的限制。大到国家级的党政机关,小到基层的企事业单位,都可以发布通知。通知的受文对象也比较广泛。在基层工作岗位上的干部和职工,接触最多的上级公文就是通知。而且通知虽然从整体上看是下行文,但部分通知也可以发往不相隶属机关。

(3) 一定的指导性

通知这一文体名称,从字面上看不显示指导的姿态,但事实上,多数通知都具有一定程度的指导性。用通知来发布规章、布置工作、传达指示、转发文件,都在实现通知的指导功能,受文单位对通知的内容要认真学习,并在规定时间内完成通知布置的任务。

个别告晓性的通知在作为平行文发布的时候,可以没有指导性或只有微弱的指导性。

(4) 较强的时效性

通知是一种制发比较快捷、运用比较灵便的公文文种,它所办理的事项,都有比较明确的时间限制,受文机关要在规定的时间内办理完成,不得拖延。

(二) 通知的分类

1. 规定性通知

这类通知用于向下级发布指示、布置工作。凡是需对某一事项进行处理、对某一问题作出指示,又不适合用命令、决定的形式行文的时候,均可用通知的形式进行办理。例如《国务院关于进一步加强住房公积金管理的通知》(国发〔2002〕12号)。

这类通知的正文结构多数采用两段法,前一段为通知的原因、理由、目的等,后一段为通知的事项,包括措施、步骤。

2. 批转、转发文件的通知

将某一下级机关报来的文件(主要是建议性报告或工作报告)转发给有

关下级机关,叫做"批转"。将上级机关发下来的文件,或不相隶属机关发来的文件(主要是意见、通知等)转发给下级机关,叫做"转发"。

批转、转发文件的通知的正文有时十分简短,如《甘肃省人民政府办公厅转发省财政厅等部门关于甘肃省地方教育附加征收使用管理办法的通知》的正文:

> 省财政厅、省地税局、省国税局、人行兰州中心支行《甘肃省地方教育附加征收使用管理办法》已经省政府同意,现予转发,请认真贯彻执行。

该文主要由转发对象、转发决定、执行要求组成。但这类通知的正文并不总是这样简短,如《国务院关于批转全国物价大检查总结报告的通知》一文,在批转对象和批转决定表述完毕之后,还对时代背景、现实状况、性质意义、原则要求、基本任务等进行了说明和论述。

3. 印发类通知

这类通知主要用于印发规章。规章属于事务类文书,不列入行政公文系列,所以不能用行政公文的形式直接下发或发布,需要借用通知下发或发布。这类通知的目的和存在价值就是印发规章制度,通知本身反而常常被人们忽略。这一类通知存在两种情况。一种是"发布",即发布可以在发文单位管辖范围内普遍实施的规章制度。如《国务院关于发布〈国家行政机关公文处理办法〉的通知》(2000年8月24日)。另一种是"印发",如制发规章制度的草案或征求意见稿、本单位某位领导的讲话等,则只能用"印发"而不能用"发布"。如《教育部关于印发〈教育部直属师范大学免费师范毕业生在职攻读教育硕士专业学位实施办法(暂行)〉的通知》。

印发类通知是复合体公文,其一是通知本身,其二是被印发、发布的规章制度,二者合一,就成为一份完整的印发类通知。

4. 告晓性通知

这类通知一般只有告知性,没有指导性。其用途较广泛,机构、人事调整,启用、作废公章,机构名称变更,机关隶属关系变更,迁移办公地址,安排假期等,都可使用这种通知。如《国务院办公厅关于2014年部分节假日安排的通知》。

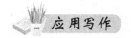

5. 任免通知

任免领导干部的职务,根据职务的重要程度的不同,可分别采用不同的文种,最高可用任免令,其次可以用决定,再次用通知,最低用公布任免名单的方式。由此可见,任免基层干部时,通常用通知。如《关于香港特别行政区第四届政府林郑月娥等20人任职的通知》。任免通知的正文部分,只需写明什么会议决定,任命什么人担任什么职务,免去什么人的什么职务即可,不必说明原因。

6. 会议通知

这是一种常见的通知,既可用于下行,也可用于平行。一般包括如下内容:召开会议的时间、地点以及会议的名称,会议的中心议题和主要程序,对与会人员身份的要求,对与会人员会前准备工作的要求,报到时间、地点及联络人,其他需要事先说明的事项。

(三)通知的写法

由于通知的功能多、种类多,写法彼此有较大的区别,在分类时已经对不同种类的通知的写法作了一些介绍,这里只能概括地介绍一下通知写作的基本方法。

1. 通知的标题和主送机关

(1)通知的标题

通知的标题一般采用公文标题的常规写法,由发文机关+主要内容+文种组成。如《教育部 财政部关于实施"中小学教师国家级培训计划"的通知》。也可以省略发文机关,由主要内容+文种组成标题。如《关于同意收取助理广告师和广告师职业水平考试考务费等有关问题的通知》。

发布规章的通知,所发布的规章名称要出现在标题的主要内容部分,并使用书名号。如《卫生部办公厅关于印发〈重性精神疾病管理治疗工作考核评估方案〉的通知》。

批转和转发文件的通知,所转发的文件内容要出现在标题中,但不一定使用书名号。如《国务院办公厅转发教育部等部门关于进一步加快高等学校后勤社会化改革意见的通知》。

(2)通知的主送机关

通知的发文对象比较广泛,因此,主送机关较多,要注意主送机关排列的规范性。如《教育部办公厅 文化部办公厅关于举办"中国学生原创动漫作

品大赛"的通知》的主送机关:

各省、自治区、直辖市教育厅(教委)、文化厅(局),新疆生产建设兵团教育局、文化局,有关部门(单位)教育司(局),部属有关高等学校。

由于级别、名称不同,主送机关的称法和排列非常复杂,这个序列是经过深思熟虑后确定下来的。

2. 通知的正文

通知的正文一般分三部分,即开头、主体、结尾。开头写发通知的原因、依据和目的;主体写通知事项,内容多的可采用条款式;结尾写希望、要求等,也可因文而异,不写结尾。不同类型的通知写法不尽相同。比如:转发性通知一般先用一个独立段,说明转发或批转什么单位的什么文件;接着说明转发单位的意见,对转发文件作出评价,对受文单位提出执行要求。告晓性通知只需把通知事项写清楚即可,不必发表议论;结构上既可用条款式,也可用分段陈述的形式。

【例文】

卫生部办公厅关于印发《重性精神疾病管理治疗工作考核评估方案》的通知

卫办疾控发〔2012〕85号

各省、自治区、直辖市卫生厅局,新疆生产建设兵团卫生局:

为贯彻落实中共中央、国务院关于加强和创新社会管理的有关要求,推动各地完善重性精神疾病防治网络,落实患者救治与管理任务,根据《全国精神卫生工作体系发展指导纲要(2008—2015年)》和《重性精神疾病管理治疗工作规范(2012年版)》,我部制定了《重性精神疾病管理治疗工作考核评估方案》,现印发你们,请结合本地区实际,认真贯彻执行。

卫生部办公厅

2012年7月6日

附件:重性精神疾病管理治疗工作考核评估方案

(摘自中国政府网)

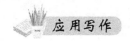

【简析】这是一篇印发类通知。标题由发文机关+事由+文种三要素构成,"印发"二字应在标题中出现。通知首先写印发缘由,然后就有关部门提出执行要求。印发类通知均有附件。

二、通报

(一)通报的含义和特点

1. 通报的含义

通报适用于表彰先进、批评错误、传达重要精神和告知重要情况。

2. 通报的特点

(1)典型性

通报的题材,不论是表彰性的、批评性的,还是通报情况的,都要求有典型意义,以典型来指导工作、表彰先进、惩戒错误、交流经验、传达情况。

(2)教育性

通报的内容,不论是肯定性的,还是否定性的,其价值都并不仅仅在于宣布对事件的处理结果,而是要树立学习榜样,或者提供借鉴,使读者能够总结经验、汲取教训,思想上受到启迪,得到教益。

(3)时效性

通报所涉及的事实比较具体,写作时对发生的时间、地点等要素都要进行交代。而且这些具有典型意义的事件,总是跟特定的时代背景,跟某一时期中普遍存在的问题和现象,有着紧密的联系。人们对当下发生的事实兴趣较高,对发生已久的事实缺少了解的热情。而且,发生已久的事实也必然会跟最新的现实有所偏离。因此,通报的写作和传播都应该是迅速及时的。

(二)通报的类型和写法

通报的标题大多采用发文机关+主要内容+文种的常规写法。主送机关一般都比较多,以体现"通"的特点。正文的写法因类而异,下面分别进行介绍。

1. 表彰通报

用来表彰先进人物或先进集体,介绍先进事迹、推广典型经验的通报,就是表彰通报,这是从高层机关到基层单位都广泛采用的常用公文类型。

用于表彰的通报,从规格上说,要低于嘉奖令、表彰决定,但是,以发公文的方式对个人或集体的先进事迹进行表彰,这本身就是一个很郑重、严肃的事情,所以,从写作态度上说,不能掉以轻心。

表彰通报的正文分为四个部分。

(1) 介绍先进事迹

这一部分用来介绍先进人物或集体的行动及其效果,要写清时间、地点、人物、基本事件过程。表达时使用概括叙述的方式,将事实讲清楚即可,不能展开绘声绘色的描绘,篇幅也不可过长。

(2) 先进事迹的性质和意义

这部分主要采用议论的写法,但并不要求有严谨的推理,而是在概念清晰的前提下,以判断为主,同时也要注意文字的精练。

(3) 表彰决定

这部分写什么会议或什么机构决定,给予表彰对象以什么项目的表彰和奖励。这部分在表达上的难度不大,要注意的主要是清晰、简练,用词精当的问题。

(4) 希望、号召

这是表彰通报必须要有的结尾部分,用来提出希望、发出号召。这一部分直接表达发文的目的,是全文的思想落脚点,要写得完整、得体,富有逻辑性。

2. 批评通报

批评通报是针对某一错误事实或某一有代表性的错误倾向而发布的通报,有针砭、纠正、惩戒的作用。它可以是针对某一个人所犯的错误事实而发,如《××省教育委员会关于××县××乡教育组长王××挪用教育经费私建住宅的通报》;也可以针对某一部门、单位的不良现象而发,如《国务院关于一份国务院文件周转情况的通报》;还可以针对普遍存在的某种问题而发,如《中共中央纪律检查委员会通报立即刹住用公款请客送礼、吃请受礼的歪风》。

批评通报也分为四个部分。

(1) 错误事实或现象

如果是对个人的错误进行处理的通报,这部分要写明犯错误人的基本情况,包括姓名、所在单位、职务等,然后是对错误事实的叙述,要写得简明扼要、完整清晰。

如果是对部门、单位的不良现象进行通报,这部分占较大的篇幅,如《国务院关于一份国务院文件周转情况的通报》,将××省政府用70天时间才将国务院一份文件转发下去,而××市政府又用了100多天才将这份文件转发到各个区县的情况,进行了比较详细的叙述,占全文篇幅的一多半。

如果是针对普遍存在的某一问题进行通报,这部分要从不同地方、不同单位的许多同类事实中,选择出一些有代表性的进行综合叙述,如《中共中央纪律检查委员会通报立即刹住用公款请客送礼、吃请受礼的歪风》,综合叙述了上海、长沙若干单位请客送礼、吃请受礼的事实,列举了大量的统计数字。

(2) 错误性质或危害性的分析

处理单一错误事实的通报,要对错误的性质、危害进行分析,但一般比较简短。

(3) 惩罚决定或治理措施

对个人单一错误事实进行处理,要写明根据什么规定,经什么会议讨论决定,给予什么处分等。

对普遍存在的错误现象或问题,在这部分中要提出治理、纠正的方法措施。内容复杂时,这部分可以分条列项。如中央纪委关于请客送礼、吃请受礼的通报,就提出了五条严厉措施来制止这股歪风。

(4) 提出希望要求

在结尾部分,发文机关要对受文单位提出希望要求,以便受文单位能够高度重视、认清性质、汲取教训、采取措施防止错误现象的发生。

3. 情况通报

用来传达重要精神、沟通重要情况的通报就是情况通报。为了让下级单位对一些重要事件或全局状况有所了解,上级机关应该适时发布这样的通报。关于党的建设、工业经济效益、工程进展、资金筹集情况等等,都可以成为这种通报的主要内容。

情况通报正文由三个部分构成。

(1) 缘由与目的

情况通报的开头要首先叙述基本事实,阐明发布通报的根据、目的、原因等。

作为开头,文字不宜过长,要综合归纳、要言不烦。

（2）情况与信息

主体部分主要用来叙述有关情况、传达某些信息，通常内容较多，篇幅较长，要注意梳理归类，合理安排结构。例如，《国家统计局、国家计委、国家经贸委关于上半年全国工业经济效益情况的通报》的主体部分，分为两大部分来写。第一部分通报的是上半年工业经济效益总体状况好转的主要表现，共有三条：一是产销衔接好，资金周转加快；二是利税增长快，亏损面缩小；三是工业经济效益综合指数稳步提高。第二部分通报上半年经济效益构成出现的四个新变化：一是工业经营改善成为效益提高的主要因素；二是重工业效益明显高于轻工业；三是各地工业经济效益普遍上升；四是国有工业及大中型企业综合效益水平高于非国有工业。以上各项都列举了大量统计数据。

（3）希望与要求

在明确情况的基础上，对受文单位提出一些希望和要求。这部分是全文思想的归结之处，写法因文而异，总的原则是抓住要点、切实可行、简练明白。

【例文】

国务院关于对"十一五"节能减排工作成绩突出的省级人民政府给予表扬的通报

国发〔2011〕31号

各省、自治区、直辖市人民政府，国务院各部委、各直属机构：

节约资源和保护环境是我们的基本国策。"十一五"时期，各地区、各部门认真贯彻落实党中央、国务院的决策部署，把节能减排工作作为调整经济结构、转变经济发展方式、推动科学发展的重要抓手和突破口，积极采取有效措施，节能减排工作取得了显著成效。经过各方面的共同努力，全国单位国内生产总值能耗下降19.1%，二氧化硫、化学需氧量排放总量分别下降14.29%和12.45%，基本实现了"十一五"规划纲要确定的节能减排目标，为保持经济平稳较快发展提供了有力支撑，为实现"十二五"节能减排目标奠定了坚实基础，为应对全球气候变化作出了重要贡献。

省级人民政府是本地区开展节能减排工作的责任主体。为表扬先进，进一步推进节能减排工作，国务院决定，对"十一五"期间在节能工作中成绩

突出的北京、天津、山西、内蒙古、吉林、江苏、山东、湖北等8省(区、市)人民政府,在减排工作中成绩突出的山东、江苏、广东、河南、浙江、辽宁、上海、陕西等8省(市)人民政府,予以通报表扬。希望受到表扬的地区以此为起点,珍惜荣誉,再接再厉,作出新的更大贡献。

各地区、各部门要按照国务院关于"十二五"节能减排工作的总体部署,深入贯彻落实科学发展观,不断增强全局意识、危机意识和责任意识,树立绿色、低碳发展理念,把建设资源节约型、环境友好型社会作为加快转变经济发展方式的重要着力点,进一步加大工作力度,确保实现"十二五"节能减排目标。

国务院

2011年9月26日

(摘自中国政府网)

【简析】这是一篇表彰性通报。开头先介绍先进事迹,再写表彰决定,最后提出希望和号召,这是表彰性通报的惯用写法,条理清楚不易漏掉要点。

第七节 报告 请示

一、报告

(一)报告的含义和文体特点

1. 报告的含义

报告适用于向上级机关汇报工作,反映情况,答复上级机关的询问。它是一种陈述性的上行公文。

2. 报告的文体特点

(1)行文的单向性

报告是下级机关向上级机关汇报工作、反映情况、提出建议时使用的单方向上行文,不需要上级机关给予批复。在这方面,报告和请示有较大的不同,请示具有双向性特点,必须有批复与之相对应,报告则是单向性行文,不需要任何相对应的文件。为此要特别注意:类似"以上报告当否,请批示"的说法是不妥当的。

（2）内容的陈述性

报告在汇报工作、反映情况时,所表达的内容和使用的语言都是陈述性的。本单位遵照上级的指示,做了什么工作、怎样做的这些工作、取得了哪些成绩、还存在哪些不足,要一一向上级陈述。反映情况时,也要把时间、地点、人物、事件、原因、结果叙述清楚,向上级机关提供准确的现实性信息。即便是提出建议的报告,也要在汇报情况的基础上,深入一步提出建议来。

（二）报告的类型

1. 工作报告

凡是用来向上级汇报工作的报告,都是工作报告。工作报告又可分为综合工作报告和专题工作报告两种。

综合报告涉及面广,要把主要工作范围之内的方方面面都涉及到,可以有主次的区分,但不能有大的遗漏。大到国务院提供给全国人民代表大会的政府工作报告,小到某单位向上级提供的年度、季度、月份工作报告,都属于这种类型。

专题报告的涉及面窄,只针对某一方面的工作或者某一项具体工作进行汇报。专题报告突出专字,是一事一报的专门性报告。

2. 情况报告

情况报告用于反映情况。它与工作报告的不同之处是:工作报告重在汇报做了哪些工作,怎么做,取得哪些成绩,还有什么问题,今后怎么做;情况报告重在反映情况,包括上级的决策和部署的执行情况,本机关工作中出现的新情况、新问题、某方面出现问题的处理情况等,这些都需要及时向上级汇报,以便上级及时了解情况,及时处理。作为下级机关,有责任做到"下情上达",保证上级机关耳聪目明,对下面的情况始终了如指掌,这就是情况报告的意义。如果隐瞒不报,则是一种失职的表现。

3. 答复报告

答复上级机关询问的报告,称为答复报告。这种报告内容针对性最强,上级询问什么,就答复什么,不能答非所问。对待上级机关的询问,一定要慎重,如果不了解实情,要经过深入的调查研究后再作答复。

答复报告由答复的缘由和答复的事项两部分构成。要紧紧抓住"问"和"答"行文,有所问才有所答,不问则不答。

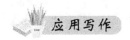

4. 递送报告

这是向上级报送文件、物件时使用的报告,正文通常非常简略,只需写明"现将××××报上,请查收"即可。真正有意义的内容都在所报送的文件里。

(三)报告的写法

1. 报告的标题和主送机关

报告的标题,有两种写法:一是发文机关+主要内容+文种的写法,如《天津市档案局关于2008年推进依法行政工作的报告》;二是主要内容+文种的写法,如《关于全省利用外资情况的报告》。

行政机关的报告,主送机关尽量要少,一般只送一个上级机关即可。但行政机关受双重领导的情况比较多,只报送其中一个上级机关显然不妥,因此,有时主送机关不止一个。报告应报送自己的直接上级机关,一般情况下不越级行文。

2. 报告的正文

报告的正文写法因报告的类型不同而异,下面分别说明。

(1)工作报告的正文写法

综合性工作报告的正文包括四部分:一是工作进程和成绩;二是经验体会;三是存在的问题;四是将来的工作安排。重点放在第一部分。

专题性工作报告正文第一部分要点明报告的内容。第二部分是详细的情况介绍,一般分条列项,使层次分明。第三部分如果报告的情况是不好的方面,指出造成这种情况的原因,提出改善方案;报告的情况是好的方面,则总结出优点。

(2)答复询问报告的正文分两部分:第一部分,写明来文的日期、问题和询问的内容。第二部分,围绕上级机关询问的问题,针对性给予明确而具体的回答。

(3)递送报告的正文一般简要说明报送文件的名称,结尾用"收阅"即可。最后写附件的名称和份数。附件是递送报告重要的组成部分。

3. 报告结语

报告的结语比较简单,可以重申意义、展望未来,也可以采用模式化的套语收结全文。模式化的写法大致是"特此报告""以上报告,请审阅""以上报告如无不妥,请批转执行"等等。

【例文】

天津市档案局关于2008年推进依法行政工作的报告
津档〔2009〕3号

市人民政府：

我局收到《关于2008年依法行政考核组织实施工作的通知》后，局领导高度重视，立即召开专门会议，布置任务，明确分工，并责成局法制处认真总结2008年我局依法行政工作的情况。现将有关情况报告如下：

一、2008年推进依法行政工作基本情况

（一）转变政府职能。……

（二）改革行政管理体制。……

（三）民主决策合法化。……

（四）提高政府制度建设质量。……

（五）防范化解社会矛盾。……

（六）规范行政执法行为。……

（七）强化行政监督。……

（八）领导重视，落实到位。……

二、目前存在的主要问题

一年以来，我局在依法行政工作中虽然取得了一些成绩，但也存在着一些差距，一是在探索新的形势下如何更好地发挥档案行政执法监督工作的作用，为经济社会服务的创新思路、创新举措不多。二是档案行政执法干部队伍的综合法律知识有待进一步提高。

三、2009年推进依法行政工作要点

（一）按照市人大、法制办、档案局联合下发的《关于对我市档案工作进行联合执法监督检查的办法》的规定围绕天津档案事业科学发展所涉及的基础设施建设和依法加强基层档案管理等内容开展档案行政执法检查。

（二）积极推动民生档案、国有退出企业档案等规范性文件的出台，加强依法审核工作，搞好备案工作。

（三）天津市档案局依法行政领导小组对全局贯彻落实《天津市2008—2013年依法行政计划》的情况进行督查。并根据国家档案局的有关精神，对全市档案的安全保密工作进行督查。

（四）进一步加大档案法制宣传工作，继续开展档案法律"六进"活动。

（五）按照市审批办、法制办、监察局《关于开展清理减少和下放行政审批事项实现行政审批大提速准备工作的紧急通知》精神，做好行政许可提速的准备工作，保证在提速后规定的时限内完成审批工作。

天津市档案局
二〇〇九年一月十三日

【简析】 这篇工作报告的标题由发文机关＋事由＋文种构成，正文部分先报告了工作的进程和经验体会，然后指出存在的问题，最后是对工作的安排。报告的情况较多，所以用条款式，因报告中的基本工作情况内容较多，只列出小标题，具体内容省略掉了，但条理依然很清楚。

二、请示

（一）请示的含义

请示适用于向上级机关请求指示、批准。从行文方向上讲，请示属于上行文。

（二）请示的特点

1. 期复性

在公文体系中，请示是为数不多的双向对应文体之一，与它相对应的文体是批复。下级有一份请示报上去，上级就会有一份批复发下来。不管上级是不是同意下级的请示事项，都必须给请示单位一个回复。因此可以说，写请示最直接的目的就是得到批复，而且，下级机关都是遇到比较重要的情况和问题需要解决时，才会及时向上级机关请示，急切地期待回复，是请示者的必然心态。我们把这一特点称为"期复性"。

尽管请示者都有急于得到答复的心理，但是，也必须遵循行文规则，一般不得越级请示。特殊情况确实需要越级请示的，如经多次请示上级机关而长期未能解决问题，可以越级请示，但必须同时抄报给被越过的直接上级机关。

2. 单一性

跟其他上行文相比，请示强调遵循"一事一报"的原则。在一份请示中，只能就一项工作或一种情况、一个问题做出请示,不得在一份公文中就若干事项请求指示和批准。如果确有若干事项都需要同时向同一上级机关请示,可以同时写出若干份请示,它们各自都是一份独立的文件,有不同的发文字号和标题。而上级机关则会分别对不同的请示做出不同的批复。

3. 针对性

请示的行文,有很强的针对性。必须针对本机关没有对策、没有把握或没有能力解决的重要事件和问题,才能运用请示。不得动辄就向上级请示,那样看起来像是尊重上级,实际上却是把矛盾交给上级,而自己躲避责任的表现。

4. 时效性

请示所涉及的情况和问题,都有一定的迫切性,应该及时写作、及时发出,如有延误,就有可能耽误解决的时机。相应地,上级机关在处理下级的请示时,也应注意时效性问题,对请示作出及时的批复。

请示与同为上行文的报告有许多不同之处。一是行文目的不同。报告的主要目的是下情上达,向上级汇报工作,反映情况,提出意见和建议,是一种呈报性公文,不需要上级机关批复;请示的目的是请求上级批准、指示或答复,是呈请性公文,需要上级机关批复。二是行文时间不同。报告是汇报工作和反映情况,当然在工作结束或告一段落以及情况发生之后才能制发;请示是请求批准、指示或答复,应该在工作或活动开展之前行文,不允许先斩后奏。三是受文处理不同。上级机关收到报告,只需要了解情况以作决策参考,不需要答复;收到请示,则要认真研究,尽快给予答复。

(三)请示的分类

请示有两种在内容、性质、行文目的方面不尽相同的类型,一种是请求指示的请示,一种是请求批准的请示。

1. 请求指示的请示

这类请示是向上级要政策,要办法。对上级机关文件中规定的某些政策界限把握不准,而本机关无权解释或不能擅自决定时,请求上级机关给予指示,这是要政策;遇到了新情况、新问题,在本机关过去的职责权限内从来没有处理、解决过,请求上级机关给予指示,就是要办法。

这类请示要把请示的原因、事项写清楚。如果是对政策、法规的理解上存在问题,就要把政策、法规出自上级的什么文件,标题、文号是什么,原文

是怎么写的,引述清楚,再交代存在的问题是什么;如果是工作中遇到新情况、新问题,就要把新情况、新问题是什么,是怎么出现和产生的说清楚。请求事项就是请求要求,请求上级机关给予什么指示,一定要写得非常明确。

2. 请求批准的请示

请求批准的请示又可分为以下三种:

(1) 请求批准有关规定、方案、规划

依据有关规章和管理权限,下级机关制定的某些规定、方案、规划等,需要经过上级部门的批准才能发布实行。如本部门长期实行的法规,在制定出来后须经上级批准;由于本单位的特殊情况,难以执行上级的统一规定,需要进行变通处理,须提出变通方案报上级批准;设立新的机构,也要将设想或方案报上级批准;重要的工作计划、规划,也要报请上级部门批准。

(2) 请求审批某些项目、指标

在工作中遇到人、财、物方面的困难,自己无法解决,可提出解决的方案请上级机关审核批准,在人、财、物方面给予相应的调配。如请求审批基建项目、请求审批购进设备物资、请求增加人员编制等。

(3) 请求批转有关办法、措施

某职能部门在自己的职权范围内制定了相关的办法和措施,却不能直接要求平级机关和不相隶属机关照办,可用请示的方式要求上级机关批转给有关部门执行。如绿化部门制定的保护花草和绿地的办法,由于职权的限制不可能自己直接出面要求有关部门都执行这一办法,就可以将这些办法和措施通过请示提交给上级,要求上级机关批转给所有相关部门施行。

(四) 请示的写法

1. 标题

请示的标题可以由发文机关、事由、文种构成,如《××省人民政府关于××××的请示》。也可以由事由和文种构成,如《关于发布兰州市第一次全国经济普查主要数据资料的请示》。

2. 主送机关

请示的主送机关就是负责受理和答复请示的机关。请示在确定主送机关时,要注意三点。

(1) 主送机关只能有一个

国务院办公厅规定:请示"一般只写一个主送机关,如需同时送其他机关,应当用抄送的形式"。请示如果多头行文,很可能得不到任何机关的批复。

(2) 只能主送上级机关,不能送领导者个人

请示主送的是上级机关,不能是某领导者个人。对此,国务院办公厅的规定是"除上级机关负责人直接交办的事项外,不得以机关的名义向上级机关负责人报送'请示'。"

(3) 不得越级

行政公文不允许越级请示。国务院办公厅规定:"一般不得越级请示和报告。"

3. 正文

请示的正文由开头、主体、结语三部分构成。

(1) 请示的开头

开头主要表述请示的缘由,是上级机关批复的主要依据。一般而言,这部分要写明所遇到的新情况、新问题,或自身没有能力解决的困难,要写得充分、恰当、具体。如果请示仅仅是为了履行一下规定的程序,开头可以写得简略一些。

内容简略、篇段合一的请示,开头也可以是表达行文目的和意义的一两句话,不独立成段。

(2) 请示的主体

主体是表明请示事项的部分,也是请示最核心、最重要的部分。请求指示的请示,主体要写明需要在哪些具体问题、哪些方面得到指示。请求批准的请示,要把要求批准的事项分条列款一一写明。如果在请求批准的同时还需要人、财、物等方面的支持和帮助,更需要把编制、数量、途径等表达清楚、准确,以便上级及时批准。

如果请示内容十分复杂,可以在条款之上分列若干小标题,每一小标题下再分条列款。

(3) 请示的结语

请示的结语比较简单,在主体之后,另起一段,按程式化语言写明期复请求即可。期复请求用语常见的有"当否,请批示""妥否,请批复""以上请示,请予审批""以上请示如无不妥,请批转有关部门执行"等等。

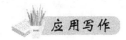

【例文】

关于申请返还土地出让收入的请示

兰城投财字〔2012〕168号

兰州市财政局：

  按照市政府《关于收回供应G1016号宗地国有建设用地使用权的批复》（兰政储让〔2010〕27号）文件精神，收回位于城关区刘家滩以东、T607-1号规划路以南、S610号规划路以西、T605号规划路以北，出让面积为71336.9平方米（合107.005亩）的国有建设用地使用权，由市国土资源局公开供应，宗地编号为G1016号。现该地已由甘肃金川集团房地产开发有限公司以总价50300万元竞得，并于2010年10月15日签订了《国有建设用地使用权出让合同》。截至目前贵局已拨付我公司该土地出让金41210万元。

  根据合同规定，甘肃金川集团房地产开发有限公司已将最后一笔土地出让金5030万元缴纳贵局，因此，我公司现向贵局申请拨付该笔土地出让金。

  妥否，请批示。

兰州市城市发展投资中心
2012年6月11日

  【简析】这是篇请求批转的请示，因下级无权决定而向上级发出请示。标题由事由＋文种的形式构成；其次是请示的理由，理由充分，申请合理。结尾"妥否，请批示"干脆利落作结。

第八节 函 纪要 议案

一、函

（一）函的含义及特点

1. 函的含义

  函是适用于不相隶属机关之间商洽工作、询问和答复问题、请求批准和答复审批事项。是上下级、平行和不相隶属的机关间在日常公务联系中使用的一种公文文种。

2. 函的特点

(1) 使用范围广。机关之间的日常公务联系,不便使用其他公文文种时都可使用函行文。

(2) 行文多向性。一般公文只有一个行文方向,而函既可平行,又可上行、下行,同时还可向不相隶属机关或单位行文。

(二) 函的分类

公函按照其行为方向可分为去函和复函;按其内容和用途划可分为商洽性函、询答性函、请求批准性函、答复性函。

商洽性函。在平行机关或不相隶属机关之间相互协商或联系工作时使用。如商调函,联系参观学习的函,查询有关人或事的函,洽谈业务来往的函等。

询问性函。向去函机关询问有关问题或简述某一涉及对方机关权限范围事项的处理意见,需对方机关给予答复时使用的函。

请求批准性函。是向平级或不相隶属的有关业务主管部门请求批准的函。

答复性函。在答复对方来文所询问的问题和事项时使用,上级机关对下级机关的一般性请示往往也用答复性函,也叫复函。

(三) 函的结构、内容和写法

公函由首部、正文和尾部三部分组成。其各部分的格式、内容和写法要求如下:

1. 首部

(1) 标题。公函的标题一般有两种形式。一种是由发文机关名称、事由和文种构成。另一种是由事由和文种构成。

(2) 主送机关。即受文并办理来函事项的机关单位,于文首顶格写明全称或者规范化简称,其后用冒号。

2. 正文

(1) 开头。主要说明发函的缘由。一般要求概括交代发函的目的、根据、原因等内容,然后用"现将有关问题说明如下:"或"现将有关事项函复如下:"等过渡语转入下文。复函的缘由部分,一般首先引叙来文的标题、发文

字号,然后再交代根据,以说明发文的缘由。

(2)主体。这是函的核心内容部分,主要说明致函事项。函的事项部分内容单一,一函一事,行文要直陈其事。无论是商洽工作、询问或答复问题,还是向有关主管部门请求批准事项等,都要用简洁得体的语言把需要告诉对方的问题、意见叙写清楚。如果属于复函,还要注意答复事项的针对性和明确性。

(3)结尾。一般用礼貌性语言向对方提出希望,或请对方协助解决某一问题,或请对方及时复函,或请对方提出意见,或请主管部门批准等。

(4)结语。通常应根据函询、函告、函商或函复的事项,选择运用不同的结束语。如"特此函询(商)""请即复函""特此函告""特此函复"等。有的函也可以不用结束语。

3. 结尾落款

署名机关单位名称,写明成文时间年、月、日,并加盖公章。

【例文】

国务院办公厅关于同意建立宁夏内陆开放型
经济试验区建设部际联席会议制度的函

国办函〔2013〕89号

发展改革委:

你委《关于建立宁夏内陆开放型经济试验区建设部际联席会议制度的请示》(发改西部〔2013〕1552号)收悉。经国务院同意,现函复如下:

国务院同意建立由发展改革委牵头的宁夏内陆开放型经济试验区建设部际联席会议制度。联席会议不刻制印章,不正式行文,请按照国务院有关文件精神,认真组织开展工作。

附件:宁夏内陆开放型经济试验区建设部际联席会议制度

国务院办公厅
2013年9月8日

【简析】这是篇答复性的函,这类函有一定的针对性,即就对方的问题进行答复,所以正文开头要引述来函,答复才是其实质性内容,给出对方切实可行的办法。

二、纪要

（一）纪要的含义和特点

1. 纪要的含义

纪要适用于记载、传达会议情况和议定事项。

纪要通过记载会议基本情况、会议主要成果、会议议定事项,综合概括性地反映会议的基本精神,以便与会单位统一认识,在会后贯彻落实。纪要基本上是下行文,但与会单位不一定是召集会议机关的下属,有时是协作单位,所以它作为下行文是相对而言的。事实上,纪要有时向上级机关呈报,有时向同级机关发送,有时向下级机关下发。

2. 纪要的特点

（1）纪实性

纪要是根据会议的宗旨、议程、决议等整理而成的公文,它是对会议基本情况的纪实。纪要的撰写者,不能更动会议议定的事项,更不能随意改动会议上达成的共识和形成的决定。除此之外,撰写者也不能对会议内容进行评论。总之,纪要必须忠实反映会议的基本情况,传达会议议定的事项和形成的决议。纪要的纪实性特点,使得它具有凭证作用和资料文献价值。特别是一些重要的纪要,多年后还会作为人们确认那段历史的依据。

（2）纪要性

纪要中的"要",即要点,指在记录的基础上归纳整理出的会议主要内容。纪要记录会议主要情况并非像会议记录那样原原本本、有言必录,而是对会议文件、会议记录等会议的全部材料进行整理、归纳、概括,择其概要而记之。所以,纪要只能形成于会议之后。

（3）指导性

除凭证作用、资料作用之外,多数纪要具有指导工作的作用。它要传达会议情况、会议精神,要求与会单位和相关部门以此为依据展开工作,落实会议的议定事项。

纪要容易和会议记录相混淆,二者有本质的不同,主要体现在以下三个方面：

首先,从文体性质上看,纪要是正式的公文文种,而会议记录只是会议情况的记录,只是原始材料,不是正式公文。

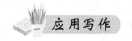

其次,从内容上看,会议记录无选择性、提要性,会议上的情况都要一一记录下来;而纪要有选择性、提要性,不一定要包容会议的所有内容。

其三,从形成的过程和时间方面看,会议记录是随着会议的进行过程同步产生的,而纪要则要在会议后期、甚至会议结束后通过选择归纳、加工提炼之后才能形成。

(二)纪要的分类

会议的内容和目的不同,产生的纪要性质也有所不同。有人按会议类型的名目来称呼纪要,将纪要分为办公会议纪要、专题会议纪要、经验交流会议纪要、学术会议纪要等等,这种分法重复了会议名称,对写作来说并无太大意义。我们根据会议是否做出决定或决议,是交流为主还是研讨为主,将会议纪要分为决策型纪要、交流型纪要、研讨型纪要三种类型,这三种不同类型的纪要,其写法大不相同。

1. 决策型纪要

以会议形成的决定、决议或者议定事项为主要内容的纪要,称为决策型纪要。这种纪要的特点是指导性强,会议上确定的工作重点,对工作的步骤、方法和措施的安排,都要求与会单位共同遵守或执行。这种纪要的内容有些类似于指示和安排工作的通知,只是发出的指导性意见不是由领导机关做出的,而是由会议讨论议定的。这样的纪要,除大家共同遵守的内容外,还常常会有一些工作分工,每个与会单位除完成共同任务之外,还要完成会议确定自己承担的那些工作。由于最后议定的事项是与会单位的共识,这样的指导性公文落实起来应该是比较顺利的。

2. 交流型纪要

以思想沟通或情况交流为主要内容的纪要,属于交流型纪要。它的主要特点是以统一思想、达成原则共识或树立学习榜样为目的,而不布置具体工作,有明显的思想引导性,但没有明显的工作指导性。一些理论务虚会、经验交流会形成的纪要,大多属于这种类型。这样的纪要,往往多处采用"会议认为"的说法来表达会议在原则问题上达成的共识;或者将会议上介绍的先进经验以及与会单位的评价、态度作为主要内容。

3. 研讨型纪要

这种纪要的鲜明特点是并不以共识和议定事项为主要内容,而是以介绍各种不同的观点和争鸣情况为主。研讨会和学术讨论会的纪要多是这种类型。会议开完了,各家的观点也发表过了,但是并没有形成统一意见,当然更谈不上确定什么议定事项,在这种情况下,仍然有必要发纪要,以便让更多的人了解会议的情况,了解不同的观点及其争鸣过程。这对启发和活跃思想,对百花齐放、百家争鸣的学术空气的形成是有促进作用的。

(三) 纪要的写法

1. 纪要的标题和成文日期

(1) 标题

纪要的标题与一般公文略有不同,因为纪要是以会议的名义发出的,而不是以领导机关的名义发出的,所以纪要的标题多是以会议名称、文种两个要素构成。如《全国城市爱国卫生现场经验交流会议纪要》。也有采用一般公文标题写法的,由主要内容(事由)加文种组成,如《××集团公司经理办公室会议纪要》。

(2) 成文日期

纪要的成文日期一般加括号标写于标题之下正中位置,以会议通过日期或领导人签发日期为准。也有出现在正文之后的。

2. 纪要的正文

纪要的正文分为前言、主体、结尾三大部分。

(1) 前言

前言的写法与一般公文区别较大,主要用来记述会议的基本情况。首先交代召开会议的时间、地点、会议名称、主持人、主要出席人、会议主要议程、讨论的主要问题等,然后用"现将这次会议研究的几个问题纪要如下"或"现将会议主要精神纪要如下"等语句转入下文。这项内容主要用以简述会议基本情况,所以文字必须十分简练。

(2) 主体

主体是纪要的核心部分,会议的主要精神、会议议定的事项、会议上达成的共识、会议对与会单位布置的工作和提出的要求、会议上各种主要观点及争鸣情况等,都在这一部分予以表达。决议型、交流型、研讨型的纪要,各自在主体部分的写作上有较大的不同,前面在分类时已有介绍。由于这部分内容复杂,多数情况下都需要分条分项撰写。不分条的,也多用"会议认为""会议指出""会议提出"等惯用语作为各层意思的开头语,以体现内容的层次感。

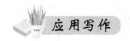

(3) 结尾

结尾比较简短,通常用来强调意义、提出希望和号召等。有时在结尾处还可以对会议的情况作一些补充说明。在不影响全文结构完整的前提下,也可以不写专门的结尾部分。

【例文】

总经理办公会议纪要

20××年××月××日下午,公司召开第一次总经理办公会议,研究讨论公司经济合同管理、资金管理办法、机关20××年3—5月份岗位工资发放等事宜。张××总经理主持,公司领导、总经办、党群办及相关处室负责人参加。现将会议决定事项纪要如下:

一、关于公司经济合同管理办法

会议讨论了总经办提交的公司经济合同管理办法,认为实施船舶修理、物料配件和办公用品采购对外经济合同管理,有利于加强和规范企业管理,会议原则通过。会议要求,总经办根据会议决定进一步修改完善,发文执行。

二、关于职工因私借款规定

会议认为,职工因私借款是传统计划经济产物,不能作为文件规定。但是,从关心员工考虑,在职工遇到突发性困难时,公司可以酌情借10000元内的应急款。计财处要制定内部操作程序,严格把关。人力资源处配合。借款者本人要做出还款计划。

三、关于公司资金管理办法

会议认为计财处提交的公司资金管理办法有利于加强公司资金管理,提高资金使用效率,保障安全生产需要。会议原则通过,计财处修改完善后发文执行。

四、关于职工工资由银行代发事宜

会议听取了计财处提交的关于职工岗位工资和船员伙食费由银行代发的汇报,会议认为银行代发工资是社会发展的必然趋势,既方便船舶和船员领取,又有利于规避存放大额现金的风险。但需要两个月左右的宣传过渡期,让职工充分了解接受。会议要求计财处认真做好实施前的准备工作,人力资源处配合,计划下半年实施。

第二章 公务文书

五、关于公司机关11月份效益工资发放问题

会议听取了人力资源处关于公司机关11月份岗位工资发放标准的建议。会议决定机关员工3—5月份岗位工资发放,对已经下文明确的干部执行新的岗位工资标准,没有下文明确的干部暂维持不变。待三个月考核明确岗位后,一律按新岗位标准发放。

会议最后强调,公司机关要加强与运行船舶的沟通,建立公司领导每周上岗接船制度,完善机关管理员工随船工作制度,增强工作的针对性和有效性。

【简析】这是一则决策性纪要,开头概述这次会议的主要内容及参加会议的主要人员,然后就这次会议所决定的主要事项,用分条列项式进行陈述,这也是这类纪要的重点,格式规范,有条理。有关会议条款的具体内容,因篇幅太长省略掉了,但我们依然可看到会议纪要的写作规范。

三、议案

(一)议案的含义和特点

1. 议案的含义

议案适用于各级人民政府按照法律程序向同级人民代表大会或者人民代表大会常务委员会提请审议事项。这个定义是比较狭窄的,制作主体限于各级政府。在公文的实际运作中,议案的使用范围要大于上述限定。《中华人民共和国全国人民代表大会组织法》第九条规定:"全国人民代表大会主席团、全国人大常委会、全国人大各专门委员会、国务院、中央军事委员会、最高人民法院、最高人民检察院,可以向全国人民代表大会提出属于全国人民代表大会职权范围内的议案。一个代表团或者30名以上的代表,可以向全国人民代表大会提出属于全国人民代表大会职权范围内的议案。"《地方组织法》第十四条规定:"地方各级人民代表大会举行会议的时候,主席团、常务委员会、本级人民政府和代表(有三人以上附议),都可以提出议案。"

政府向人大提出的议案、非政府机关向人大提出的议案、人大代表联名向人大提出的议案,这是议案的三种不同类型。在这里,我们重点介绍的是政府向人大提出的议案。其他议案与政府议案并无太大差异,可仿照制作。

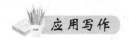

2. 议案的特点

(1) 制作主体的法定性

按国务院办公厅的规定,只有各级政府才能向同级人民代表大会提出议案。即使参照全国人大组织法和地方组织法的规定,对议案作广义的理解,有权提出议案的仍然是少数的法定机构,党团组织、社会团体、政府各部门、企事业单位等,都无权提出议案。因此,议案这种文体在基层使用很少。

(2) 内容的特定性

宪法和人民代表大会组织法规定,议案的内容,必须是属于人民代表大会及其常委会职权范围之内的事项。超出人大职权范围的议案,不会被大会接受。

(3) 适时性

议案必须在各级人民代表大会或其常委会举行会议期间提出,否则也不会被列为议案。

(4) 必要性和可行性

适合提交人大会议审议的事项,必然是重要事项,而且议案中提出的方案、办法、措施,也必须是切实可行的,才有可能获得通过。因此,针对性、必要性、务实性、可行性,这都是议案必须具备的品质。实事求是、脚踏实地、符合人民群众的意愿和要求,这些都是撰写议案的基本原则。

(二) 议案的分类

1. 立法性议案

立法性议案主要在两种情况下使用:一是政府机构制定了某项法律或法规之后提请人大审议通过;二是建议、请求某行政机构制定某项法规时。前者如《国务院关于提请审议〈中华人民共和国著作权法(草案)〉的议案》,后者如《关于尽早制定我省普及九年制义务教育实施条例的议案》。

2. 重大事项的决策性议案

关于财政预算决算、城乡发展规划、重大工程上马,以及政治、经济、文化、教育、科技、卫生等领域中的重大事项的决策,需要提请人民代表大会审议批准时使用的议案,属于重大事项的决策性议案。如《国务院关于提请审议兴建长江三峡工程的议案》。

3. 任免性议案

行政机关向权力机关提请任命、免去或撤销行政机关工作人员职务,请求人民代表大会审议批准的议案,是任免性议案。如《国务院关于提请××等同志职务任免的议案》。

4. 建议性议案

以行政部门的身份向权力部门提出建议,也可以使用议案。这种议案类似于建议报告,供人民代表大会审议、采纳。

(三)议案的写法

1. 标题和主送机关

(1)议案的标题

议案的标题采用常规公文标题模式,有两种写法,一是发文机关＋案由＋文种,二是省略发文机关,由案由＋文种构成。前者如《××市人民政府关于提请审议〈××市乡镇企业条例〉的议案》,后者如《关于提请审议修改后的国务院机构改革方案的议案》。议案标题一般不采用发文机关加文种或者只有文种的写法。

(2)议案的主送机关

议案的主送机关,只能是同级人民代表大会及其常务委员会,不能有其他并列机关。要采用全称或规范化简称,不得随意简化。

2. 议案的正文

议案的正文一般由三部分组成:议案的根据＋建议或方案＋请求审议的结束语。

(1)开头写提出议案的根据。为什么提出这个议案,有什么重要性和必要性。

(2)中间主体部分是具体建议或方案,即提请审议的事项。可以有两种处理方式:一种是直接写在议案的正文中,另一种是作为附件附在正文后。建议解决某些问题,采取相应行政手段的议案要将"建议和方案"写在正文中;而提请审议已经制定好的法律法规的议案,应该作附件处理。

(3)结语。结语是议案的结尾部分,主要用于提出审议请求。一般都采用模式化写法,言简意赅。如:"这个草案经×××政府同意,现提请审议""请审议"等。

3. 签署和日期

一般行政公文,最后签署的都是发文机关的名称,而议案有所不同,要由政府首长签署。国务院提交给全国人大的议案,要由总理签署;各省、市、自治区提交给同级人民代表大会的议案,要由省长、市长或自治区主席签署。

日期格式与一般行政公文相同。

【例文】

国务院关于提请审议《中华人民共和国经济合同法修正案(草案)》的议案

全国人民代表大会常务委员会:

《中华人民共和国经济合同法》是一九八一年十二月十三日第五届全国人民代表大会第四次会议通过,一九八二年七月一日起施行的。十多年来,经济合同法在保护经济合同当事人的合法权益,维护社会经济秩序,促进社会主义商品经济的发展等方面,起了重要的作用。但是,这部法律毕竟是在改革初期制定的,随着改革的不断发展和深化,有些规定与现实经济生活已经不相适应;在一些重要问题上,同后来制定的民法通则、民事诉讼法、涉外经济合同法、技术合同法不相协调,特别是同今年第八届全国人民代表大会第一次会议通过的宪法修正案也存在着不一致的情况。为了适应建立社会主义市场经济体制的迫切要求,需要尽快对经济合同法中急需修改的内容进行修改。国务院法制局在调查研究、广泛征求意见的基础上,经与有关部门共同研究,拟订了《中华人民共和国经济合同法修正案(草案)》。这个修正案(草案)已经国务院常务会议讨论通过,现提请审议。

国务院总理×××
××年×月×日

【简析】这是一篇立法性议案。标题采用发文机关+案由+文种的形式;主送机关是同级的人民代表大会常务委员会;正文首先写提请的缘由,即提请的必要性——原《经济合同法》已不适应目前建设社会主义市场经济体制的要求,然后是拟定的需审议的《中华人民共和国经济合同法修正案(草案)》,《草案》以附件形式出现,因篇幅太长,被省略掉了。

一、什么叫行政公文？它的性质、特点、用途和作用是什么？

二、画出行政公文的规范格式，并标出各个部分的名称。

三、根据下面材料，选择恰当文种，写一篇行政公文。

  某学院外语系14级学生张某，入学以来不认真学习，经常旷课，多次打架斗殴，平时作风不端正，今年6月4号，张某喝醉酒回宿舍时撞到隔壁舍友李某，张某非但不道歉，而且把李某打成重伤入院。学校决定给予张某勒令退学处分。

四、公告、通报、通告有什么异同？

五、根据下面提供的材料，拟写一份会议通知。写作时，材料中的"××"替代的内容可以虚拟。

  ××省教育厅准备于2015年4月16日至19日，在××市××大学学术交流中心报告厅召开全省高校校（院）长办公室工作会议。4月15日持本通知到学术交流中心接待室报到。参加会议人员有本省各高校校（院）长办公室主任（或副主任），每校1—2人。本次会议的主要内容是关于办公室工作的协作与交流。

  联系电话：×××—××××××××，联系人：××大学校长办公室×××老师，传真：×××—××××××××，邮编：××××××。

  会议的注意事项有四点：请参加会议人员将到达时间、车次和返程时间及车次提前电告会务组，以便安排接待和代办购票；请填写所附《与会表》，加盖单位公章，于4月10日前邮寄给会务组（设在××大学校长办公室），以便统计与会人数，安排住宿；请各校将拟提交的会议交流的经验材料自行打印80份，在报到时交会务组；往返路费和住宿费自理，回单位报销，会议伙食标准每天××元。

六、根据下面提供的材料，请以市商业局的名义向省商业厅起草一份报告。

  20××年2月20日上午9点20分××市××百货大楼发生重大火灾事故。

  事故后果：未造成人员伤亡，但烧毁楼房一幢及大部分商品，直接经济损失792万元。

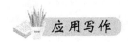

施救情况：事故发生后，市消防队出动15辆消防车，经4个小时扑救，大火才被扑灭。

事故原因：直接原因是电焊工××违章作业，在一楼铁窗架电焊作业时火花溅到易燃货品上引起火灾，但也与××百货公司管理层及员工安全思想模糊，公司安全制度不落实，许多安全隐患长期得不到解决有关。

善后处理：市商业局副局长带领有关人员赶到现场调查处理；市人民政府召开紧急防火电话会议；市委、市政府对有关人员视情节轻重，做了相应处理。

* 写作思路：灾情、损失、施救、直接原因、深层原因、善后情况、处理情况。

七、指出下面这篇公文的不妥之处，说明正确的写法。要求：根据具体内容进行分析，说明不能空洞、笼统。

××县税务局重建税务所办公楼的请示报告

××市税务所、城建局、国土局、物资局：

我局所属的××区、××区、××区三个税务所因受灾被洪水淹没。现决定重建三个区税务所办公楼三幢，建筑面积500平方米，用作办公室和职工宿舍，共需资金50万元，扩征土地3亩，钢材×吨，水泥×吨。

特此报告。

××县税务局
2013年1月9日

八、某大学学生处计划在××××年暑期组织各院学生干部赴我国西部地区进行一次扶贫帮教考察调研活动。依据有关规定，活动须报请学校党委批准，并提供一笔经费。在此之前，校学生处拟召集各院学生干部开一次会议，具体讨论暑期考察活动的指导思想、考察项目、地点、日程安排及组织管理、安全事项等。此外，还须与当地有关部门联系，为考察顺利进行提供必要帮助。请根据以上内容完成以下综合练习。

(1) 请以校学生处名义，向学校党委写一份请示，然后以校党委名义写一份表示同意的批复。

（2）请以学校的名义，向当地行政部门写一份联系工作，要求提供考察方便的函。

（3）请以校学生处的名义，写一份会议通知，一份纪要。

（4）考察结束后，请以学校团委的名义写一份考察报告。

＊ 要求每篇公文的字数在200—500字。

第三章

事务文书

第一节 事务文书概述

一、事务文书的概念

事务文书是党政机关、社会团体、企事业单位处理日常事务,用来沟通信息、总结经验、研究问题、指导工作、规范行为的实用性文书。事务文书与行政公文相比,适用性更强,它广泛运用于各个行业。在行政管理的过程中,事务文书常常与行政公文联合使用,行政公文作为主件代机关作权威性的立言,事务文书作为附件,使文件内容更加具体、翔实。

事务文书主要有计划、总结、述职报告、调查报告、简报、会议记录等。

二、事务文书的特点

(一)对象的明确性

事务文书的写作有明确的对象,特定的读者,对于对象有明显的约束力,一般来说对象非看不可。如给所属上级单位的计划、总结、简报、调查报告等,所属上级单位或领导必须看。

(二)内容的实效性

事务文书是直接用来处理事务工作的,要注意实用,讲求效率。为此,事务文书从主旨的确立到材料的使用都必须切合实际,讲求效率;写作形式的运用也要讲求实际和效率,便于文书内容的落实和处理。

(三)一定的程式性

事务文书一般都有一定的程式性,有约定俗成的惯用格式。虽然它不像法定公文那样有着非常严格的格式要求,但在长期的应用中,事务文书的实用性和真实性决定了它逐渐形成了较为稳定的结构层次、习惯用语、处理程序。虽然格式上有一定的灵活性,但总体上是相对稳定的。

（四）较强的时限性

事务文书是针对工作、生活中的具体事务而撰写的。而一项工作任务的完成,一个问题的解决,大都有一定的时间要求,虽然它没有法定公文那样紧迫,但同样也要在限定的时间内及时完成,否则很难发挥事务文书的作用。

三、事务文书的作用

（一）宣传教育

事务文书或是分析形势、申明政策,或是介绍经验、表彰先进,或是揭露时弊、抨击丑恶,这些都可以起到宣传教育的作用,使人们统一认识,并且提高政策水平和工作热情。

（二）沟通和指导工作

事务文书是机关、企事业单位的桥梁和纽带。各部门之间既有横向的联系,也有纵向的联系。从纵向的联系来讲,在管理者与被管理者之间,上下级之间,存在着指导与被指导的关系。

（三）积累和提供资料

有些工作的进行,需要人们积累有关资料,如计划、总结、调查报告、简报等文种,可以集中、详尽地反映情况,说明问题,为人们提供所需的资料。

（四）决策前判断

现代化的管理要领导者重视调查研究,讲究工作的计划性,并能及时总结,及时发现问题。但在实际工作中,领导者不可能做到所有的事情都能在现场,这时能反映基层情况的调查报告、简报,规划性很强的计划,富有经验的总结,都给领导者的决策起到了参谋作用,帮助领导者做出科学的决策。

第二节 计划 总结

一、计划

（一）计划的概念

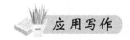

计划是人们对未来一定时间的任务,提出明确目标,规定具体要求,制定相应措施,作出切实安排的一种文书。计划是一个统称,常见的"方案""要点""安排""打算""规划""设想"等,都属于计划一类。一般说来,对某项工作从目的、要求、方式方法到具体进度,都作了全面计划的叫方案;上级对下级布置一个阶段的工作或者一项重要任务,需要交代政策、提出具体要求的叫要点;预定在短期内要做的一些具体事情,叫安排;准备在近期要做的事情而对其中的指标或措施等考虑得还不周全的,叫打算;拟订比较长期的计划而涉及面广,又只能是一个大轮廓的,叫规划;如果为长远的工作或某种利益着想作个非正式的、粗线条的计划,叫设想。我们可根据内容、性质、范围、时间的不同而选用不同的名称。

(二)计划的特点

1. 目标性

写计划前要对全局性的各项工作作全面、合理的安排考虑,保证统筹兼顾,防止顾此失彼,因此计划必须要有明确的目标性。目标是计划的核心,计划的全部内容紧紧围绕着目标展开,为这个既定的目标谋划最优的策略和步骤,落实具体的措施或方案等。

2. 预见性

计划是事先对活动所作的安排与打算。而任何事物在其发展过程中会出现这样或那样的变化,为实现预定目标,必然要对活动过程中可能出现的情况进行分析与估计,并要对可能出现的困难、问题等,提出切实有效的措施和方案。这样,才能确保计划顺利进行,并达到预定目标。

3. 规范性

计划的内容不同,可以有不同的写法。但它们都必须具备计划的三要素:任务、措施和完成的时间,即做什么、怎么做、什么时候做、何时完成。这就构成了计划比较固定的写作程式和规范。

4. 可行性

一个合理的计划,是管理目标能够顺利实现的保障,计划又是行动的指南,具有一定的激励作用。计划所拟定的目标要具有一定的高度和挑战性,能激发实践者的热情,挖掘其潜能,使计划顺利完成。但制订计划时必须重视预想的可行性,必须是执行者通过努力可实现的,如不可行,就需及时调整、修改,使其可行。

（三）计划的种类

计划的种类很多,按照不同的标准,可以分为不同的种类。

1. 按计划的性质划分

有综合性计划和专题性计划。综合性计划又称总体计划,是对某一单位或部门在一定时期内的所有工作做出的全面安排和计划。专题性计划又称单项计划,是对某一方面的工作做出安排和计划。

2. 按计划范围划分

有国家计划、地区计划、系统计划、单位计划、个人计划等等。

3. 按计划涉及的时间划分

有长期计划(10年以上)、中期计划(5年左右)、短期计划(1年及1年以下)。

4. 按计划的形式划分

条文式计划、表格式计划、条文加表格式计划等。

条文式。即把计划分为若干条款或部分,通过文字加以阐述,涉及数字指标也都穿插在有关部分的文字叙述之中。这种写作形式,条理分明,层次清楚,说理性强,容易把计划的内容准确地表达出来。这是目前比较常见的一种写作形式。

表格式。即用表格来表达计划内容。表内栏目通常包括任务项目、执行部门、完成时间、执行措施等。这种样式的计划比较醒目、简洁,容易使人理解把握,也便于对照和检查。定期的、以数据为指标的计划,适宜用这种方式。如企业的产销计划、国家经济管理部门下达经济任务的计划,常常是定期制订,以数据为指标的,用表格式较为合适。

条文加表格式。即指计划的内容既有条文的表述,又有表格的形式。条文和表格相配合,能把比较复杂的内容用简洁的方式表达出来。

（四）计划的一般写法

计划没有固定不变的格式,可以写成一篇叙述的文字,也可以分条分项列出,还可以采用表格的形式写出,或者把几种方法"综合运用",既有表格,又有文字的叙述和说明。总之,应根据实际情况而定。一般说来,计划应包括如下三个部分。

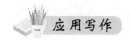

1. 标题

计划的标题一般包括制订计划的单位(个人计划的姓名不写在标题内)、计划的期限、事由、文种四部分。如《×××公司2012年新产品开发计划》这个标题各要素俱全,专题性计划的标题常采用这种写法。也有些计划的标题有所省略,如《××市税务局2013年第三季度工作要点》,标题没有涉及计划的内容,这是综合性计划标题的一般写法。如果所订的计划还不够成熟,需试行一段时间,待征求意见后再进行修改定稿,或者还未经过法定的会议讨论通过,可在标题后或下加上"初稿""草案"等字样,并加上括号。

2. 正文

正文是计划的主体部分。这部分通常包括前言、任务和目标、步骤及措施、结语等几个部分。

(1) 前言

前言是计划的开头部分,简明扼要表达出制订计划的背景、根据、目的、意义、指导思想等,不宜写长。上述几项内容,并不是每份计划都必不可少的,要根据计划任务的对象、范围情况的不同,酌情取舍。有的计划前言部分可不写,而直接写计划的具体事项。

(2) 目标和任务

这一部分同下面的步骤和措施部分是计划的核心部分。计划就是为完成一定的任务而制订的,如果没有明确的任务,没有具体的要求和目标,也就没有必要制订计划。计划要明确地写明一定期限内,必须完成哪些任务,实现什么目标,做哪些事,数量和质量上有什么要求等,使计划执行者一看便知道准备做什么,做多少,什么时间完成,由什么部门负责执行等,使之心中有数。

(3) 步骤和措施

在明确了工作任务之后,计划还要根据主客观条件,设计必要的步骤和措施,以保证任务的完成。步骤是指工作的程序和时间安排。每项目标和任务,在完成过程中都有其阶段性,先做什么,后做什么;每一步在什么时间,达到何种程度;人财物力如何调配、布局;各阶段如何配合、衔接等等,都必须写得合情合理,环环紧扣,步步落实。措施主要是指达到既定目标需要采取的方法,动员的力量,创造的条件,排除的困难等。

总之,计划的正文要按照"做什么—怎么做—做到怎样"的顺序来安排结构内容,只有这样才能简明、全面、清楚地制订好计划。

(4) 结语

这一部分是总结全文,在正文的末尾提出希望和号召。也有的计划不写结语,计划事项写完后自然结束。是否写结语,要根据计划的具体情况而定。

3. 署名和日期

计划的结尾要写上制订单位的名称与制订日期两项内容。如果标题中已标明单位名称,结尾可省去单位署名,写明制订日期即可。

(五) 计划的写作要求

1. 调查研究,实事求是

制订计划前,必须深入实际,认真的调查研究,计划的制订离不开两个方面的情况:一是自己的实际情况;一是上级的指示或上级的要求。所以计划在制订时要分析主客观条件,尽可能预测到计划执行过程中的困难和问题,以便在计划中写明预防和解决问题的方法。制订计划时还要从本单位、本部门的实际出发,任务和指标应是经过各方面的努力可以达到的理想指标,既不要过高,也不能过低。计划切忌说假、大、空话,写得不实用。

2. 内容具体明确,语言简明扼要

计划是将所要进行的工作做出的安排和打算,为收到良好的效果,计划的整体设想要明晰,并将实现目标的途径和办法一条一条地列出来。计划切忌语言含糊,职责不清,使之无法落实和检查。计划的内容,一般要分条分项来写,叙述要平直、说明要简洁,如内容复杂,每个问题可设小标题,以示醒目。

3. 针对性和灵活性

计划的内容既要全面,又要有针对性,重点要突出。一个单位、一个部门,在一定时期内,有许多工作需要做,如果全部并列起来,平均使用力量,就会影响重要工作的完成。因此,我们在制订计划时,要针对本单位、本部门的工作重点,保证计划中能够反映出当前要解决的主要问题。计划是根据客观情况制订的,客观情况不断地变化,所以计划还要有灵活性,应留有一定的余地,当某种未预见的因素发生时,计划能及时调整、完善和补充。

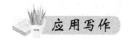

【例文】

兰州市粮食局机关科级领导干部内部交流工作实施方案

为了推进干部交流工作,进一步优化局机关干部队伍结构,根据《中华人民共和国公务员法》《党政领导干部选拔任用工作条例》《党政领导干部交流工作规定》和市委《关于干部交流工作意见》(兰发〔2012〕28号)等文件精神,结合工作实际,特制定市粮食局机关科级领导干部内部交流工作实施方案。

一、指导思想和原则

局机关科级领导干部内部交流工作按照人岗相适、公开公正、竞争择优、激发活力、个人服从组织的原则,坚持德才素质与职位要求相适应,锻炼干部与促进工作相结合原则。针对本局实际和科级职数配备的有关规定,干部交流轮岗实行个人自荐和集体研究决定的形式,达到内部机构顺畅,多岗位培养锻炼干部,优化队伍结构,提高综合素质,促进勤政廉政,激活干事创业热情的目的,为全面提升机关的管理和服务水平提供组织保障。

二、内部交流轮岗对象

局机关和稽查支队科级领导干部。根据市委《关于干部交流工作意见》的精神,对符合在同一处(科)室担任同一岗位科级领导职务满5年或同一处(科)室连续担任正副科级领导职务满7年的科级领导干部进行内部交流。

三、实施步骤

1. 召开动员大会,对局机关科级领导干部交流轮岗工作进行部署和安排。

2. 按照市委干部交流工作要求,根据个人申请、重点交流对象、符合应当交流条件人员等情况,经党组集体研究拟定交流干部计划。

3. 在交流干部全部确定后,组织实施科级领导干部内部交流工作。并将内部交流、轮岗工作情况报市委组织部备案。

四、工作要求

1. 切实加强领导。为加强对我局科级领导干部交流工作的组织领导,切实把思想统一到市委的决策上来,成立以局党组书记、局长肖伟同志为组长的市粮食局机关科级领导干部交流轮岗工作领导小组,下设办公室,由人事处牵头,把交流轮岗工作的各项部署落到实处。

2.精心组织实施。适时召开全局副科级以上领导干部动员大会,传达落实相关文件精神。同时,采取多种形式大力宣传,深入发动,积极引导和鼓励科级领导干部参与交流轮岗。认真对照条件摸清底数,精心谋划,严格程序,规范操作,注重密切配合,着力营造公平、公正、公开、透明的交流轮岗工作环境。及时了解干部的思想动态,深入细致地做好有关干部的思想工作,保证干部队伍的思想稳定和工作的连续性。

3.严肃工作纪律。严格执行《党政领导干部交流工作规定》和市委《关于干部交流工作的意见》。对违反有关规定的,要严肃追究责任。

兰州市粮食局
2013年4月8日

【简析】这份工作方案,完全按照计划的写作步骤,有方案制定的依据和基本指导思想,方案实施的针对对象,方案实施的具体步骤和实施过程中的具体要求,内容很完备,这样的方案才具有可执行性,才能真正落到实处。

二、总结

（一）总结的概念

总结是国家机关、社会团体、企事业单位或个人对前一阶段的工作或一项活动,进行全面、系统的回顾、分析研究,从中找出经验教训,引出规律性的认识,明确今后努力方向,从而写成的书面材料。常用的小结、体会,也是总结,只是它反映的内容较为单纯或经验不成熟、时间较短、范围有限。

（二）总结的特点

1. 自我性

从写作的内容和目的看,总结仅限于本系统、本单位或者本人前阶段的实践活动,总结的目的是为了改进、指导今后的工作,有很强的自我性。调查报告与总结相比则不一样。调查报告是调查者总结他人的工作,为上级领导提供信息,以"点"上的经验来指导"面"上的工作。总结在写作手法上常用第一人称。

2. 理论性

总结离不开叙事,要用事实来说明任务完成的情况。但是,它并不停留在事实上,而是通过对事实材料的分析综合,抽象出带有规律性的经验教

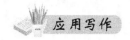

训,用于指导日后的工作。因此,总结的表述不但要有材料、观点,还要求有内在的逻辑联系,把实践中的做法理论化,以提高人们认识客观世界的能力。

3. 客观性

总结十分重视内容的客观性,即按事物的本来面目加以反映。客观事实是总结的基础。不论是反映全面工作,还是反映局部工作的,虽有概括和提炼,但都要以实际工作活动为依据做客观分析,不允许主观臆断或虚构。

4. 时间性

总结是对某一时间段的工作、学习、生产等的回顾,以便指导下一阶段的实践活动。所以,总结具有时间的限定性。

(三)总结的种类

总结的种类繁多,按照不同的标准划分,有不同的种类:

按照内容划分,有工作总结、生产总结、思想总结、学习总结等。

按照范围划分,有地区总结、部门总结、单位总结、个人总结等。

按照时间划分,有年度总结、半年总结、季度总结、月份总结、阶段总结等。

按照性质划分,有综合性总结、专题总结等。

(四)总结的一般写法

总结一般由标题、正文、落款三部分组成。

1. 标题

总结的标题主要有以下几种形式:

(1)文件式标题。一般由单位名称、时限、事由和文种四个要素组成。标题各项内容,也可根据具体情况有所省略,如标题中可省略单位名称和时间,直接写成《工作总结》。

(2)正副标题。一般说来,正标题概括总结的主要内容或基本观点,副标题说明单位名称、时限、文种等,如《健全管理机制,强化内部管理——××公司年度财务检查工作总结》。

(3)文章式标题。写成一般文章的题目形式,虽未注明"总结"字样,但标题本身体现出总结的性质或内容。如《周恩来选集》上卷《一年来的谈判及前途》。

2. 正文

这是总结的重心所在。由于具体情况不同,总结的内容也不一样,但各种总结都有共同点,其内容一般包括以下几个方面:

(1) 基本情况

这部分是总结的前言。一般用简洁的语言,概述完成工作的基本情况,交代清楚工作的时间、地点、背景,进行某项工作或认识某个问题的依据,工作的简单过程、基本做法,对工作完成情况的基本看法和总体评价等。有的总结,还在这部分运用数据,说明工作的成绩或不足。概述的内容,根据总结的不同要求有所侧重,不是千篇一律。基本情况这一部分内容要写得提纲挈领、简明扼要,以便读者对总结先有一个大概的了解,为下文具体介绍经验教训打好基础。

(2) 成绩和经验

这是总结的精华和重点部分。成绩是指实践活动中所取得的物质成果或精神成果。经验是取得优良成绩的原因和条件,如正确的指导思想、积极的工作态度、科学的工作方法、坚强的意志等。这部分的结构方式,要依据总结的目的、作用来决定。旨在向上级汇报工作或向本系统、本单位职工总结工作的,多采用先谈主要成绩,然后概括出几条经验体会的方法;旨在总结取得重大成绩的某项工作,并要向外介绍经验的,常采取先提问题,叙述取得的巨大成绩,然后着重谈经验体会的方法。写好这部分内容,必须力戒就事论事,要在对过去工作情况的分析研究中,提炼出带有理论色彩的观点,以指导今后的工作。要求做到材料翔实、言之有物、条理清晰、脉络分明,能给读者留下深刻的印象,使读者受到启迪。

(3) 问题和教训

总结的写作,要用一分为二的观点,既总结成绩、经验,也要找出存在的问题和教训。存在的问题和教训,这两者是有区别的:存在问题,是指在工作实践中切实感到应该解决而暂时没有解决或没有条件解决、没有办法解决的问题;教训,是由于指导思想不明、方法不当,或其他原因犯了错误,造成了损失而得出的反面经验。总结存在的问题和教训是为了进一步做好工作。因此,我们要着重分析问题和教训存在及产生的主观原因。当然,这部分内容也可视总结的重点来取舍,如果是着重反映问题的总结,则应把这一部分当作重点写;如果是专门总结成功经验的总结,也可以不涉及存在的问

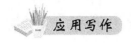

题和教训。这部分要根据实践活动的具体情况和总结的目的要求而灵活掌握。

(4) 努力方向

这部分是在总结经验教训的基础上,针对工作中存在的问题,提出切实有效的改进措施、今后打算、努力方向,或者提出新的奋斗目标,表明决心、展望前景、鼓舞斗志。这部分在写法上要有新意,防止落入俗套。

总结的正文是重点,内容较复杂的总结一定要安排好结构层次,就一般情况而言,总结的正文部分常用的结构方式有时序式、并列式、总分式等。

3. 落款

总结的落款包括署名和日期。标题中已标明,或标题下已署名,结尾则可不写。个人总结署名,一般写在正文的右下方。

(五) 总结的写作要求

1. 表达要叙述、议论相结合

叙述、议论是总结最常用的表达方法。叙述是总结行文的基础,它通过对过去工作情况的交代,使读者明白某单位、某个人的工作状况。议论则是指分析、综合、论证,它能把分散的、感性的材料转化为具有指导意义的理论。总结写作时应注意:在说明工作过程,列举典型事例时,应以叙述为主;分析经验教训,阐明努力方向时,应以议论为主。叙述是议论的依据,议论又是叙述的分析综合和提高。

2. 总结出个性

写一个单位的总结,一定要抓住本单位最突出的,最能反映客观事物本质特点,最具鲜明个性和特色的东西来。如新的情况、新的问题和新的经验教训等,切忌人云亦云。当然,也不能无中生有的标新立异,要注意新的情况、新的问题及经验教训的代表性和普遍意义。

3. 实事求是,"一分为二"

总结不论是写成绩还是缺点,都必须准确把握分寸,实事求是地叙述事物发展的全过程,用"一分为二"的观点,研究事物的内部联系,寻找其中的规律性。成绩不夸大,缺点不缩小。这样的总结才能指导今后的工作。

【例文】

2012年学校创建文明单位总结

我校创建文明单位的活动,在市县文明办的指导帮助下,本着"优势互补,共同进步"的原则,以共建带自建,自建促共建,携手合作,相互促进,取得了显著的创建工作成效,促进了各项工作顺利的开展,巩固和提升了共建市级文明单位工作成果。现将一年来开展创建工作的情况总结如下:

一、加强组织领导,落实创建责任

1. 建立健全领导机构,制定工作计划。自获得创建市级文明单位称号以来,学校一直把创建工作纳入重要的议事日程和目标考核,制定了创建规划,成立了创建领导小组。领导小组成员分工协作,各司其职,周密部署,精心安排。同时坚持召开了联系会和领导小组会以及创建工作总结会的工作制度。

2. 严格规章制度,规范创建活动。在创建活动中,学校党政十分重视规章制度的建立健全工作,以单位内部管理规章制度进一步规范创建活动。学校把班子建设列为创建工作的重头戏,坚持领导班子工作列会制度,按期召开班子成员会、民主生活会,做到工作有计划,活动有安排、有总结,以创建为龙头,带动学校各项工作的开展。

3. 强化基础,抓好细胞工程建设。围绕创建工作,学校按照规划先后开展了文明班、教研组、文明职工、五好家庭等创建活动,激发了广大干部职工的创建热情,更好的调动了大家的创建积极性。

二、加强队伍思想建设,提高整体综合素质

加强队伍思想政治建设,开展了创建工作。学校以加强师德师风建设为主要内容,开展了教职工爱岗敬业思想教育和教学业务技能学习培训,全面提高教职工思想素质和业务水平。学校组织全体教职工学习了党的××届四中全会精神、《教师职业道德规范》、《四川省中小学教师职业道德规范》、《未成年人思想道德建设实施意见》、沈浩的先进事迹等内容。在教职工中组织开展了新课程改革为主要内容的校本培训,开展"1000名教师讲课赛活动""讲台春秋征文比赛活动",开展推荐评议身边好人活动,开展创先争优活动,营造了以德执教、以德育人的良好氛围,促进了教师职业道德的自律和提高。在学生中组织开展了留守儿童关爱活动,法制专题讲座,主题班会

活动,通过活动的开展,不仅促进了未成年人思想道德建设的发展,更进一步加强了学校师生思想道德建设水平和教师队伍的综合素质的提高。

三、认真抓好业务工作,创造良好工作业绩

学校围绕"内强素质,外塑形象,提升质量,稳步发展"的办学目标,狠抓素质教育,教育教学工作蓬勃发展,办学声誉与日俱增。

1. 狠抓教学常规,提高教学质量。狠抓学校常规管理不松懈,学校坚持对常规管理明查暗访,教务处、教科室要坚持以课堂教学为中心,加强对教学"六认真"的指导和检查,并将"六认真"检查结果与年度考核挂钩,实行"一票否决"。注重实效,切实增强教研课、示范课、观摩课的针对性和实效性,结合教师和学校实际,鼓励教师形成自己的教学风格,积极推行了电子备课制度,在教学上形成了"百花齐放,百家争鸣"的局面,从多层面探索性地做好教学"六认真"工作。

2. 突出抓好毕业班工作,千方百计培养更多优秀人才。学校将毕业班工作作为学校形象工程之一来抓,坚持领导干部联系毕业班制度,开好学生会、家长会、教师会,为毕业班鼓劲加油、落实措施、明确目标。毕业班教师对每个学生的情况进行了分析,确定了分层次培养目标。教务处、教科室加强了学科领导工作,及时提出各阶段的指导性意见。学校按上级下达的目标任务,分解到班和教师人头,把对踩线生、偏科生的辅导提高工作落实到各科教师,在认真抓好新课讲授的同时,切实加强对复习课、练习课、评讲课的研究指导工作,切实提高单科及格率和优、尖生率。

3. 重视教学科研工作。我校的教学科研已取得初步成效,县级课题《学生学习成就研究》正在实施中,学校的每位教师针对自己的实际确定微型课题,并针对课题进行研究,并书写出课题研究中的成功案例,课题的研究对教师的专业化发展和提高教学质量起到了明显的促进作用,教师撰写的教学论文有23篇分别获得县上的奖励。

通过广大师生的共同努力和辛勤的付出,我校今年的教学质量取得了辉煌的成绩,上国家级示范高中线的有9人,市级示范高中线的25人,创历史新高。

四、群策群力,打造和谐平安校园

学校以开展活动为载体扎实开展群众性的创建活动。一是较好地坚持了升国旗制度和国旗下的讲话及主题班会制度。二是充分利用校园广播、黑板报、宣传橱窗等宣传阵地,对师生进行主题教育活动。三是运用重大节日、历史事件、观看影片等加强对师生进行爱国主义教育。四是以关爱留守学生为重点开展相关主题活动,如建立了留守学生之家,举办了以关爱留守学生为主题的艺术节活动,开展"除陋习,树新风"活动。通过各种德育活动,未成年人思想道德教育取得一定实效。

好人实事暖人心。学校把关心干部职工的工作学习和生活,为他们排忧解难作为推进学校发展的一项重要工作。职工生病住院和职工家属生病都要进行探望和慰问,同时积极组织职工开展捐资助学活动,及时把爱心捐款送到需要帮助的人手中。学校积极与相关部门协调筹措资金,加强对学校的校园环境的建设,改善办学条件,保证了教学工作的顺利进行。同时,组织开展义务植树活动,确定专人负责花草树木的管理,保证单位环境整洁优美。

进一步做好爱国卫生、计生工作、社会治安综合治理、城乡环境综合整治等工作,树立了良好的文明风气。积极组织广大教职工开展城乡环境综合整治行动,按照"四有八好十六无"的总体要求,进行整治,从一点一滴的小事做起,使全体师生员工养成了良好行为习惯。学校无一例计划外生育的,无赌博和封建迷信活动,无一起违法案件发生。

五、形式多样,寓教于乐注重实效

学校十分重视职工培训教育、科技文化和体育活动的开展,为精神文明建设的创建和推动整体工作的开展注入新的活力和塑造良好的精神面貌。中心校坚持以文化、文体活动为载体,不断提高了教职工素质和丰富了师生精神生活。中心校元旦春节开展了对贫困和生病住院的教职工、离退休教职工的慰问活动;三八节开展了三多寨农家乐活动,同时开展了趣味接力比赛和猜字游戏活动;四月组织开展了讲台春秋征文比赛活动,"我们的节日——读书知识竞赛活动",开展校园杯艺术节活动,开展了1000名教师大练兵活动;五月开展了"我评议、我推荐身边的好人"活动;六月组织开展了"六一"儿童节的慰问活动,协助妇联开展了"澳川育苗行动",组织开展了工会优秀论文评选活动;七月组织教师参加梦想课程培训;八月组织教师参加国培计划培训;九月开展了教师节庆祝系列活动;开展弘扬和培育民族精神月活动、感恩之声大家唱活动;十月组织开展讲课赛、重阳节慰问活动,开展教师讲课赛活动,"除陋习树新风"集中整治"七乱"活动,安全用电征文活动;

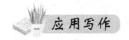

十一月开展了"历史的选择"读书教育活动,举办第六届运动会。通过各种活动的开展,既愉悦了身心,丰富了职工的精神生活,增进了友谊,增强了凝聚力,提升了文化品位,促进全体职工的身心健康,进而以更好的精神风貌来创造更优异的成绩。

一年来,我校文明单位的创建工作取得了一定的成绩,也存在一些问题,今后我们将再接再厉,总结经验,发扬成绩,克服困难,开拓创新,再创××教育的辉煌。

××县××镇中心学校

××年××月

第三节 简报 调查报告

一、简报

（一）简报的概念

简报是国家机关、社会团体及企事业单位内部用来通报情况、交流信息的一种简短的文字材料。常见的"工作动态""情况反映""简讯""内部参考""快报"等,都属简报。

（二）简报的特点

1. 简短性

简就是内容集中,篇幅短小,文字简要。内容集中,是指每份简报的内容要做到单一、集中,一事一报,不要在一份简报中写许多项内容。如果为了集中反映某种情况、某个问题,也可以把几个内容相关或有共同性的短文编在一期内。篇幅短小,一份简报最好不超过一千字。大型会议可编写多期简报。

2. 真实性

简报的内容必须绝对真实。简报一个重要的目的是为领导机关反映情况,而领导机关有时可能根据简报所反映的情况做出决策。正是基于这个特点,决定了简报所写的事例,包括时间、地点、人物（或单位）、事情的前因后果、来龙去脉,引用的数据、人物语言等,都必须准确无误。对上级既报喜也报忧;既不以偏概全,也不以面盖点,力求准确全面,真实地反映实际情况。

3. 快速性

这是对简报时间上的要求。简报的时限性很强,它必须及时地把工作中出现的新情况、新问题、新典型、新动向,报告给有关上级机关和业务部门。只有反映情况快,才能使新颖的内容不过时,对工作才有指导和参考作用。

(三)简报的种类

从内容和作用上划分,简报大体上有三类:

1. 会议简报

会议简报主要用于报道会议情况和主要精神,反映与会人员的意见、建议。会议简报一般用于较大型会议。内容简单的会议就不需要简报。

2. 专题性简报

专题性简报是就人们关心的、重要的某一议题专门出一期简报。专题性简报的内容集中、单一,一般是写一个问题或一件事。语言简洁,篇幅短小,时效性很强。

3. 综合性简报

综合性简报是指在内容方面对某些情况或问题作全面的、综合性的反映。这种简报的主要特点是涉及面广,情况复杂,材料丰富,带有综合性,能给人以全面的、概括性的认识。

(四)简报的格式

简报的格式是固定的,由报头、正文、报尾三部分构成。现分别介绍:

1. 报头

简报用纸幅面尺寸为16开或A4型纸。报头部分通常占1/3篇幅。报头一般包括如下内容:

(1)简报名称

常见的名称有"简报""工作简报""工作动态""内部参考"等。名称确定后,一般不要经常更换。为了醒目,简报名称字体应大些。字可用印刷体,也可用书写体。名称一般套红,也可不套红。名称的位置应固定在第一页上方正中。

(2) 期数

简报期数一般放在简报名称下方,横隔线之上。

(3) 编发单位

一般在名称下面的左侧。

(4) 印发日期

标在名称下面的右侧。

(5) 密级

密级程度一般标在报头的左上角。根据简报内容所涉及机密的程度,可注明"绝密""机密""秘密"或"内部参考"等字样。如果有传阅范围限制,可以在密级程度下面注上"供××级以上领导参阅"等字样。

(6) 编号

根据印发份数依次编号,每份一号,以便登记、保存和查核利用。编号一般放在报头的右上角,与密级形成对称。

(7) 横隔线

在报头的下方,也就是在第一页上方1/3处用一条醒目横线将报头与报文隔开。

2. 正文

正文是简报的核心部分,一般由标题和正文两个部分组成。

3. 报尾

报尾位于简报最后一页下方。一般在最后一页的下端用两条间距适度的平行横线画出,在两条平行横线之内写清简报的发送单位,包括:报(指上级单位)、送(指平行或不相隶属的单位)、发(指下级单位)。并在平行横线内的右端注明共印份数。

(五) 简报正文的写法

简报的正文部分主要包括标题、正文、供稿单位三个部分,如有按语,先写按语,然后再写标题。

1. 标题

简报的标题和新闻的标题相似,有单行标题、双行标题、多行标题。简报无论采用哪种标题形式,都应该尽可能地概括出正文的主旨,让人见题知意。

(1) 单行标题

用一句话概括正文的主要内容。如《有关人士对明年宏观调控的建议》。

(2) 双行标题

正标题揭示正文的内容或意义,副标题起补充说明作用,强化正标题的含义。如《领导干部必须"五官端正"——嘴不馋,腿不懒,耳不偏,心不散,手不长》。

(3) 多行标题

引题交代背景或揭示意义,正题概括正文的内容,副题补充或说明正题。

2. 正文

简报正文的内容最关键的是要抓准主要问题,一份简报写出,效果如何,起的作用大小,主要在于反映的问题抓得准不准。写简报,要认真地研究本单位、本系统在贯彻执行国家的有关法令、方针、政策及上级的指示,开展各项工作中出现的新情况、新经验、新问题。及时将重要的、关键性的问题反映出来,有利于我们做好工作。

简报的正文一般分为三个部分。

(1) 前言部分

一般用简洁、明确的一段话(有的仅一句话),总括全文的主要事实,先给人一个总的印象。接着交代时间、地点、事件、原因、经过、结果。简报的开头类似新闻开头中导语的写法。

(2) 主体部分

主体部分是简报的主要部分,是对开头部分概括内容的进一步具体化。这部分要选择富有说服力的典型材料,加以合理地安排,中心内容要突出、具体,条理要清楚,语言要简洁。一个自然段最好写一层意思,不要把各个方面的内容都汇集在一个自然段里。段与段之间应按照事物的内在逻辑联系层层深入,环环紧扣,使之无懈可击。

(3) 结尾部分

用一句话或一段话,概括正文的主要内容,或指明事件发展的趋势,或发出号召,或提出今后的打算。事情单一、篇幅短小的,可不写结尾部分。

3.供稿单位

简报一般不具名,必要时在正文的右下方写明"×××供稿"。

4.按语

对于内容重要的简报,有时要在正文之前加写一段文字,以表示发文单位的意见,这段文字就是简报的按语。

按语常常是根据领导的意见起草,对简报的内容加以提示、说明和评注,用以表明简报编者的意向,转达有关领导的看法和意图,以引起读者注意。

（六）简报的写作要求

1.材料真实,有新意

材料的真实是简报写作的"生命"。简报是向领导和有关部门传递信息、报告情况的,上级部门将依据这些信息、情况作出相应的决策。因此,材料的真实可靠应该特别注意。

简报不但要注意材料的真实,还要注意所用的材料一定要有新意。那些缺乏新意,尽人皆知的事情或过时的信息,只会使读者失望。简报所反映的问题、经验、观点、信息,都必须具有新意。只有具有新意的东西,才能给人以启发、借鉴。

2.以叙述为主,议论为辅

简报写作的特点在于让事实说话。简报有观点、倾向,但不像总结和调查报告那样由作者直接说出来,而是通过事实的叙述显示出来。因此,简报在表达方法上应以叙述为主,为读者提供反映客观情况的真实材料,把事情的来龙去脉交代清楚,不过多议论。读者自会对事实、情况加以理解分析,作出判断。

【例文】

中国ＸＸ函授大学全国教学工作会议简报

第 1 期

会议秘书组编　　　　　　　　　　　××××年××月××日

"函大"全国教学工作会议在京召开

　　经过一段时间的积极筹备,中国××函授大学全国教学工作会议于××××年××月××日在北京正式召开。

　　参加今天会议的有中国××研究会的部分理事、各地辅导站代表、学员代表和校部教职员共70余人。

　　今天上午和下午都召开了全体会议。

　　上午,校务委员会主任××同志在开幕词中讲了这次会议的宗旨。他说:我们召开这次会议,是要交流、总结各地辅导站的工作经验,研究如何提高教学质量,明确今后的办学方向,讨论执行、考试问题。希望大家畅所欲言,为"函大"开创新局面献计献策。紧接着,各地代表分组进行了讨论。讨论会上,××同志对如何开好这次大会,还提出了许多宝贵意见。

　　在下午的会上,教务长×××同志结合一些辅导站的情况,进一步强调:要办好面授辅导站,必须争取当地文教部门领导的支持,必须要有一个坚强的领导班子和高水平的教师队伍,以切实保证教学质量的稳定,以质量取信于社会,同时还必须严格财务管理制度,坚持勤俭办学的原则。

　　"函大"顾问、××大学教授×××先生,虽已年逾80,但仍不顾气候炎热,到大会看望大家并讲了话。他指出,函授教育是一种很好的形式,这种形式有很多好处:一是节约人力,学员可以边工作边学习;再是花钱不多,却能为国家培养出大量人才;此外,面授辅导要搞好,就得搞资料交流,资料要有针对性,要解决学员提出的实际问题。×老的讲话给了与会者以巨大的鼓舞,受到大家的热烈欢迎。

　　【简析】这篇会议简报,报道了会议的情况及主要精神,反映与会人员的意见及建议,结构相对较完整。

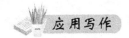

【简报格式】

```
密级:××                                        编号:××

                    简 报 名 称
                       第×期

××××(机关)编                              ××××年×月×日
(按语)
                      (标题)

(正文)




(发送范围)                                    共印××份
```

二、调查报告

(一)调查报告的概念

调查报告是作者有目的地对社会生活中某一事件、某一人物、某一问题,通过深入细致的调查研究之后所写出的真实地反映情况的书面报告。

(二)调查报告的特点

1. 针对性

调查报告的针对性体现在撰写目的上,撰写调查报告,一是为了给决策者提供决策的依据,二是发现典型,总结经验,指导工作,三是为领导机关了解情况,处理实际问题。因此,从实际出发,有针对性地调查研究,总结经验,回答人们最关心的问题,提出现实生活中迫切需要解决的问题是调查报告的关键所在。调查报告的针对性越强,社会作用越大。

2. 真实性

调查报告的主旨是调查研究后所揭示的客观事物的本质和规律。因此,写调查报告必须是自己亲自调查了解到的情况,绝不能道听途说、东拼西凑一些虚伪的材料。在调查报告中,不仅主要人物和事实要真实,就是事件的时间、地点、过程及各种细节,也要绝对真实,不能有半点浮夸和歪曲。

3. 材料丰富详实

调查报告需要列举大量的相关事例、统计数字和各方意见,以便在此基础上进行考察分析并提出作者自己的意见。在调查报告的写作中,大部分的文字都是在列举事实,这使调查报告具有一种"事实胜于雄辩"的强大说服力。

4. 提供规律性认识

调查报告确切地说应该叫调查研究报告,它的价值不仅在于调查和报告,更在于研究。研究的结果就是得出规律性的认识,并把这些规律性认识提供给读者。

5. 叙议结合

调查报告的表达采用叙议结合的方式,简明扼要、条理清楚地叙述事实。调查报告不追求事件的曲折波澜,只求叙说清楚。调查报告还要对调查材料中得出的结论进行适当的分析、议论,但只是画龙点睛式的,点到即止,不作展开,不反复论证,有时甚至观点于事实之中,用事实说话。

(三)调查报告的种类

调查报告从内容上分,常见的有以下几种:

1. 反映情况的调查报告

这类调查报告因调查目的、范围和用途的差异,有两种情况:一种是反映具体情况的个案性调查报告。其调研目的是为了把一个具体问题界定清楚,调研范围单一、具体,报告的内容一般用来处理某一具体问题的依据或重要参考。另一种是反映基本情况的综合性调查报告。调研的目的是为了掌握某一领域或某一方面的概貌,调研范围相对宽泛,涉及的对象较多,报告的内容主要用作宏观决策参考,或者用于说明某种客观现象,某一观点。

2. 总结经验的调查报告

这类调查报告要求把一个地区、一个部门、一个单位、一个方面的成功经验全面地总结、介绍出来,找出其中带有规律性的东西,供有关方面学习借鉴。常发挥以点带面,典型引路的作用。

3. 揭露问题的调查报告

这类调查报告是针对存在的问题展开深入细致、全面的调查,弄清问题发生的原因,分析问题的实质、危害,并提出今后如何避免同类问题的发

生。它既可作为公正严肃处理问题的依据,又能起到用典型教育他人的作用,引起人们的警觉,接受教训,少犯或不犯错误。

(四)调查报告的一般写法

从结构形式上看,无论哪种调查报告都包括标题、正文和落款三个部分。

1. 标题

调查报告常见的标题形式有两种:

(1)公文式

由调查单位(或调查对象)、调查内容、文种三个要素组成。如《江苏省环境保护局关于环境监测质量的调查报告》;也有的省略调查单位,只写调查内容、文种二项。如《关于大学生阅读状况的调查》。

(2)文章式

文章式标题有单双之分,单行标题有的突出调查报告的内容;有的突出调查报告的主旨。双行标题一般用正标题突出调查报告的主旨,用副标题表明调查的对象、范围、性质、特点等,对正标题起补充作用。如《明晰产权起风波——对太原市一集体企业被强行接管的调查》。

调查报告无论采用哪种标题,都应做到具体、醒目、简明。

2. 正文

调查报告的正文由前言、主体和结尾三部分组成。

(1)前言

前言是调查报告的开头部分,通常是简要地叙述为什么对这个问题(工作、事件、人物等)进行调查;调查的时间、地点、对象、范围、经过以及采用什么方法;调查对象的基本情况、历史背景;以及调查后的结论等。这些方面的侧重点由调查人根据调查目的来确定,不必面面俱到。

前言部分常见的写法有:说明式、概述式、提问式、结论式等,写作时不论采用何种方法,都要简明扼要,具有吸引力,便于引出下文。

(2)主体

主体是调查报告的核心部分。是前言的引申展开,是结论的根据所在。主体的内容一般包括三个方面:一是调查到的事实情况,包括事情产生的前因后果、发展经过、具体做法等;二是研究、分析事实材料所揭示的事物本质及其特点、规律;三是提出具体建议或应采取的一些具体措施。

主体部分内容丰富,结构安排力求条理清晰、简洁明快。调查报告主体部分的结构框架有:一是根据逻辑关系安排结构,如:纵式结构、横式结构、纵横式结构。这三种结构,以纵横式结构常为人们采用。二是按照内容安排结构,如:"情况—成果—问题—建议"式结构,多用于反映基本情况的调查报告;"成果—具体做法—经验"式结构,多用于介绍经验的调查报告;"问题—原因—意见或建议"式结构,多用于揭露问题的调查报告;"事件过程—事件性质结论—处理意见"式结构,多用于揭示案件是非的调查报告。

(3) 结尾

调查报告可以有结尾部分也可以不写结尾部分。

一般而言,结尾也叫结论。有四种情况需要写结尾:一是主体报告情况,介绍经验,需要结论;二是主体中没有提到的问题、希望、要求、建议等,需在结尾中提及;三是附带说明有关情况,如调查过程中遇到的一些情况,主体中没有提及,需在末尾加以说明;四是有附带材料需要加以说明的,如一些典型材料、专题报告、统计图表等。无论采用哪种形式,都必须简洁有力,切忌拖泥带水,画蛇添足。

3. 落款

为了对调查的内容负责,最后在正文的右下角写上作者名称和成文时间。如已在标题下面写明,此处可省略。

(五) 调查报告的写作要求

1. 深入调查,占有材料是写好调查报告的基础

调查报告是用事实说明道理的,而事实是客观存在的,有些事实对于写作者来说可能知之甚少或一无所知,只有经过深入细致的调查研究,详尽的占有材料,写作者才能对事物的本质有所了解、有所掌握,才能进行分析,才有写作的资本。因此,写作前一定要做好调查,详尽的占有材料。

2. 认真分析,把握事物的本质特征是写好调查报告的前提

搜集材料时难免菁芜并存、纷繁复杂,写作时要对材料经过"去粗取精,去伪存真,由此及彼,由表及里"的分析、判断、归纳、综合,才能分清现象与本质,真实与虚假,从而找出事物的内在联系和发展变化规律,把握本质,引出正确的结论。这样的调查报告才能发挥指导作用。

3. 精心筛选,做到材料与观点的统一是写好调查报告的保证

调查报告的观点是从大量材料中提炼出来的,观点一旦形成就要统率

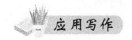

材料,做到观点与材料的一致。因此,写作时对材料要进行认真筛选,筛选出那些能充分说明观点的典型材料,用以支撑观点、说明观点,使材料与观点形成有机整体。

【例文】

教育状况调查报告

11月11至20日,市人大教科文卫委员会对全市民办教育(义务教育部分)进行调查。调查组听取市教育局、市劳动和社会保障局的情况汇报并先后到车辆厂子校、中天北京四中、兴农中学、春风学校、南亚学校等十六所民办学校了解情况,调研重点是我市贯彻执行《中华人民共和国民办教育促进法》及民办学校办学情况。市人大常委会副主任黑卫平参加了调研。

一、基本情况

近年来,随着经济发展和外来务工人员的增加,我市各级政府强化依法管理,使民办教育取得长足的发展。全市现有民办中小学(含职业中学)共219所,在校生6.7万人,占全市中小学在校生总数的11.5%,三城区民办小学在校生3.8万人,占三城区小学在校生总数的32.9%,高于全国平均水平。民办职业培训学校69所,年培训量为5万人次。

民办普通中学专任教师1439人,占全市普通中学教师的9.88%;民办小学专任教师2262人,占全市小学教师的12.33%;职高教师173人,占全市职高教师的16.27%。教师的学历以中专、大专为主,其中除聘用的退休教师具有教师资格外,大多不具备教师资格。教师的平均工资约500元,幅度为250至1500元以上。

民办学校办学水平参差不齐。由企业举办的办学水平高。如中天北京四中、车辆厂中学、川外附中等学校,与全国名校合办,管理规范,教学质量好,设施设备较为先进,收费较高,学生大多是来自中、高收入的家庭。个人举办,以外来务工农民子女为主的民办学校,办学水平在逐步提高。如白云兴农中学,办学理念新颖,内部管理机制灵活,发展为现该校已拥有学生2000余人,教职员工250多人,学生公寓、实验室、运动场等教学设施齐全的完全中学,2009年高考成绩名列我市前列,并被教育部评为优秀民办中学。由于该校教学质量高,设施设备先进,一些贵阳市常住人口子女也要求进入读书。达兴学校在充分依托28中的教育资源,改善办学条件,提高办学质量,解决流动人口子女义务教育方面积极探索,初见端倪。

　　市教育行政主管部门根据我市民办教育的现状,制定《贵阳市民办中等学校审批暂行办法》和《民办流动儿童少年初中必备办学标准》,成立了民办中学设置评审委员会,规范民办学校的办学标准。从2001年起,每年拨民办教育专项补助经费20万元,帮助民办学校购置教学设备,其中80%用于帮助流动人口子女学校。2009年,市政府拨专款300万元用于民办学校建校贷款贴息,帮助民办学校的发展。教育行政主管部门对民办学校的学籍管理、教学业务、德育工作、师资培训、教师职称评审等方面进行统一的管理,加强民办学校规范管理。

　　二、问题和困难

　　1.《义务教育法》和《民办教育促进法》的宣传力度不够,相关政策不配套。调查中感到《民办教育促进法》中规定"民办教育是社会主义教育事业的组成部分"、"民办学校与公办学校具有同等的法律地位"、"国家鼓励金融机构运用信贷手段,支持民办教育事业的发展"、"新建、扩建民办学校,人民政府应当按照公益事业用地及建设的有关规定给予优惠"落实得不好,认识普遍不到位。民办学校申请信贷,不能以举办者投资兴建的校舍作为抵押,制约了民办学校的发展。征用土地新建、扩建民办学校,没有相应的优惠政策,手续复杂。民办学校的学生由于不具有本市户口,不能升入本市重点高中,而升入普通高中也需交3000元借读费,民办学校认为这直接影响民办学校初中阶段的办学规模及水平,也是不平等待遇,同时我市也失去一批优秀的高中生资源。一些办学者对教育的公益性认识不足,办学急功近利,对学校建设和发展缺乏长远规划。

　　2.民办学校内部管理不规范。我市民办学校90%是流动人口子女学校,办学规模小。办学者有热情,但缺乏现代教育管理知识,常常是家族式管理,而聘用的校长没有管理权,缺乏监督制约机制,不利于学校的规范管理和学校的长远发展。

　　3.相当一批民办学校教育教学设施不能达标,设备简陋,办学条件差。多数学校是租赁民房作校舍,教室面积窄小,采光不足、通风不良,有的教室就是通道。课桌椅多是公办学校淘汰的,新旧不一,教具配置不齐,实验设备简陋,影响学校教学质量。一些学校缺乏安全保障措施,学生活动场地少,课外活动受限制。以流动人口子女为主的学校收费往往较低(约80—

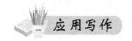

500元），仅能维持教育教学低水平运作。

4. 教师队伍整体素质不高，稳定性差。在生源以流动人口子女为主的民办学校里，教师的来源是进城打工的乡村教师和外地非师范毕业的大中专生，大多不具备教师资格和职称。教师工资偏低，大多没有办理养老、失业、医疗保险，教师没有安全感。学校与教师之间没有正规的聘用手续，双方缺乏制约机制，教师的主动性和积极性不高。

5. 教学质量令人担忧。除兴隆中学等少数学校外，相当一部分民办学校的生源是外地进城务工农民子女，家长对学校的教学质量要求不高，学生基础差别大，加上教学水平的原因，至使教学质量难以达到义务教育规定的要求。初中生的毕业合格率低。

6. 职业培训专业结构不尽合理。我市的职业培训设置的专业虽然有四十多种，但市场需求量大的家政服务、药业加工等专业却很少，专业设置与市场需求脱节。

三、建议

1. 加强对《民办教育促进法》的宣传，提高全社会对民办教育的认识。通过各种宣传方式，形式多样地宣传民办教育的重要地位和作用，宣传国家鼓励民办教育的政策和法规，充分调动社会各方力量参与民办教育的积极性，引导民间资金流向教育，多渠道筹措教育资金，扩大教育资源，以满足人民群众对不同层次教育的需要。让更多的人了解民办教育，支持民办教育，为民办教育的发展营造良好的社会环境。

2. 制定民办教育发展规划，合理调整学校布局。各级政府应将民办教育纳入国民经济和社会发展规划，对各类民办教育的布局规模、办学条件、生源、师资进行全面的统筹，制定民办教育的发展规划，引导民办教育健康有序的发展。严格按照有关规定审批民办学校，合理布局，保护合法办学，严厉查处违法办学，遏制恶性竞争。同时在流动人口密集地区，整合公办学校的办学资源，尽快实现进城务工农民子女接受义务教育以流入地的全日制公办学校为主要的目标。

3. 加大民办教育的扶持鼓励力度，改善办学条件。随着农村人口大量涌入城市，外来人口子女入学需求日益增加，我市民办教育处于快速发展时期，政府应依法逐年增加对民办学校义务教育的专项投入，促进教育公平，积极探索有效可行的办法，帮助民办学校解决贷款发展问题。

4.加强校长及教师队伍建设,提高办学水平。教育行政主管部门要将民办学校纳入统一管理,建立健全学籍档案和教师人才档案,对民办学校的教师资格认定,职称评定,业务培训、评先评优与公办学校一视同仁,制定相关的政策,建立完善的社会保障体制,积极鼓励公办学校的教师向民办学校流动,以吸引优秀教师到民办学校任教。

5.加强对民办学校的管理和监督,坚持公益性原则,诚信办学。建立和完善有关审批和督导评估制度,通过督导评估,对民办学校办学方向、教育教学质量、总体运行状况进行规范管理,促使学校依法办学,规范运行,健康发展。遵循社会与教学发展规律,把社会效益放在第一位,在一定时间内实现社会效益和经济效益双赢。

6.以市场需求为引导,合理设置职业教育专业。职业培训机构要调整办学方向,按市场需求设置专业,增强实用型和操作型技能培训,探索和民办学校接轨的方式,以适应我市的经济发展和农民增收的需要。

(摘自www.rumen8.com)

【简析】全文结构清晰,层次分明。第一段是前言,以下三部分是主体,每个部分都有小标题:第一部分对民办教育的基本情况作了介绍,第二部分是存在的问题及面临的困难,第三部分提出建议。主体运用了充足的材料和数据进行层层深入的分析,做到材料与观点的统一,将调查结果的分析与对策有理有据地呈现出来,令人信服。

第四节 会议记录

一、会议记录的含义、作用和特点

(一)会议记录的含义

会议记录是由会议组织者指定专人,如实、准确地记录会议的组织情况和会议内容的一种机关应用性文书。会议记录一般用于比较重要的会议或正式的会议,它要求真实、全面地反映会议的本来面貌。

(二)会议记录的作用

会议记录的特点体现在三个方面。

1. 依据作用

会议记录忠实地记录了会议的全貌。会议精神、会议形成的决定和决议、会议对重大问题做出的安排,如果在会议后期需要形成文件,要以会议记录为依据;如果不形成文件,与会者在会后传达贯彻会议精神和决定是否准确,也要以会议记录为依据进行检验。

2. 素材作用

会议进行过程中连续编发的会议简报,以及会议后期制作的会议纪要,都要以会议记录为重要素材。会议简报和纪要可以对会议记录进行一定的综合、提要,但不得对会议记录所确认的内容进行歪曲和篡改。可以说,会议记录是形成会议简报和纪要的基础。

3. 备忘作用

会议记录可以作为会议情况和会议内容的原始凭证。时过境迁,有关会议的内容和情况可能无法在记忆中复现了,甚至当时做出的重要决定可能也记不清了,这时就不妨查查会议记录。会议记录还可以成为一个部门和单位的历史资料,若干年后,通过大量会议记录可以了解这个单位的历史进程和发展状况。

(三) 会议记录的特点

1. 真实性

会议记录的执笔者与其他文章的写作者有一个重要的区别,那就是他只有记录权没有改造权。会议是个什么样就记成什么样,与会者发言时说了些什么就记下什么,记录者不能进行加工、提炼,不能增添、删减,不能移花接木,不能张冠李戴。

2. 原始形态性

会议记录是会议情况和内容的原始化的记录。所谓原始,就是未经整理,未经综合。在这一点上,它跟会议简报、纪要有着很大不同。会议简报和纪要也是真实的,但不是原始的。虽然在内容上可能没有太大差别,但在存在形态上,会议记录跟会议简报和纪要的差异甚大。

3. 完整性

会议记录对会议的时间、地点、出席人员、主持人、议程等基本情况,对领导讲话、与会者的发言、讨论和争议、形成的决议和决定等内容,都要记录下来,一般没有太多的选择性。

二、会议记录的写法

（一）标题

标题由会议名称加文体名称组成，就是《××××会议记录》。如果使用的是专用的会议记录本，连"记录"二字也可省略，只写会议名称即可。

（二）会议组织概况

1. 会议时间

要写明年、月、日，上午、下午或晚上，×时×分至×时×分。

2. 开会地点

如：××会议室、××礼堂、××现场等。

3. 主持人的职务、姓名

如：校党委书记×××、公司总经理×××。

4. 出席人

根据会议的性质、规模和重要程度的不同，出席人一项的详略也会有所不同。

有时可以只显示出席人的身份和人数，如"各院系党总支书记和直属党支部书记31人""各部门经理""全体与会代表"等。

如果出席人身份复杂，如既有上级领导，又有本单位各部门的主要领导，还有各种有关人员，最好将主要人员的职务、姓名一一列出，其他有关人员则分类列出。

5. 列席人

包括列席人的身份、姓名，可参照出席人的记录方法。

6. 缺席人

如有重要人物缺席，应作出记录。

7. 记录人

包括记录人的姓名和部门。如：××（××办公室秘书）。

（三）会议内容

这部分随着会议的进展一步步完成，没有具体的固定模式，一般包含以下方面：

会议的议题、宗旨、目的，需要记录人做好详细全面的记录；会议议程；会议报告和讲话，这类讲话和报告是会议精神的集中体现，也是了解会议意

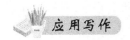

图的主要依据;会议讨论和发言,要先写每个发言人的姓名,再记下其所说的话,并尽量记原话;会议的表决情况;会议决定和决议,要力争准确明白,并经会议主持人过目,或向大会宣读,如有错漏,要当即更正;会议的遗留问题。

这些是一般会议都有的项目,但侧重点会有所不同,先后次序会有所不同。

(四)结尾

可将主持人宣布散会一项记入,也可以将散会一项略去不记。

最后,由主持人和记录人对记录进行认真校核后,分别签上姓名,以示对此负责。

【例文】

产学研讨论会议记录

时间:2011年2月16日上午

主持人:毛大龙

出席人:黄立鹏、王梅珍、陈星达、陈运能、张福良、黄炜

列席人:林建萍、徐进、李克让、梁慧、朱国定、吕秀君、郑禄红、李滨、张剑锋、董珍时、夏朝丰、陆丽君、刘雪燕、任振成、冯盈之、范建波

一、毛大龙同志传达了全国第二次产学研工作会议精神和2011年全省教育工作要点。要求要结合上级指示精神,创造性地开展工作。

二、会议决定,王梅珍同志协助毛大龙同志主持学院行政日常工作。各单位、部门要及时向分管领导请示、汇报工作,分管领导要在职权范围内大胆工作,及时拍板。如有重要问题需要学院解决,则提交办公会议研究。

三、毛大龙同志再次重申了会议制度改革和加强管理问题。毛院长强调,院长办公会议是决策会议,研究、解决学院办学过程中的重大问题。要形成例会制度,如无特殊情况,每周一上午召开,以确保及时研究问题、解决问题,提高工作效率。具体程序是,每周四前,在取得分管领导同意后,将需要解决的议题提交办公室。会议研究决定的问题,即为学院决策,各单位、部门要认真执行,办公室负责督促检查。

毛院长就有关部门反映的教学管理中的若干具体问题,再次重申,一定

第三章 事务文书

要理顺工作关系,部门与部门之间、机关与分院之间、分院与分院之间一定要做好沟通、衔接工作,互相理解,互相支持。机关职能部门要注意通过努力工作来树立自己的形象。基层分院要提高工作效率,对没有按时间控制点完成任务的要提出批评。要切实加强基础管理工作,查漏补缺,努力杜绝教学事故的发生。

四、会议决定,要进一步关心学生的生活问题。责成学生处结合教室管理等工作,落实好学生的勤工俭学任务。将教工餐厅移到二楼,一楼餐厅全部供学生使用,以解决学生就餐拥挤问题。针对校外施工单位晚上违规施工,影响学生休息问题,会议责成计划财务处立即与高教园区管委会反映,尽快妥善解决。

五、会议决定,要规范学生的技能鉴定工作。重申学生毕业之前须取得中级以上技能证书,才能发给毕业证书。由产业园设计中心(考工站)具体组织学生的报名、培训和考核工作。

六、会议决定,要加强对外交流和学习。争取利用暑假期间,组织教工到境外考察学习。

七、针对今年的招生工作,会议决定,召开一次专题会议,统筹解决今年招生中的重大问题。

主持人(签名)×××
记录人(签名)×××

【简析】这是一份会议的摘要式记录。格式符合会议记录的要求,由标题、会议组织情况、会议内容和结尾四个部分组成。正文由两部分组成,第一部分记述会议的组织情况,第二部分摘要记录了会议的过程情况。会议作出的决议记录具体、清楚。

思考与练习

一、写一份集体活动计划,如旅游活动、演讲比赛、体育竞赛、文艺晚会等,最好根据将要开展的实际活动来写,要求内容全面、格式正确、具有实用性。

二、结合自己的学习实际,制定一份"期末考试复习计划"。要求:1.行文格式要符合计划要求;2.要写明制订计划的目的意义、具体内容、实施的方法与步骤。

三、总结的写作应注意哪些方面的问题?

四、拟写一则本年度个人业余读书情况的总结。

五、你参加了许多课程的学习,肯定收获不少,就某一门课程,你是如何用科学的方法进行学习的?请你把感性认识上升到理性认识,总结出学习规律,写一篇学习经验总结,要求主体部分用小标题的形式串联材料。

六、指出下面的总结写作的不规范之处,说明应如何修改。

2012—2013学年我的个人总结

炎日当空,天上无一丝云彩,火辣辣的太阳简直叫人不敢出门,空中没有一点风,只有知了在树上不停地叫着,好像在说:"放假了,放假了"。又一学年过去了,我应该利用暑假对这一学年的学习情况作一些总结,以迎接新学年。

在这一学年里,我学习了成本会计、管理会计、审计原理、经济法、计算机应用、外贸会计、大学英语、应用文写作、体育、职业道德、概率论等课。其中成本会计82分,管理会计86分,审计原理77分,经济法89分,计算机应用90分,外贸会计90分,大学英语72分,应用文写作68分,体育是中,职业道德是优,概率论是中。总的来说,成绩还是可以的,在班上是中等水平。其中计算机应用和外贸会计成绩好些,而大学英语、概率论和应用写作差些。下一学期,我要继续努力,争取取得更好的成绩,最好都在80分上,这样就可以获得奖学金,减轻家庭的经济负担,更可以在择业时增加自己的实力。

128011班×××

七、简报的结构分哪几部分?请画出简报的基本格式。

八、以你参加的任一活动为目标,根据活动内容,编写一期简报。

九、对"大学生阅读状况"进行调查,并将调查结果写成一篇调查报告。

十、以本宿舍同学为小组,召开"环境保护,从我做起"为题的讨论会,要求选出会议主持人和记录人,每个同学都发言。根据讨论会的情况,拟写会议记录。

第四章

日常应用文书

第一节 日用文书概述

一、日常应用文书的概念

在日常工作、学习、生活的交往中,个人与个人或个人与组织、组织与组织之间运用的文书,它起着彼此礼尚往来或钱物往来、感情沟通、思想交流、信息互通的作用,这就是日用文书。

二、日常应用文书的应用及种类

日用文书的应用十分广泛,可以毫不夸张地说,一个人或一个单位、一个组织只要不是生活在真空里,就需随时随地与日用文书打交道。

日用文书因用途、作用不同而分不同种类:有礼仪类,如讣告、题词等;有书表类,如建议书、倡议书、邀请书、申请书等;有函电类,如一般书信、介绍信、电报等;有宣传鼓动类,如演说词、黑板报等;有笔记类,如日记、周记、读书笔记等。

三、日用文书的写作要求

日用文书种类尽管不同,然而不同之中亦有不少共同点,在写作中一般要求:

(一)正文部分,一般是阐明情况、分析事理、提出要求或表明见解、抒发情感。

(二)内容要真实,要能准确地反映客观事物的本来面目。日用文书不是文学作品,不能虚构。

(三)感情要诚挚,不虚伪,也不无病呻吟,否则,是对对方的不尊敬。

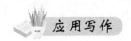

（四）语言要质朴，不必像散文、通讯、报告文学那样渲染气氛、描写场景。

（五）文字要达意，把话讲清，使对方能理解，切不可模棱两可，使人产生歧义，更不可使人曲解文意；文字要简洁，要用最经济的文字把话讲明白，切忌繁杂、冗长。

第二节　求职信

一、求职信的含义、用途及特点

求职信是求职者向用人单位递送的、表达求职愿望的一种专用书信。在市场经济的背景下，求职者（包括高校毕业生）与用人单位之间逐渐形成双向选择的机制，求职信的使用日趋普遍。通过求职信，求职者向用人单位表达自己的意愿，并充分展示自己的才能与特长，以争取获得面试或录用的机会，找到一份理想的工作。对于大学生来说，求职信更是他们踏上社会的重要一步，成功与否关系着今后的发展，甚至影响着他们的一生。对于用人单位来说，可以通过求职信初步了解求职者的情况，能够提高效率，选择到真正适合本单位需要的人才。

求职信不同于个人简历，个人简历具有格式化和程序化的特点，通常按照一定的顺序，如姓名、性别、年龄、学历或工作经历，以及表现个人特长与能力的证书等，来罗列客观的事实，程式化的个人简历不容易显示出个人的性格与魅力。而求职信则是求职者的聪明才智、个性特点和文字表达能力等的鲜活而生动的展示，它必须是个性化的。

求职信是求职者向用人单位推销自己，它应该让用人单位读后印象深刻，甚至求贤若渴，感到求职者正是"众里寻他千百度"的理想人才。

求职信有如下特点：

（一）文如其人

无论写什么文章，要做到文如其人都不是一件容易的事。但求职信的写作，必须努力做到这一点。用人单位读你的求职信，希望看到一个个性鲜明的你，而不是大同小异的求职者。为此，求职者应该对谋求的工作充满热情，应该集中笔墨，有选择、有重点地写出自己的才华、能力与专长，绝对不能"翻版"个人履历。

（二）简洁规范

求职信不能写得过长，行文以叙述与说明为主，以2000字左右为宜。而文理不通顺，标点不清楚，出现不应有的错别字，这都是求职信写作的大忌。如果采用手书，字迹不端正，也是大忌。同时，要注意中文、外文在书写格式上的区别，否则，文字上的"不拘小节"往往会产生不良的影响，关系到用人单位对你的第一印象。总之，短短的一封求职信中，绝对不能留下文笔上的瑕疵。

（三）书信格式

求职信采用书信的格式。书信是思想与感情交流的工具，在称呼上讲究尊谦有别，致敬或问候都有专门的用语，使用要恰当、得体。结束时的问候语，有约定俗成的格式规范，却经常为人所疏忽。规范的表达是：提示语（如"此致""顺致"等）左空两字，问候语（如"敬礼"、良好问候等）转行顶格，这是汉字书信的一种传统。

二、求职信的写作

从格式上看，求职信包括标题（如求职信、应聘信、自荐信）、称谓、正文、结束语、落款（姓名、日期）等部分。其中正文内容，至少应该包括以下四项：

（一）发信缘由

求职信宜开门见山，先写发信缘由，或交代信息来源，说明申请的岗位，或叙述自己对用人单位感兴趣的原因，表达求职的强烈愿望等。发信缘由应该写得非常简洁。

（二）自我介绍

这是求职信的关键所在，必须认真构思、精心写作。一般应包括：学习背景、学历、专业、特长、业务技能、外语水平及其他潜在的能力和优点等。这一部分的写作应实事求是，但也要注意扬长避短。

（三）强调申请与致谢

在自我介绍之后，恰到好处地强调一下求职申请，或请求给予面试的机会，这是水到渠成之举，是非常必要的。而对阅读者阅读自己的求职信表示感谢，是一种礼貌，更体现出一种素养。

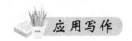

（四）联系方式

联系方式看似是一个细节，但它至关重要，用人单位想与你面谈而找不到联系方式，求职者会错失良机。求职信漏了联系方式，那你的求职信写得再好也白费。当然，联系方式过多也不好，会令用人单位无所适从，产生厌烦感。

求职信的写作，切忌浮夸和华而不实，应该坦诚而不失谦虚。好的求职信，既要有自己的个性，又要"投其所好"，信是写给用人单位看的，写信人要以不变应万变。

【例文】

求职信

尊敬的××公司领导：

您好！

我是吉林大学（原吉林工业大学）机械电子工程专业2008届毕业生，我真心希望加入贵公司，愿竭尽所能为贵公司的发展出一份力量。

我自2000年进入吉林大学以来，凭借自身扎实的基础和顽强拼搏的奋斗精神，经过几年不断地学习，在各方面都取得了长足的发展。在专业知识的学习上，我本着实事求是的态度，努力培养自己的动手实践能力。

我综合积分为87.82分，在整个学院名列前茅，并于2006年通过了国家英语四级考试和吉林省计算机二级考试，成绩优秀。在此基础上，又通过了全国计算机二级考试，为今后外语和计算机的应用打下了坚实的基础。在专业外语上，我有一定的实践基础，有较强的翻译能力。利用业余时间，我相继学习了WINDOWS98／NT，掌握了C语言、FORTRAN语言及OFFICE97、AUTOCAD、CAM、WORD、PHOTOSHOP应用软件，同时具有较强的硬件基础。我的工业PC机编程能力较强，能设计PC机程序控制系统，熟悉MCS01系列单片机实用接口技术。在专业方面，我具有扎实的基础，各门专业课都在80分以上，大部分过了90分。另外，我还对机电一体化设计有浓厚的兴趣，特别是在动力传动系统及控制方面有丰富的实践经验和理论基础。现刚接过导师分给的"微机控制的多功能全智能化实验台及液压动力控制系统设计"课题，为下学期的毕业设计搜集参数。

思想上，我积极要求进步，2003年被发展为入党积极分子，并参加了"邓小平理论研究小组"及党校学习班,现已毕业,2005年被列入预备党员发展计划。在校期间,我踊跃参加各项体育、文娱活动,以此培养团结协作精神,并发展自己的才华。我长期担任班级干部,设计并组织过多项活动,有一定的组织能力。性格稳重但不缺乏热情,锐意进取又能与人和睦相处,这就是年轻的我的真实写照。

贵公司是我仰慕已久的大公司,贵公司提出的"以人为本,科技为本,诚信至上"的理念让我深深敬佩,我渴望成为贵公司的一员。如果我能有幸加入这个集体,我一定勤奋工作,发挥专长,尽我最大力量为公司发展出一份力。

随信附上我的简历和相关证书,并祝贵公司事业蒸蒸日上!

此致

敬礼!

×××

××××年×月×日

附件：1. 简历(略)

2. 学历、学位证书(略)

3. 各种资料(过级)证书(略)

4. 获奖证书(略)

【简析】这是一封应届大学毕业生的求职信,项目齐全,结构完整。信中介绍了自己所在学校,所学专业,毕业时间,学习、思想、性格上的具体情况,表达了想到"贵公司"工作的强烈愿望。在此基础上,表达了做好工作的决心,最后表达祝愿。信中还表明了自己对公司的了解,有很强的针对性,能给招聘者好感。另外,信中用了一系列的事实说话,如"刚接过导师分给的'微机控制的多功能全智能化实验台及液压动力控制系统设计'课题"等,增强了求职信的可信度,很好地推荐了自己。

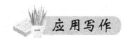

第三节 演讲稿

一、演讲稿的概念

演讲稿又叫演说词,它是在大会上或其他公开场合发表个人的观点、见解和主张的文稿。演讲稿的好坏直接决定了演讲的成功与失败。

演讲稿像议论文一样论点鲜明、逻辑性强,但它又不是一般的议论文。它是一种带有宣传性和鼓动性的应用文体,经常使用各种修辞手法和艺术手法,具有较强的感染力。

二、演讲稿的特点及种类

（一）演讲稿的特点

1. 整体性

演讲稿并不能独立地完成演讲任务,它只是演讲的一个文字依据,是整个演讲活动的一个组成部分。演讲主体、听众对象、特定的时空条件,共同构成了演讲活动的整体。撰写演讲稿时,不能将它从整体中剥离出来。为此,演讲稿的撰写要注意以下几个方面:

首先,要根据听众的文化层次、工作性质、生存环境、品位修养、爱好愿望来确立选题,选择表达方式,以便更好地沟通。

其次,演讲稿不仅要充分体现演讲者独到、深刻的观点和见解,而且还要对声调的高低、语速的快慢、体态语的运用进行设计并加以注释,以达到最佳的传播效果。

另外,还要考虑演讲的时间、空间、现场氛围等因素,以强化演讲的现场效果。

2. 口语性

口语性是演讲稿区别于其他书面表达文章和会议文书的重要方面。书面性文章无需多说,其他会议文书如大会工作报告、领导讲话稿等,并不太讲究口语性,虽然由某一领导在台上宣读,但听众手中一般也有一份印制好的讲稿,一边听讲一边阅读,不会有什么听不明白的地方。演讲稿就不同了,它有较多的即兴发挥,不可能事先印好讲稿发给听众。为此,演讲稿必须讲究"上口"和"入耳",所谓上口,就是讲起来通达流利;所谓入耳,就是听起来非常顺畅,没有什么语言障碍,不会发生曲解。具体要做到:

把长句改成适听的短句;把倒装句改为常规句;把听不明白的文言词语、成语加以改换或删去;把单音节词换成双音节词;把生僻的词换成常用的词;把容易误听的词换成不易误听的词。这样,才能保证讲起来朗朗上口,听起来清楚明白。

3. 临场性

演讲活动是演讲者与听众面对面的一种交流和沟通。听众会对演讲内容及时作出反应:或表示赞同,或表示反对,或饶有兴趣,或无动于衷。演讲者对听众的各种反映不能置之不顾,因此,写演讲稿时,要充分考虑它的临场性,在保证内容完整的前提下,要注意留有伸缩的余地。要充分考虑到演讲时可能出现的种种问题,以及应付各种情况的对策。总之,演讲稿要具有弹性,要体现出必要的控场技巧。

(二)演讲稿的种类

演讲按不同的分类标准,可以分成很多种类型,譬如领导人演讲、竞赛性演讲、论辩性演讲、竞选演讲、就职演说等。我们从内容性质的不同,把演讲稿分为以下几种类型:

1. 政治鼓动类

指政治家或代表某一权力机构的要员阐述政治主张和见解的演讲稿。各级领导的施政演说,新当选的领导人的就职演说,政治家的竞选演说等等,都属于这一类型。

2. 学术交流类

学术演讲稿是传播、交流科学知识、学术见解及研究成果的演讲文稿。具有很强的学术性,是对某一学科领域中的现象或问题的系统剖析和阐述,以揭示事物的本质及发展的客观规律。由于其专业性较强,往往会涉及专业术语,为此,撰稿时要对某些专业知识进行必要的注解,要把抽象深奥的科学道理表达得深入浅出,通俗易懂。

3. 思想教育类

思想教育类的演讲稿是针对现实生活中人们的思想动态、思想倾向和思想问题,以真切的事实、有力的论证、充盈的感情来讴歌真善美、鞭挞假恶

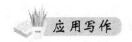

丑,引导听众树立正确的人生观、世界观,激励听众为崇高的理想、事业而奋斗。这类演讲稿适用于演讲比赛、主题演讲会、巡回报告等。

三、演讲稿的结构与写法

演讲稿的结构分开头、主体、结尾三个部分,其结构原则与一般文章的结构原则大致一样。但是,由于演讲是具有时间性和空间性的活动,因而演讲稿的结构还具有其自身的特点,尤其是它的开头和结尾有特殊的要求。

(一)开头要抓住听众,引人入胜

演讲稿的开头,也叫开场白。它在演讲稿的结构中处于显要的地位,具有重要的作用。瑞士作家温克勒说:"开场白有两项任务:一是建立说者与听者的同感;二是如字义所释,打开场面,引入正题。"好的演讲稿,一开头就应该用最简洁的语言、最经济的时间,把听众的注意力和兴奋点吸引过来,这样,才能达到出奇制胜的效果。

演讲稿的开头有多种方法,通常用的主要有:

1. 开门见山,提示主题

这种开头是一开讲,就进入正题,直接提示演讲的中心。例如宋庆龄《在接受加拿大维多利亚大学荣誉法学博士学位仪式上的讲话》的开头:"我为接受加拿大维多利亚大学荣誉法学博士学位感到荣幸。"运用这种方法,必须先明晰地把握演讲的中心,把要向听众提示的论点摆出来,使听众一听就知道讲的中心是什么,注意力马上集中起来。

2. 介绍情况,说明根由

这种开头可以迅速缩短与听众的距离,使听众急于了解下文。例如恩格斯在1881年12月5日发表的《在燕妮·马克思墓前的讲话》的开头:"我们现在安葬的这位品德崇高的女性,在1814年生于萨尔茨维德尔。她的父亲冯·威斯特华伦男爵在特利尔城时和马克思一家很亲近;两家人的孩子在一块长大。当马克思进大学的时候,他和自己未来的妻子已经知道他们的生命将永远地连接在一起了。"这个开头对发生的事情、人物对象作出必要的介绍和说明,为进一步向听众提示论题作了铺垫。

3. 提出问题,引起关注

这种方法是根据听众的特点和演讲的内容,提出一些激发听众思考的问题,以引起听众的注意。例如1854年7月4日弗雷德里克·道格拉斯在美国纽约州罗彻斯特市举行的国庆大会上发表的《谴责奴隶制的演说》,一开讲就能引发听众的积极思考,把人们带到一个愤怒而深沉的情境中去:"公民们,请恕我问一问,今天为什么邀我在这儿发言?我,或者我所代表的奴隶们,同你们的国庆节有什么相干?《独立宣言》中阐明的政治自由和生来平等的原则难道也普降到我们的头上?因而要我来向国家的祭坛奉献上我们卑微的贡品,承认我们得到并为你们的独立带给我们的恩典而表达虔诚的谢意么?"

除了以上三种方法,还有释题式、悬念式、警策式、幽默式、双关式、抒情式等。

(二)主体要环环相扣,层层深入

这是演讲稿的主要部分。在行文的过程中,要处理好层次、节奏和衔接等几个问题。

1. 层次

层次是演讲稿思想内容的表现次序,它体现着演讲者思路展开的步骤,也反映了演讲者对客观事物的认识过程,演讲稿结构的层次是根据演讲的时空特点对演讲材料加以选取和组合而形成的。由于演讲是直接面对听众的活动,所以演讲稿的结构层次是听众无法凭借视觉加以把握的,而听觉对层次的把握又要受限于演讲的时间。那么,怎样才能使演讲稿结构的层次清晰明了呢?根据听众以听觉把握层次的特点,显示演讲稿结构层次的基本方法就是在演讲中树立明显的有声语言标志,以此适时诉之于听众的听觉,从而获得层次清晰的效果。演讲者在演讲中反复设问,并根据设问来阐述自己的观点,就能在结构上环环相扣、层层深入。此外,演讲稿用过渡句,或用"首先""其次""然后"等词语是使层次清晰的有效方法。

2. 节奏

节奏是指演讲内容在结构安排上表现出的张弛起伏。演讲稿结构的节奏,主要是通过演讲内容的变换来实现的。演讲内容的变换,是在一个主题思想所统领的内容中,适当地插入幽默、诗文、逸事等内容,以便听众的注意力既保持高度集中而又不因为高度集中而产生兴奋性抑制。优秀的演说家几乎没有一个不长于使用这种方法。演讲稿结构的节奏既要鲜明,又要适度。平铺直叙,呆板沉滞,固然会使听众紧张疲劳,而内容变换过于频繁,也

会造成听众注意力涣散。所以,插入的内容应该为实现演讲意图服务,而节奏的频率也应该根据听众的心理特征来确定。

3. 衔接

衔接是指把演讲中的各个内容层次联结起来,使之具有浑然一体之感。由于演讲的节奏需要适时地变换演讲内容,因而也就容易使演讲稿的结构显得零散。衔接是对结构松紧、疏密的一种弥补,它使各个内容层次的变换更为巧妙和自然,使演讲稿富于整体感,有助于演讲主题的深入人心。演讲稿结构衔接的方法主要是运用过渡段或过渡句。

(三)结尾要简洁有力,余音绕梁

结尾是演讲内容的自然收束。言简意赅、余音绕梁的结尾能够使听众精神振奋,并促使听众不断地思考和回味;而松散疲沓、枯燥无味的结尾则只能使听众感到厌倦,并随着时过境迁而被遗忘。怎样才能给听众留下深刻的印象呢?美国作家约翰·沃尔夫说:"演讲最好在听众兴趣到高潮时果断收束,未尽时戛然而止。"这是演讲稿结尾最为有效的方法。在演讲处于高潮的时候,听众大脑皮层高度兴奋,注意力和情绪都由此而达到最佳状态,如果在这种状态中突然收束演讲,那么保留在听众大脑中的最后印象就特别深刻。演讲稿的结尾没有固定的格式,或对演讲全文要点进行简明扼要的小结,或以号召性、鼓动性的话收束,或以诗文名言以及幽默俏皮的话结尾。但一般原则是要给听众留下深刻的印象。

【例文】

大学要做的几件事
——俞敏洪在四川农业大学的演讲(节选)

同学们:

今天我们要讲一讲大学生活,因为大学生活对于我们这四年来说是非常珍贵的。我们要做好哪几件事情,才能够使大学生活变得更加有意义呢?我总结了四大要素,即三个追求、一个准备:追求知识、追求友谊、追求爱情,为工作做好充分的准备。

追求知识

所谓追求知识,我们要分成两个领域讲,即专业知识和普遍知识。对待专业,一种态度是我喜欢所以我学习。不管是研究水稻还是研究小麦,你一

第四章 日常应用文书

看到就喜欢得疯狂,就要研究,你都不用去问这个专业在这个世界上是否需要。既然大学设置了这个专业,表明这个世界必然需要这个专业。如果说你不太喜欢,但是你觉得学这个专业未来能找到一份好工作,可能会成为你生存的工具,照样可以学。我从来没有喜欢过英语,到现在为止我还依然坚持在学英语。为什么?因为英语变成了我的工具。我当时考大学,不是因为我喜欢英语,是因为当时考英语专业不用考数学。我喜欢中文,也喜欢中国历史和中国哲学,但是最后我不得不学英语,我发现英语对我有用。因为我学英语,我在北大当了老师;因为我学英语,最后做成了新东方;因为我的英语水平,敢把新东方弄到美国去上市;因为我的英语交流水平,任何美国投资者给我打电话我都不害怕,使新东方的股票非常稳定。

同学们,当你们登山的时候,你可以不喜欢手中的拐杖,但是你不能扔掉那根拐杖,脱离那根拐杖,你就登不上山了。我发现英语就是我的拐杖,让我在新东方的事业这座山峰上不断往上攀登,那我就不能把它扔掉。到现在为止,尽管我很忙,但是每天也依然要抽出半个到一个小时来读读英语、学学英语、背背单词,保证每天一点点地成长和进步。

专业学到什么水平算是学到家了呢?我常常说,专业水平就是在全中国这个领域中,你能算是前一百位就非常了不起了。当然,要尽可能地把范围缩小。比如说,我曾经希望自己是全中国前一百位的英语专家,后来我发现一点希望都没有。几十万留学生在往国内跑,我哪比得过他们。后来我只能缩小范围,我专门研究英语的词根、词汇、词源,研究了以后我发现,这方面,我在中国应该算是一流专家了。

选专业不是儿戏,是终身的选择。你要知道,一旦选定了,即使不喜欢,也得搞下去。为什么?因为即使你没有任何事业,但是有专业,人们就会录用你,你就会有饭吃了。另外,专业课的水平尽可能要考得好一点。为什么呢?两个原因:一是你专业课水平高,未来找工作要相对容易一点儿;二是未来十五年全世界所有的大学都会全面向中国开放,每一个人都有可能到国外去留学,那个时候,如果你的专业成绩非常低,留学就没有希望了。

选定了专业,一定要把专业领域的前三本书读得滚瓜烂熟,把三本书任何一个思想观点都转化成你自己的思想观点,最后你就有可能变成这个专业的顶级人士。奠定了所有的理论和理论框架基础,未来你想要在这中间纵深发展,是绝对有无穷无尽的潜力的。

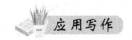

在大学除了读专业书籍,还有就是要广泛地读书。文科的读理科,理科的读文科。哲学史、科学史、文学史、生物史,然后是社会学、地理学、心理学、政治学、经济学,还有所有的随笔、散文、诗歌,大家都得去读。读书其实很简单,一个星期读两本书是轻轻松松的事情,毕竟要你精读的书很少。大学要读多少才算大学毕业生呢?同学们至少要读400本以上。梅贻琦曾经说过一句话:"所谓大学者,非谓有大楼之谓也,有大师之谓也。"一个大学如果有伟大的老师,这个大学的学生必然伟大。但是我还想再说一下,大学非为有大楼之谓也,而是读书变成大学问之大雅。好像一张纸上写满了字,不管写多少字,就只是一张纸,薄薄的。但是,如果你读了大量的书,你就会变成一本书,厚厚的,让人一看就很厚重,让人一看就有学识,让人一看就觉得你是值得交往的人。

所以说,同学们一定要多读书。我在北大读了800多本书,新东方还有一个极端的人物,就是我的班长王强老师,他在大学的时候读了1500多本书。我们在北大的时候有一个非常好的习惯,我们互相比着读书。相信我们农大的同学有这么好的环境,在有山有水的地方,读一两本书是轻轻松松的事情。我们要去读《红楼梦》《三国演义》,我们应该读马尔克斯的《百年孤独》,我们应该读普鲁斯特的《追忆似水年华》,我们应该去读朱光潜的《西方美学史》,我们也应该去读《西方哲学史》。像现在出版的好的著作大家也应该读,比如说《明朝那些事儿》,比如说同改革开放30年成长起来的中国著名的经济史作家吴晓波写的《激荡30年》等。

凡是读书多的人,发展潜力一定是强的,因为你有厚度,你的事业就有高度。新东方有一句话:底蕴的厚度决定着事业的高度。什么叫底蕴?底蕴就是你读了多少书,走了多少路,这就是底蕴。书都没读过,你怎么会有思想?书都没读过,你怎么能从多个视角来考虑问题?书都没读过,你怎么能有创新意识?书都没读过,你怎么知道仰望星空?

追求友谊

我们在大学要做的第二件事情是什么呢?就是要多交朋友。我做得最成功的一件事就是这辈子交了不少好朋友,而且和好朋友一起做成了新东方这么大的一个事业。所以,我觉得在大学除了读书以外,最重要是要交朋友,只有在大学能交上你一辈子的朋友,还有高中的时候也有可能。为什么?高中、大学这七年同学之间没有任何利益冲突,而且七年大家一起,或

第四章 日常应用文书

者四年大家一起,彼此知根知底,人品怎么样、个性怎么样、胸怀怎么样、才能怎么样,你完全清楚。你要知道,走进社会工作以后,要不就是同事工作关系,常会争权夺利;要不就是上下级的工作汇报关系;要不就是跟外面的人的人际关系,相互有求。通常很难再出现真正完全心灵相通的朋友,以及事业上互相帮助的朋友。

交到好朋友有两个最重要的前提条件:第一,你自己本身是一个好人;第二,追随比你更加厉害的人。

首先是自己做个好人。谁也不愿意去跟一个不好的人交朋友。不好不是说你杀了人,做了违法的事,不好体现在比较自私,分享别人的东西可以,别人分享你的东西就不行;不好表现为心地阴暗,表现为背后老说别人的坏话。同时,还要主动地去交朋友,你要主动对别人微笑,别人才会对你微笑。人是一种反应动物,就是你给我一个什么动作,我就可能会对你有一个什么动作。我庆幸我是一个喜欢为别人服务的人,比如说,从小到大,因为我的成绩不好,又希望老师表扬我,所以我就老在班上打扫卫生,结果就一直做我们班的卫生代表;进了北大以后,卫生不用我打扫了,教室有别人打扫,但我发现宿舍没有人打扫,那就我打扫吧,还打水,所以我们宿舍基本上没排什么卫生值日表。

我大学毕业的时候,也没有同学说你真伟大,为我们打水、扫地这么多年!但是,十年以后,有些事情就体现出来了。新东方做到一定程度,我觉得应该找一些我的好朋友、大学同学跟我一起做新东方。我知道,要把他们弄回来是很不容易的,但是,他们不回来新东方肯定做不大。后来,他们说了一番话我特别感动。他们说,在大学四年,知道你一直是个好人,知道你是一个可靠的人,也知道你有饭吃的时候,我们肯定不会喝粥,你有粥的喝的时候,我们肯定不会饿死。最后,大家就一起回来了,新东方就做大了。

第二就是要追随比你更加厉害的人。张良追随了刘邦,他才能成功。所以要追随心胸比你博大,志向比你高远,胸怀比你开阔,在某个领域方面又比你更加厉害的人,这样你就能学到很多东西。

我从小到大有一个心态,我到今天也不理解,就是没有任何妒嫉心理。我们班的同学,比如说从小学到高中评三好学生,我会拼命地为他们鼓掌,我心里一点难过都没有。当然我也没法难过,永远在全班二十名之后,怎么难过?但这个给我养成了一个良好的心态,就是我看到比我厉害的人,我会

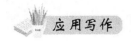

产生一种崇拜心理,包括我对我的部下,不管哪个领域,比我厉害的,我就会觉得很喜欢。

我在北大一无是处,为什么我能交到像王强老师、徐小平老师等这样对新东方来说比较关键的人物,因为他们在大学的时候给了我很多的影响。比如说像王强老师,他喜欢读书,一进北大就把自己的生活费一分为二,一半用来买饭菜票,一半用来买书。当时中国的大学生都由国家发补助生活费,一个月22块钱。我们当时也能活下去,因为土豆烧牛肉一份只要1毛5分钱,当时一本书只要5毛钱左右,我记得朱光潜的《西方美学史》两本书只要8毛4分钱。王强老师有个习惯,买书的钱,绝不用来买饭菜票。饭菜票吃完了怎么办?他就开始拿我的。我发现这个习惯很好,我就开始向他学习,我也把我的生活费一分为二,一半用来买书,一半用来买饭菜票,我要把饭菜票吃完了,我就拿他的饭菜票。每到星期六、星期天,我们就拿着钱去买书。那时,我刚从农村进北大,完全不知道买什么书,所以我就干脆跟着王强,他买什么书我就买什么书。

跟徐小平打交道也是。徐小平在北大其实已经是我的老师了,他教中国音乐史,一句话下来,就让你的心"怦"地跳一下,所以我就觉得这个老师讲得真好!我就想跟他交朋友。他当时担任北大团委文化部的部长,所以每到星期五的晚上,他都会请一帮北大的年轻老师到他家里去聊天。学生当然很想听了,但是学生坐在年轻老师中间听老师聊天,老师肯定是不干的。我说,徐老师,我能留下来听你们聊天吗?徐老师表示不太方便,他说:"我们老师都是聊的男人和女人的事情,你太年轻,会被污染的。"我的反应速度很快,当场就说:"徐老师,我刚好需要这方面的启蒙知识。"所以,徐老师就没有办法了,他说:"你坐在这儿听我们聊,下不为例。"结果我就找到机会了。为什么?当年中国是没有矿泉水的,矿泉水是90年代以后才有的。他们聊天聊得很口渴,我就开始给他们煮水泡茶;等他们晚上肚子饿了,我就出去给他们买方便面,给他们泡方便面。到了第二个星期,我就打电话过去,我说:"徐老师,你们还需要那个煮水、泡茶、泡方便面的人吗?"他说:"如果你愿意来煮水、泡茶、买方便面,你就过来吧。"结果,我就又过去了。

追求爱情

如果有可能的话,在大学谈一场恋爱也是不错的。

回顾过去,发现我的大学生活一片空白。究其主要原因,不是因为我成绩差,而是我在大学没有谈过恋爱。谈恋爱有一个前提条件,就是你真正爱上一个人,真爱上一个人以后,接下来的一件事就是你一定要真诚地告诉她你爱她,千万不要怕。我在大学爱过很多女孩,但是从来没有敢去告诉任何一个女孩我爱她。每次我在想癞蛤蟆想吃天鹅肉,我怕一说出来,会挨两个耳光。我想说的是,你爱上了一个人,你又不去告诉她,自己一个人非常的痛苦,有什么必要呢?你去告诉她,真诚地追求他,直到最后没有希望了,你也心死了,对自己也有一个交代。

如果两人相爱了怎么办?非常简单,要一心一意地爱!什么叫一心一意?不是说大学只能谈一次恋爱,而是一次只能谈一个。同学们请记住了,这是我对你们的最低标准了。真正的恋爱要爱到什么地步呢?要爱到这种地步,就是"为什么我的眼中充满泪水,是因为我爱你爱到深层"。如果没有这种感觉,表明你们的爱情没有到位。但是,即便爱到这种深层的地步,也会出问题。对方如果离开你,你怎么办?所以,谈恋爱要谈得大度。什么叫大度?爱情是一种缘分,朋友之间永远要忠诚,但是爱情是没有忠诚的,爱情只有爱。如果我爱你,必然对你忠诚;如果我已经失去了爱,对你没感觉了,我离开你也是很正常的。所以,爱情有分有合。离开你,你只有一种方式,就是祝福她一路走好,你的幸福就是我的幸福。

我始终相信这个世界上有缘分之说,在某一个时间或空间点上一定会有一个和你终身相守的人在那等着你,两个人手牵手走向生命的未来。所以,一定要珍惜生命,爱情带来的任何痛苦会随着时间的推移,变成你回忆的美酒,这是任何一个谈过恋爱的人都知道的。那么,珍惜生命!

在大学谈恋爱,其实不一定会有结果的。它美就美在过程,在校园中留下你美好的足迹,有一份青春的美好回忆,这是最重要的。

为将来工作做好准备

毕业以后,大家都要开始工作,工作是我们走向未来必不可少的部分。我刚开始留在北大,想反正也是一个职业,我就当老师吧。开始,我一个班50个同学,最后跑得剩了3个。但是,我这个人是比较努力的人,每次上完课,我就冲到别的优秀老师那去听他们讲课,拼命做笔记,记住他们每一句话怎么讲的,完了我自己再回去对比,换我讲是不是能讲得更好。过了一年,我发现我的学生都回来了。到第二年的时候,不光我的学生回来了,而且50人的教室里容纳了100个学生,那就意味着我上课比较成功了。到第

三年,我就被北大评为优秀老师了。从此以后我发现,我本来在北大是打算临时当个老师,但是到了第二年以后,我就把老师当成我的终身梦想,当时就下了一个决心:这辈子我死了都不可以离开学校的讲台。到今天为止,我也依然是一名老师。

我们从有一个职业开始,也许慢慢就能做成一个事业。所以到后来,我觉得自己要出国,再后来从北大离开,当时其实我不想做事业,只是想赚更多的钱,以尽早出国,但是,做着做着,新东方学校就做大了,最后我就只能把它当作一个事业干。这个路径同学们是可以模仿的。先找一份工作养活自己,紧接着给自己足够的时间,如果热爱这份工作(或者换一份你热爱的工作),把它做成你一辈子想做的工作。然后,用你在这个工作中学习的经验,慢慢地开创自己的事业,这是最正确的方法。

现在大家都在鼓励大学生创业,我也鼓励。统计数据表明,大学生没有工作经验创业99.9%会失败。成功率太低了,为什么?因为创业需要几个基础:第一,你需要知道如何处理人和事的关系,这个你必须工作一段时间才有这个本领。第二,你需要熟悉一个行业的经验和运作的模式。比如说,未来你想要办培训学校,你不到像新东方这样的机构来干两年,你不一定能干成。总而言之,创业不一定会成功,成功了也不一定会长久,长久了失败了也不一定不成功。生命总是会有机会的,抱着一种良好的工作心态,先从最基础的做起,锻炼自己的能力、心胸,最后你总能成长起来。

我相信这个世界上每一个人都能成功。希望我们在座的同学从今天做起,让自己由平凡走向伟大,由失望走向希望,由懦弱走向勇敢。用在大学的这种积极上进的心态走向未来,一辈子永远往前走!

谢谢大家!

【简析】在这篇演讲稿中,作者紧紧围绕与大学生密切相关,也即大学生最为关注的几个问题展开演讲,很容易吸引大家的注意力。再者,很多又是演讲者的现身说法,就更具说服力了。整篇演讲稿先开门见山地把这次演讲的主题展示出来,使得听众能抓住中心听下去,同时也可以让大家有重点的选择来听,随后就主题所提出的几个问题逐一展开,条理非常清楚。语言基本都是口语化的,通俗易懂。常会用到反问或设问句,以引起大家的思考和注意。是一篇较为成功的演讲稿。

第四节　读书笔记

一、读书笔记概述

读书笔记,是指人们在阅读书籍或文章时,遇到值得记录的东西和自己的心得、体会,随时随地把它写下来的一种文体。古人有条著名的读书治学经验,叫做读书要做到:眼到、口到、心到、手到。这"手到"就是读书笔记。读完一篇文章或一本书后,应根据不同情况,写好读书笔记。

读书笔记的作用:

1. 做读书笔记可帮助记忆,弥补脑力不足,有效提高读书效率。

2. 做读书笔记可以锻炼思考能力。读完书用笔记下来,想一想,这便是思考。常思考,可锻炼人的思维的条理性、逻辑性和分析综合能力。

3. 可积累有用材料,开阔视野,提高语言文字表达能力。

4. 做笔记会产生新的思考,有利于发现新问题,有利于研究新问题。

二、读书笔记的种类及写法

读书笔记的种类很多,一般说来,可分为四大类:摘录式、提纲式、评论式、心得式。四大类又分若干种,每一种在写法上有所不同。

(一) 摘录式

摘录式是阅读活动中收集资料时最常用的记录形式。即将书中或文章中一些重要观点、精彩精辟的语句、有用数据和材料摘抄下来,目的是积累各种资料,为科研、教学、学习和工作做好准备。可按原书或原文系统摘录;也可摘录重要论点和段落;还可摘录重要数字,并且要注明出处,便于引用和核实。摘录式笔记可分为:

1. 索引

索引笔记只记录文章的题目、出处。如书刊篇目名、编著者、出版年月日。如果是书,要记册、章、节,出版社名称,出版年月及版次;如果是期刊,要记期号,报纸要记年月日和版面,以备查找方便。例如:

钱仓水、郝树明主编:《教师职业技能全书·文科卷》,中国人民大学出版社,1992年9月第1版。

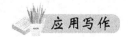

2. 摘抄原文

摘抄原文就是照抄书刊文献中与自己学习、研究有关的精彩语句、段落,作为日后引用的原始材料。摘抄原文要按照原文的内容自己标上一个分类的题目,便于资料的归类和日后采用,在引文后面要注明出处。例如:

读书方法

有些书只需浅尝,有些书可以狼吞,有些书要细嚼慢咽,慢慢消化。也就是说,有的书只需选读,有的书只需浏览,有的书却必须全部精读。有些书不必读原本,读读它们的节本就够了。但这仅限于内容不大重要的二流书籍,否则,删节过的书,往往就像蒸馏水一样,淡而无味。

培根:《谈读书》,林衡哲、廖运范译,见《读书的情趣与艺术》,中国友谊出版公司,1988年版。

3. 摘要

摘要是在理解原文的基础上,按照原文的顺序,扼要地把书中的观点、结论摘抄下来。

(二) 提纲式

提纲式笔记是用纲要的形式把书或文章的论点或主要论据,提纲挈领地记录下来,或是按原文的章节、段落层次,把主要内容扼要地写出来。提纲式笔记可分为提纲和提要两种:

1. 提纲

提纲笔记要忠于原书或原文的框架体例或段落层次,对原书或原文做轮廓式的勾勒。它可以用原文的语句,也可以将自己的语言与之相结合来写。例如:

鲁迅先生的《从百草园到三味书屋》一文根据第一部分的内容(1—8小节)可编写提纲如下:

(1—2) 夏秋季百草园的景色及情趣。

(3—6) 美女蛇的故事给百草园增添了神话般的色彩。

(7—8) 冬天的百草园雪后捕鸟的乐趣。

2. 提要

提要与提纲不同。提纲是逐段写出要点;提要是综合全文写出要点。提要可以完全用自己的语言扼要地写出读物的内容,除客观叙述读物内容

外,还可带有一些评述的色彩。例如:

岷江流域工业污染区对土壤动物的影响

岷江流域是我国有色金属矿藏丰富的地区,在开采和冶炼过程中排放大量"三废"的物质,污染情况十分严重。本课题研究内容包括:1.污染物的分布与土壤动物本底研究;2.土壤污染程度与土壤动物群落结构、时空变化关系的研究;3.污染区与排污染区的土壤动物比较研究;4.重金属有毒元素在土壤中和动物体内富集规律研究;5.重金属污染对土壤动物同工酶活性和呼吸代谢影响的研究;6.大型土壤动物毒性毒理研究。

(三) 评论式

评论式笔记不单是摘录,而且要把自己对读物内容的主要观点、材料的看法写出来。其中还可表达出笔记作者的感情。评论式笔记有下列几种:

1. 书头批注

书头批注是一种最简易的笔记作法。就是在读书时,把书中重要的地方或自己体会最深的地方,用笔在字句旁边的空白处打上个符号,或者在空白处加批注。如毛泽东在读《伦理学原理》一书时,用朱墨两种色笔在书中做了不少的圈圈点点,遇到他认为观点正确、文字优美的地方,就批上"此论颇精""此言甚合我意",认为不对的地方就画"×",或批上"不通""荒谬"之类词句。

这种笔记方法只能在自己的书上用,这是应当注意的。

2. 评注

评注笔记,是读完读物后对它的得失加以评论,或对疑难之点加以注解。例如顾维桢《捕风捉影说思维》中的一段文字:

哥德尔的不完整定理,是数学史里的一个里程碑。原来在严谨的数学堡垒之中,竟有一大漏洞,而且这漏洞是无可填的。本来严谨的数学架构,以少数的公理为基础,以明确的推演为方法,导出七层宝塔似的辉煌成果来,真是美不胜收。而且高妙的数学架构,严谨之外,兼具普及性:貌似不同的事物,透过抽象表达,往往可以归纳在同一种数学描述范围之内,看来真是放诸四海而皆准了。哥德尔却证明,凡是普及性高的正式逻辑系统,其中必有某些命题,是无法以这系统的逻辑去辨别其是非的。这毛病多半出在"只缘身在此山中"。

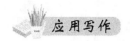

(四) 心得式

心得式笔记,是在读书之后写出自己的认识、感想、体会和得到的启发与收获的一种笔记。它有如下几种:

1. 札记

札记也即留记,是读书时把摘记的要点和心得结合起来写成的。这种札记的形式是灵活多样的,可长可短。下面举潘述羊《夜半钟声到客船》为例:

唐张继《枫桥夜泊》诗共四句:

> 月落乌啼霜满天,江枫渔火对愁眠。
> 姑苏城外寒山寺,夜半钟声到客船。

……大名鼎鼎的欧阳修对它提出过少见多怪的错误指责。他在《六一诗话》中说:

唐人有云:"姑苏城外寒山寺,夜半钟声到客船。"说者亦云:"句对佳矣,其如三更不是打钟时!"

欧阳修的"说者亦云",事实上就是他自己的议论,不过不愿明言罢了。

夜半三更和尚庙里有没有敲钟的呢?苏州的寒山寺在唐朝时敲不敲半夜钟呢?这问题构成了张继诗句应否修改的焦点。

人们经过几番调查研究之后,发现:半夜三更并非所有的和尚庙都不打钟,姑苏的寺庙在唐代是要敲分夜钟的,欧阳修说法不合乎事实。

近在六朝,就有庙宇半夜鸣钟的记载。

唐代白居易、温庭筠等有描写半夜钟声的诗句,皇甫冉《秋夜宿严维宅》中的"夜半隔山钟",说的是会稽的情况;陈羽《梓州与温商夜别》中的"隔水悠扬午夜钟",证明唐代四川的庙宇也是如此。

至于姑苏寺庙夜半敲钟的记载见诸《石林诗话》。作者是南宋人叶梦得,论诗推崇王安石,对欧阳修、苏轼都有所不满。他长期居住姑苏,最熟悉那里的情况,他批评欧阳修说:

盖公未尝至吴中,今吴中山寺实以夜半打钟。……《唐诗纪事》卷二十五曰:此地(指姑苏)有夜半钟,谓之无常钟,(张)继志其异耳。欧公以为语病非也。

(潘述羊《写作掌故杂谈》四川人民出版社,1983年版)

2. 读后感

读后感又称读书心得。读者把自己读书后的体会、感想、收获写出来。读后感重"感",它可以是从书中领悟出来的真切的道理或精湛的思想,可以是受书中内容启发而引起的思考与联想,可以是因读书而激发出来的决心和理想,也可以是因读书而引起的对社会上某些现象的感触和评论。好的读后感已成为报刊上常见的文章样式。写读后感要注意以下几点:

首先,应该是从读书(包括报刊)中引起的"感",离开了书,就成了别的文体。因此,读后感通常在开篇时即要表明"感"是从读什么书报而来,同时,还要载明材料出处。

其次,最好是一则读后感谈一个问题;如果内容多,感想多,可以写成几则,不要混在一起。读后感一定要中心明确,主旨集中。不管感想多么复杂,联想多么丰富,都围绕读物来引发,防止节外生枝。

最后,一个故事、一句话、一个数据、一段议论等等,不论材料大小都可引发读后感。但是决不能肢解原文,歪曲原意,也不要把自己的感想或增添的材料与作者的原文混杂在一起。概括原文要准确,引用原文要忠实。例如卢润祥的《变死书为活书》:

《曲论初探》(上海文艺版)是赵景琛先生在继《明清曲谈》《谈曲小记》《戏剧笔谈》之后的又一读曲笔记。作者对散见于古代随笔杂著中的戏曲理论,多年来辛勤梳理,变死书为活书,从中钩沉出不少珍贵的东西,丰富了我国古典戏曲理论的宝库。作者还曾多方搜求海内孤本,如1945年,他由墨遗萍处得知消息,不顾年老体弱,亲自到山西万泉县白帝村一位孙姓老艺人家中,从废纸中抢救发现了《三元记》《黄金印》《涌泉记》《包公和访江南》四个曲的整本。又如《曲品》一书,便是作者首先发现,并关照女儿趁求学之便从朱自清夫人那里抄到增补全文的。这种孜孜以求的治学热诚,是十分感人的。

(摘自《读书》1983年第4期)

3. 综合

综合笔记是读了几本或几篇论述同一问题的书文后,抓住中心评论它们的观点、见解,提出自己看法的笔记。例如:

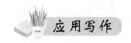

应用写作

《孔雀东南飞》这首叙事诗中的"媒人去数日……故遣来贵门。"这12句诗,历来认为是疑难问题。傅庚生、余冠英两人有过争论(见《文学评论》1961年1~2期),萧涤非发表过议论(见《文汇报》1962年3月21日),徐鹏也有不同的见解。

(摘自朱东润主编《中国历代文学作品选》上编二册)

可以看出,名家的意见存在着很大分歧。有的尚接近,有的完全不同。同时,不论是哪一家的标点,对于引号内的对话,很难看出是谁讲的,或谁对谁讲的。从对诗句的标点的不同也说明了名家注释跟原诗本意有一定距离,为了更符合原诗本意,首先有必要了解一下郡丞和郡主簿在汉代职官中的权力和地位,才能进一步把问题弄清。(下略)

(摘自谭玄《一段难句的商榷》,《语文学习》1981年第14期)

一、求职信为什么要有附件?附件主要包括哪些内容?

二、假定你是今年的毕业生,正四处奔波找工作。偶然在《××报》看到某杂志社招聘编辑的消息,你正好对此感兴趣。请你根据设定情境写一份求职信。

三、根据下面的材料以李萍的身份向索尼公司经理写一封求职信。

求职者李萍,女,30岁,现××市长远实业有限公司供职,为求得事业的更大发展,想到北京索尼公司谋求营销部经理一职,她希望索尼公司安排她面试。

李萍业于××大学市场营销专业,获得学士学位,毕业后在长远公司一直从事营销工作,曾成功制订了几次营销策划,为长远公司的经营活动打开了局面,她有信心担任索尼公司营销部经理一职。

李萍是从5月6日《人才市场报》上看到索尼公司招聘营销经理一名的广告而去应聘的。李萍的联系电话及地址:××市裕华路长远公司,电话:0931—7654361。李萍附了学历、学位证书和营销策划书复印件各一份。写求职信的时间是2013年5月18日。

四、以"诚信"为题,写一篇演讲稿。

五、你在平时阅读时是否有记笔记的习惯?你采用最多的笔记形式是哪一种?为什么?

六、根据你自己的阅读情况,就某一阅读篇章写一篇读后感。

第五章

经济文书

经济文书是以经济生活为反映对象,以语言文字为表达手段,以文章为载体进行信息传播,以推动经济发展为其应有目标的写作文体。经济文书是经济活动和经济工作的得力助手,是经济工作者及其他有关人员必须掌握的工具和武器。经济文书涉及生产—交换—分配—消费的整个社会再生产的各个环节,对经济生活的各个方面产生重要影响。因此,写好经济文书对社会主义经济建设来说是至关重要的一项工作。

第一节 合同

一、合同概述

(一)合同的概念

合同也叫契约,有广义和狭义之分。广义的合同泛指发生一切权利义务关系的协议;狭义的合同专指当事人之间设立、变更、终止民事关系的协议。我们这里讲的是狭义的合同。1981年12月13日中华人民共和国第五届全国人民代表大会第四次会议通过了《中华人民共和国经济合同法》,以法律的形式规定:"经济合同是法人之间为实现一定的经济目的,明确相互权利义务关系的协议。"此后,根据客观形势的发展,为了更好地对合同关系进行有效调整,1999年3月15日第九届全国人民代表大会第二次会议通过了《中华人民共和国合同法》,并自同年10月1日实施,《中华人民共和国经济合同法》同时废止。《中华人民共和国合同法》总则第二条规定:"本法所称合同是平等主体的自然人、法人、其他组织之间设立、变更、终止民事权利义务关系的协议。"

自然人和法人互为对称。自然人是个人在民事法律关系上的称谓。法人是指依照国家规定的法定程序组成的、经过国家认可的社会组织或团体。它有独立支配和依法经营管理财产的权利和偿还债务的义务,能以自己的名义进行独立的民事活动,参加民事诉讼。法人的行为能力是由它的法定代表人来行使的。他们有权以本单位的名义签订合同,或授权法人代表本单位签订合同。

(二)合同的作用

1. 约束作用

依法订立的合同一经签署,就具有法律的约束力,当事人既可以充分享受合同规定的权利,又必须全面履行合同所规定的义务。任何一方不得擅自变更或解除合同中的内容。如果订立合同的某一方不经对方同意,擅自变更或解除合同,要罚以违约金;因一方没有遵守合同的规定造成的损失,要罚以赔偿金,等等。

2. 保障作用

社会化大生产,要有严格的责任制,以协调各方面、各环节的活动。从经济活动的角度看,责任和利益是双位一体的,责任制的健全和物质利益的分配是相辅相成的。合同规定了双方的权利和义务,任何一方不履行合同都要受到经济制裁,双方的经济利益都可以通过合同得到有效的保障。

(三)合同的特点

1. 合法性

一是合同的当事人必须具备法人资格。二是合同的内容应当符合国家法律、行政法规的规定,不得扰乱社会经济秩序,损害社会公共利益。三是合同的形式要符合有关法律规定,要求书写规范。

2. 约束性

合同一经签订,就具备了严格意义上的法律效力。当事人双方必须严格遵守合同的条款规定,任何一方不得擅自变更或解除合同。如果违反了合同中的规定,将要承担相应的法律责任。

3. 一致性

合同的签订必须贯彻自愿互利,协商一致的原则。合同中的条款是当事人协商一致的结果,任何未经协商的内容,不得写入合同当中。同时,任何组织或个人不得以任何形式非法干预。

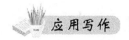

4. 平等性

作为合同的双方当事人,在法律面前的地位是平等的。其中包括平等地享受权利、履行义务,以及承担违约责任等等。

(四)合同的订立过程也是合同写作的过程。合同法规定了订立、履行合同应当遵循的基本原则,这些基本原则也是合同写作应当遵循的。

1. 平等原则

合同法第三条规定:"合同当事人的法律地位平等,一方不得将自己的意志强加给另一方。"此规定说明在合同法律关系中,当事人在合同的订立、履行、承担违约责任等方面,无论他们之间的所有制性质、隶属关系、经济实力、职位有多么大的差异,合同法都把他们视为地位平等的当事人,无高低之分。因此合同内容只能平等地协商确定,任何一方都不得把自己提出的条款强加于对方,不得强迫对方同自己签订合同。在写作合同条款时应体现此条原则。合同一旦依法成立,就具有法律效力。当事人要严格地履行合同规定的义务,变更或解除合同,必须经双方当事人协商确定,任何一方不得擅自变更或解除合同。任何当事人违反合同,都应当承担违约责任,包括承担经济责任、行政责任乃至刑事责任。

2. 自愿原则

合同法第四条规定:"当事人依法享有自愿订立合同的权利,任何单位和个人不得非法干预。"该条规定体现了订立合同应遵循自愿原则。当事人有权依照自己的意志决定是否签订合同、与谁签订合同和决定合同的内容和形式,除法律另有规定之外,当事人订立合同的行为完全取决于他们的自由意志,任何单位和个人不得非法干涉。

自愿原则要求当事人通过平等协商,相互充分地表达各自的意见,合理地提出自己的主张,在真正自愿的基础上确定合同的具体条款和形式。写作合同条款时应注意真实地表达自己的意愿,以体现自愿原则。虚伪的意思表达或一方当事人在受欺诈、胁迫的情况下所订立的合同无效。需强调的是实行合同自愿原则,并不意味当事人可以随心所欲订立合同而不受任何约束。当事人是在法律确定范围内享有自愿,当事人的合同行为不得违背法律的规定,不得扰乱社会经济秩序,不得损害国家利益。

3. 公平原则

合同法第五条规定："当事人应当遵循公平原则确定各方的权利和义务。"这一条规定了订立、履行、终止合同的公平原则。公平原则意味着当事人参加民事活动的机会均等；当事人之间享有的民事权利和承担的民事义务对等；当事人责任与过错的程度相适应，必须合理地承担民事责任。合同条款的写作，应充分体现公平原则，合同条款中，当事人双方的权利与义务是对等的，当事人双方的违约责任也是对等的。如果合同内容显失公平，比如存在因一方的欺诈行为而导致合同不公平、或者合同中的定价过高或过低、违约责任的约定过于不当而导致合同不公平等现象，根据合同法的规定，当事人一方有权请求人民法院或者仲裁机构变更或撤销显失公平的合同。

4. 诚实信用原则

合同法第六条规定："当事人行使权利、履行义务应当遵循诚实信用原则。"诚实信用原则是指合同当事人在从事民事活动时，以善意的方式履行其义务，不得滥用权力及规避法律或合同规定的义务。所谓诚实，主要是指当事人在民事活动中的言行要符合实际，表里如一，意思表示要真实。信用，主要是指当事人在民事活动中应言行一致，说到做到，决不食言。在合同的订立、履行、处理合同纠纷各个阶段，当事人都应遵守诚实信用原则。

在合同订立阶段，双方当事人都负有下述义务：一是忠实的义务，当事人一方应如实向对方陈述商品的瑕疵、质量情况，如实地向对方陈述一些重要的情况和事实；二是相互照顾和协力的义务，任何一方都不得滥用经济上的优势地位和其他手段牟取不正当利益，损害他人；三是诚实守信，不得欺诈他人。总之，当事人所写的合同条款应该是在双方都履行诚实信用义务的基础上确定的，否则合同无效。

在合同履行阶段，当事人应全面履行法律和合同规定的义务，恪守合同之外，还应履行依据诚实信用原则所产生的各种随附义务。如瑕疵告知义务，重要事情的告知义务等。如果当事人因不可抗力等原因不能履行或者不能按期履行合同时，应及时通知对方，以避免对方损失的扩大。一方当事人因故需要变更、解除合同时，应当与对方协商，取得对方的同意，单方面变更合同属于违约，应承担违约责任。

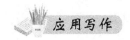

处理合同纠纷时，应当力求正确解释合同，不得故意曲解合同条款。合同法规定，对于违背诚实信用原则而给对方造成损失的，当事人应当承担损害赔偿责任。

5.合法原则

合同法第七条规定："当事人订立、履行合同，应当遵守法律、行政法规，尊重社会公德，不得扰乱社会经济秩序，损害社会公共利益。"合同内容应遵循合法原则，当事人对所写合同内容应负全部责任，要确保合同内容符合法律、行政法规的规定，符合社会公德的要求，当事人双方所约定的合同内容，应有利于维护社会的公共利益。

二、合同的种类

按照1999年3月15日第九届全国人民代表大会第二次会议通过的《中华人民共和国合同法》规定，合同可分为15种，在此做一个简单的介绍。

（一）买卖合同

买卖合同是出卖人转移标的物的所有权于买受人，买受人支付价款的合同。

（二）供用电、水、气、热力合同

供电合同是供电人向用电人供电，用电人支付电费的合同。供水、气、热力合同与供电合同相同。

（三）赠与合同

赠与合同是赠与人将自己的财产无偿给予受赠人，受赠人表示接受赠与的合同。

（四）借款合同

借款合同是借款人向贷款人借款，到期返还借款并支付利息的合同。

（五）租赁合同

租赁合同是出租人将租赁物交付承租人使用、收益，承租人支付租金的合同。

（六）融资租赁合同

融资租赁合同是出租人根据承租人对出卖人、租赁物的选择，向出卖人购买租赁物，提供给承租人使用，承租人支付租金的合同。

（七）承揽合同

承揽合同是承揽人按照定做人的要求完成工作,交付工作成果,定做人给付报酬的合同。承揽包括加工、定做、修理、复制、测试、检验等工作。

（八）建设工程合同

建设工程合同是承包人进行工程建设,发包人支付价款的合同。建设工程包括勘察、设计、施工等。

（九）运输合同

运输合同是承运人将旅客或者货物从起运地点运输到约定地点,旅客、运托人或者收货人支付票款或者运输费用的合同。

（十）技术合同

技术合同是当事人就技术开发、转让、咨询或者服务订立的确立相互之间的权利和义务的合同。

（十一）保管合同

保管合同是保管人保管寄存人交付的保管物,并返还该物的合同。

（十二）仓储合同

仓储合同是保管人储存存货人交付的仓储物,存货人支付仓储费的合同。

（十三）委托合同

委托合同是委托人和受托人约定,由受托人处理委托人事务的合同。

（十四）行纪合同

行纪合同是行纪人以自己的名义为委托人从事贸易活动,委托人支付报酬的合同。

（十五）居间合同

居间合同是居间人向委托人报告订立合同的机会或者提供订立合同的媒介服务,委托人支付报酬的合同。

三、合同的格式和内容

（一）格式

合同法规定,合同有书面形式、口头形式和其他形式。书面形式的合同是指合同书、信件、数据电文(包括电报、电传、传真、电子数据交换和电子邮

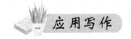

件)等。这里主要讲合同书。

合同书的形式一般比较固定,大致分为表格式、条款式两类:表格式大都用于比较简单的买卖、信贷、保险、定货等方面;条款式大都用于比较复杂的建筑工程承包、联产承包、财产租赁等方面。实际中也有表格式加条款式的。

(二) 内容

合同的基本内容就是在政策和法律的范围内,当事人双方或多方一致同意的必备条款,并由此确定双方的权利和义务。

合同的具体内容包括:

1. 当事人的名称或者姓名和住所

当事人的名称可以是公司,也可以是商店、学校等。个人签订合同可以写姓名和住所。

2. 标的

标的是合同当事双方人权利、义务关系共同指向的对象,是合同双方经济往来所要达到的目的。合同中,标的一般表现为货物、劳务、工程项目、劳动成果等。任何一种合同,都必须有明确的标的,否则,合同就无法履行。合同中的标的必须明确、具体,除写明标的名称外,还应写明其规格、型号等。

3. 数量与质量

数量与质量是标的的具体化,是确定合同当事人权利、义务大小的尺度。合同中,数量和质量必须准确、具体。其中,数量应写明计量单位和总数额;质量应写明执行标准、规格型号等。

4. 价款或酬金

价款或酬金是标的的代价或价金。其中,转移财产合同中标的的代价或价金称为价款;提供劳务合同中标的的代价或价金称为酬金。价款或酬金一般以货币数量来表示。合同中,应写明标的的单价、总金额、货币的种类、计算标准、结算方式以及结算程序等。

5. 履行的期限、地点和方式

履行期限是合同履行的时间规定,履行地点是履行合同规定的义务的空间范围,履行方式是履行合同的具体方法。合同中,必须对履行期限、地点和方式作出明确、具体的规定。

6. 违约责任

是指合同当事人不按合同规定履行义务时应承担的责任。违约责任主要有经济责任（支付违约金、赔偿金），行政责任和刑事责任等，它对于维护经济合同的严肃性，保证合同的认真履行，有着重要的意义。

7. 解决争议的方法

解决争议的方法有友好协商，向有关管理部门合同仲裁委员会申请仲裁、诉诸法律等。

除上述内容和条款外，国内经济合同还可以根据合同的性质和当事人的要求，规定其他内容和条款。

四、合同的结构和写作要求

（一）结构

合同一般由标题、约首、正文、结尾四个部分组成。

1. 标题

合同的标题一般比较简单，一般由性质和文种两个要素构成，如"购销合同"，"建筑工程承包合同"等。

2. 约首

包括合同编号、当事人名称等内容。在标题之下，左半部分写立合同人；先写甲方（供方、卖方），再写乙方（需方、买方）；右半部分写合同编号、签订地点、签订时间。写立合同人应写单位、企业全称（工商部门注册的名称），不可随便简化，也不能写别称。然后注明简称，如"甲方""乙方""供方""需方"或"买方""卖方"。

3. 正文

正文包括两个部分：引言和主体，引言简要写出订立合同的目的、依据、签订方式等，再用"签订合同如下"过渡到主体。主体即合同的具体条款，具体包括标的，数量和质量，价款或酬金，履行的期限、地点、方式及违约责任等；最后再写明合同份数，保管情况，有效期限和附件等。

4. 结尾

结尾是当事人双方签名盖章和签订日期。一般要写各方单位或姓名的

全称,并分别盖章。如需上级单位或公证机关签署意见,要注明并盖章。当事人是企业法人的,应盖合同专用章,不得加盖行政专用章。另外,双方的电话、账号、开户银行、地址等,都应写清。

（二）写作要求

合同写作时,应遵循一些基本要求：

1. 必须遵守一定的原则

即必须符合国家的法律、法规和政策；必须符合国家计划的要求；必须坚持平等互利、协商一致、等价有偿的原则。合同是一种法律行为,决不应违背原则,否则,合同将视为无效。遵守原则才能保证合同的合法性。

2. 内容必须准确、具体、完整

内容准确,是指合同规定的内容必须认定清楚。内容具体,就是要详细、完备。针对每一个标的,各项性能指标都应完整交代,不得遗漏。内容完整就是指合同的各项条款必须齐备,尤其是违约责任更是不可或缺,否则出现问题则悔之晚矣。

3. 合同条款的科学性体现在合同条款的逻辑性和严密性上

合同内容不能前后矛盾、相互冲突,而应相互关联照应。条文的安排要做到不漏、不错、不乱。权利、义务的规定必须具体、切实。如果合同条款写得不全、不细、不当、不明,就会给合同的履行留下隐患,造成经济损失。

4. 语言准确

要使用规范化的现代汉语,不得使用方言,以免因语言不通而产生误解。其次用语准确、明确,避免使用语义模糊或容易产生歧义的词语。比如估计,推测等词要少用或不用。表示时间、地点、数量要用确切的限定词。语句不宜过长,过长不但啰唆还容易产生歧义。标点符号要准确。

5. 不得随意涂改

合同的书写要规范,要使用黑色或蓝色墨水,一旦成文,不得随意涂改。如果发现必须修改,就在双方协商一致同意之后方能进行,并在修改处加盖双方印章,否则无效。

【例文】

加工承揽合同

合同编号：

合同双方当事人：

××研究所（简称甲方）

××家具厂（简称乙方）

为了发展生产，满足群众需要，经双方充分协商，特签定本合同，以便共同遵守。

一、甲方向乙方订书橱××只，单价××元；书桌××只，单价××元。总计金额××××元。乙方在2008年10月1日前交货。

二、产品先由乙方做实样，经甲方同意后照原样施工。

三、所有原材料由甲方供应，乙方在甲方现场施工。

四、甲方按图纸实样验收产品，合格后结算费用，由甲方汇入乙方开户银行。

五、本合同一式四份，甲、乙方各执一份，另二份各自送上级有关部门存查。

六、本合同自签字之日起生效，有效期从2008年1月1日起至2008年10月1日止，任何一方不得任意毁约，否则应承担对方经济损失。

甲方：×××研究所（章）　　　乙方：×××家具（章）

法人代表：×××（章）　　　　法人代表：×××（章）

××××年××月××日　　　　××××年××月××日

【简析】这是一份比较规范的承揽合同，结构完整，标题、约首、正文、结尾一应俱全；内容明确、具体、完备，对合同当事人各自的权利与义务都做了周密细致的规定。语言表述准确、明晰、严谨、缜密，杜绝了对合同内容理解上可能出现的偏差，便于合同的履行。

【病文修正】

承制奶粉包装合同

委托者（甲方）三庄园奶制品厂

承制者（乙方）三星塑料制品厂

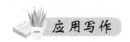

甲方委托乙方承制奶粉塑料包装袋100万只。双方经协商,订合同如下:

一、奶粉包装袋的原料,由甲方提供,按每千只耗损×计;一次性提供原料×吨,并送乙方单位。其原料运输费甲方负担70%,乙方负担30%。

二、乙方将生产的奶粉塑料袋千只为一包,简易包装,运至乙方单位。其运输费乙方负担70%,甲方负担30%。

三、乙方向甲方提供奶粉包装袋,采取抽样检验的办法,每千包抽样10包,尺寸、规格符合标准,袋面图案字样清楚、色泽鲜艳为合格。不合格率不得超过1%。超过15,甲方有权拒收,退还乙方处理。运输费用由乙方负担。

四、交货日期分三批:第一批自签订合同的一个月后,第二批为第一批的三个月以后,第三批为第二批的两个月以后,三批交清,共100万只。乙方将产品运至甲方单位。

五、甲方收到一方的产品,验收合格,必须在7天内将货款汇至乙方所在银行的账户内。如违约,乙方有权终止供货。

本文存在的问题有:

1. 当事人名称书写不规范,应改为:

委托者:三庄园奶制品厂(以下简称甲方)

承制者:三星塑料制品厂(以下简称乙方)

2. 标的的价款不明确,乙方生产每千只塑料袋的价格应在合同中说明。

3. 缺少"违约责任"。这是合同的当事人不能履约或不能完全履约时,所要承担的经济责任和法律后果。具体包括违约金、赔偿金和其他承担责任的法律形式等。

4. 解决争议的方法一项缺少,应添加。包括不可抗拒力条款和解决争议的方法两项内容。

5. 合同缺少尾部。应加上"合同的有效期限和文本保存",有效期限是指合同执行生效、终止的时间,是合同当事人必须具备的条款;文本保存是注明合同文本的保管方式,即合同一式几份及当事人保管的份数。

"落款"两部分要写出当事人的名称、签章、法定通讯地址、法人代表、银行账号、签约日期、地点等。

改正稿:

承制奶粉包装合同

合同双方当事人:

委托者:三庄园奶制品厂(简称甲方)

承制者:三星塑料制品厂(简称乙方)

甲方委托乙方承制奶粉塑料包装袋100万只。根据根据《中华人民共和国合同法》的规定,经双方协商一致,签定本合同,以便共同遵守,订合同如下:

一、奶粉包装袋的原料,由甲方提供,按每千只耗损×计;一次性提供原料×吨,并送乙方单位。其原料运输费甲方负担70%,乙方负担30%。每只袋子单价x元,100万只总价x元。

二、乙方将生产的奶粉塑料袋千只为一包,简易包装,运至甲方单位。其运输费乙方负担70%,甲方负担30%。

三、乙方向甲方提供奶粉包装袋,采取抽样检验的办法,每千包抽样10包,尺寸、规格符合标准,袋面图案字样清楚、色泽鲜艳为合格。不合格率不得超过1%。超过15,甲方有权拒收,退还乙方处理。运输费用由乙方负担。

四、交货日期分三批:第一批自签订合同的一个月后,第二批为第一批的三个月以后,第三批为第二批的两个月以后,三批交清,共100万只。乙方将产品运至甲方单位。

五、甲方收到乙方的产品,验收合格,必须在7天内将货款汇至乙方所在银行的账户内。如违约,乙方有权终止供货。

六、本合同正本3份,甲乙及监证机关各1份,副本5份,甲方3份,乙方2份,分别交有关部门备查。

甲方:三庄园奶制品厂 委托人xxx　　乙方:三星塑料制品厂 委托人xxx
　　　　　(公章)　　　　　　　　　　　　　(公章)
法定代表人或授权代表:(签章)　　法定代表人或授权代表:(签章)
　　　　年　月　日　　　　　　　　　　年　月　日
联系电话:××××××　　　　　联系电话:××××××

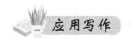

第二节 广告

一、广告的概念和作用

（一）广告的概念

广告是个外来词，是英语"advertisement"的译名。在古代汉语中，没有广告这个词，与其意思相近的有幌子、告白、仿单、招巾等词，大约从19世纪末开始，我国报刊上出现了"广告"这个术语。到了20世纪20年代广告一词已被普遍采用。上海辞书出版社2002年1月版《辞书》把广告定义为"通过媒体向公众介绍商品、劳务和企业信息等的一种宣传方式。一般指商业广告。从广义上来说，凡是向公众传播社会人事动态、文化娱乐、宣传观念的都属于广告范畴。"由此可见，广告有广义和狭义之分。广义的广告包括经济广告和非经济广告。经济广告一般指推销商品或提供劳务的盈利性广告，非经济广告通常指出于某种传播、宣传目的而做的广告，如征婚广告、公益广告等。狭义的广告，也称经济广告，它是现代广告的主要方面。本章内容主要指的是经济广告。

经济广告具有传播性和有偿性的特点。经济广告综合了文学、美术、摄影、表演、音乐、建筑等多种艺术形式和表现手段，通过网络、广播、电视、报纸杂志、路牌、橱窗等渠道渗透到人们的日常生活中，对整个社会风气也起着潜移默化的作用。广告有利于沟通生产、流通、交换、消费各个环节，促进生产，指导消费；有利于介绍新产品，推广新技术，促进科技研究的发展；有利于预测市场经济情况的变化，从而指导产品流向，调整生产幅度，促进产品适销对路；有利于加强各经济组织的横向联系，促进内外交流，提高企业的经济效益。随着商品生产的发展，广告的领域不断扩大，广告的形式不断更新，广告的费用投入不断增多，在经济比较发达的国家，广告业已成为国家经济的重要组成部分。

（二）广告的作用

1. 传播商品信息

商品经济是广告诞生的土壤。企业生产的产品、提供的服务，只有被消费者接受，才能转化为财富。在商品竞争激烈，产品层出不穷、服务日趋周到的市场经济里,消费者只有在获取某一商品、某种服务相关信息的情况下才能消费。一种产品、一种服务要想在较短的时间占有一定的市场份额,为进一步扩展打下基础,借助广告传播是明智的选择。如我国中央电视台黄金时段的广告效应就非常显著。虽然费用很大,但不少商品在中央电视台黄金广告时段播出后,在极短的时间里就完成了产品信息的广泛传播。

2. 介绍商品功能

随着高新技术的发展,当今社会的现代化大生产水平越来越高。产品的门类多,新商品的数量和种类多,高新技术产品的功能日趋复杂。除了传播一般的商品信息外,广告还是介绍有关商品知识的主要途径。不少商品的性能、用途、使用、保养方法、工作原理和产品性能等,有时就是通过广告传达给受众的,这样的广告能发挥认识功能,帮助消费者认识和了解商品,从而起到传递信息、沟通产销的作用。例如,我国是保健商品的生产和消费大国,许多保健商品所蕴含的保健原理和功能,往往就是通过广告传达给消费者,而消费者一旦认识了保健商品的保健原理和功能,其消费行为就有可能受到影响。

3. 影响消费行为

激烈的竞争造就了一个"千挑万选"的消费时代。庞大的商品堆积,一方面给消费者带来便利,另一方面也增加了消费者的选择困惑。面对众多的商品,消费者怎样才能找到最称心如意的商品?广告是消费者行为的主要手段之一。消费者可以通过广告了解到各种商品的不同特点。在现代商品经济日趋发达的社会中,广告对人们的影响几乎到了无孔不入的地步。消费者的消费行为越来越多地受到广告直接、间接的影响。

4. 激发消费愿望

由于经济广告的制作和传播有极强的促销目的,而且其制作传播常常会投入较大的人力、物力,因此,能否最大程度地促成消费者的购买行为,是衡量一则广告成功与否的重要标准。优秀的广告,往往能诱导消费动机,激发消费者潜在的需求,引起消费者购买该商品的欲望,并最终采取购买行动。例如,许多化妆品是通过诱发消费者永无止境的爱美欲望,激发起他们的消费积极性。

5. 美化社会环境

广告主从自己的经济利益出发,看重广告的经济效益,这是可以理解的。但是,从传播的效果看,一味追求经济效益的广告有时会适得其反。广告首先要被受众注意、接受,才有可能产生经济效益。实践证明,发挥广告的美化功能能使广告起到很好的传播作用。广告的受众广泛,彼此的差异很大,但爱美是人的天性,广告如能给人以美的享受,则可以吸引受众的目光。广告的美化功能已越来越多地为人们所重视。好的广告,有时也是一件精美的艺术作品,无论是实物造型、字画色彩,还是音像旋律、人物表演,都能给人以美的享受。这样的广告,在传播经济信息的同时,也美化了人们的生活。

二、广告的分类

广告的种类很多,按所用媒介物的不同,可以分为网络广告、报刊广告、音像广告、陈列广告、标牌广告、灯光广告、橱窗广告、印刷品广告等等。按广告的内容分,可以分为销售广告、服务广告、求购广告等。按广告的表现手法,可以分为商品广告和文字广告两种。按照广告传播范围,可以分为国际性广告、洲际性广告、全国性广告、地区性广告、区域性广告、针对某一具体单位甚至是个人的广告等。

三、广告文案的写作

广告种类繁多,不可能有固定的格式和写法,但也有一定的章法可循。首先,广告必须有明确的主题、独到的构思、精巧的结构、熟练的技巧才能够写好;其次,必须遵循一定的原则,才能成功地加以运用。

(一)标题

广告的标题在结构中的地位极其重要。它要在周围众多的广告和文章中脱颖而出,吸引读者读下去,必须要用极精练的语言准确、鲜明地点出广告的基本内容,在写作的过程中,就要运用一定的技巧。广告标题的作用:揭示广告内容,提高广告文案竞争力,引导读者在瞬间做出决策。广告标题有以下几种类型:

1. 直接标题

简洁明快,经济合理,信息透明度达到极致。这类标题直接以广告主、商品、品牌名称、货物牌号为标题,通过标题把广告所要传播的信息直接传递给受众,使受众一看标题就能了解广告的主要内容。如:"钻石男表,卓越超群""戴尔电脑""远大中央空调"等。

2. 间接标题

迂回曲折的语言传达信息,更侧重艺术性与含蓄性要求,追求诗情画意。这类标题本身并不直接传播商品的名称、牌号、制造商等,而是采用耐人寻味的方法,把受众的注意重点吸引到广告的正文中来。间接标题大多采用各种修辞手法或哲理丰富、含义隽永的语言,言外有言,趣味盎然。如某电子秤的标题:"公道不公道,只有我知道"、某冰箱的广告标题:"谁能惩治腐败?"等。

3. 复合式标题

标题由双行或多行组成。这类标题综合直接和间接标题之长,既直接推出企业名称、商品或牌号等,又配以形象、抒情、隽永的语句,虚实结合,表里兼顾,使标题别具一种吸引力。

如星球牌收录机广告标题:

引题:海内存知己,天涯若比邻

正题:"星球"牌收录机给您带来四海知音

松下电器变频式空调的报纸广告标题:

引题:销售进入第二年

正题:松下电器变频式空调的受用者越来越多

副题:这么多的笑脸是舒适性和令人信赖的质量之证明

广告标题写作的技巧:注重受众利益、追寻冲击力、结合销售、精警凝练。

(二)正文

广告正文是对广告标题的解释和阐述,通常在标题之后对广告内容的详细说明,主要介绍产品性能、特点、用途、方法、企业历史现状等。由导语、主体、结尾三部分构成。

1. 导语

导语又称为前言、总述或者开头。导语往往以高度概括性的精练、简短的文字来介绍宣传的主题,力求开门见山点明主题,为读者阅读理解全篇广告文案打下基础。

常见的导语方式:

(1) 提问式

用提问的方式写出来,引起读者的注意。例如:太阳神产品广告的导语。

　　提问式导语:一种好的产品禁得起时间考验的,是深受消费者信任的,近四年来,太阳神产品到哪个城市,哪个城市就掀起一股强烈的保健品热,为什么?

(2) 声明式

　　标题:别克能解除你的困乏与烦恼

　　声明式导语:生活总是由您自己来主宰,或兴奋激越,或平淡无奇。自由与困扰之界限简单如汽车的两轮。驾上别克,您就可以冲破烦恼。

(3) 陈述式

　　标题:婷美集团真能超越明星战,横扫减肥市场吗?

　　陈述式导语:今年一开春,减肥市场立刻热闹起来,先是各大明星代言减肥市场,更有几大港星同时证言,据说还有一个产品包装了更多明星组合即将推出,似乎明星减肥成了今年的制胜法宝。然而,国内营销大鳄婷美集团却认为,把产品命运寄托于明星,只能是奢望,要在减肥市场赚大钱,就必须创造颠覆性的全新概念,就必须改变市场的游戏规则。今年,婷美集团潜心研发"鸡尾酒减肥法"主要靠概念创新、功效创新、策划创新引领2004年的减肥市场。

2. 主体

该部分是广告的精华,是关键性的、有说服力的证据或立论,证实广告所提出的事实,支持广告所标榜的东西,充分阐述商品的优点,这并非是同类商品共有的优点,而是本产品的特殊优点。

(三) 结尾

一般是诱导人们采取购买行为。用带有鼓励性的语句,敦促消费者采取购买行为。同时可说明产品价格、优惠办法、订购方法、维修及服务的承诺及担保等。其对于渲染广告正文、加深印象和刺激消费者方面具有极其重要的作用。

（四）广告附文

附文的内容大致分以下几个部分：

1. 品牌名称。

2. 企业名称。

3. 企业标志或品牌标志。

4. 企业地址、电话、邮编、联系人。

5. 购买商品或获得服务的途径和方式。

6. 权威机构证明标志。

7. 特殊信息：奖励的品种、数量，赠送的品种、数量和方法等。如需要反馈，还可运用表格的形式。

三、广告写作中应注意的问题

1. 在广告写作过程中要讲究内容的真实性，不搞"假、大、空"，不欺骗和误导消费者。

2. 语言要新鲜巧妙，幽默生动，通俗易懂，有启发性。广告语言的运用要做到精当而不虚夸，广告语言的运用要做到通俗而不庸俗，广告语言的运用还要做到生动而不造作。

3. 广告的形式应活泼有新意，切忌俗气平淡。

4. 广告中不能有宣扬迷信、淫秽、反动、暴力、恐怖等的内容，也不能贬低其他生产经营者及其产品，如宣传产品、商品时切忌用"最佳""最著名"等词语。

【例文】

大卫·奥格威为劳斯莱斯汽车撰写的广告文案

（节选）

标题：这辆新型"劳斯莱斯"在时速60英里时，最大噪音来自电钟

副标题："什么原因使得'劳斯莱斯'成为世界上最好的车子？"一位知名的"劳斯莱斯"工程师说："说穿了，根本没有什么真正的戏法——这只不过

是耐心地注意到细节。"

正文：

1. 行车技术主任报告："在时速60英里时，最大噪音来自电钟。引擎是出奇的寂静。3个消音装置把声音的频率在听觉上拔掉。"

2. 每部"劳斯莱斯"的引擎在安装前都先以最大气门开足7小时，而每辆车子都在各种不同的路面试车数百英里。

3. "劳斯莱斯"是为车主自己驾驶而设计的，它比国内制造的最大车型小18英寸。

4. 本车有机动方向盘，机动刹车及自动排挡，极易驾驭与停车，不需司机。

5. 除驾驶速度计之外，在车身与车盘之间，互相无金属衔接。整个车身都加以封闭绝缘。

6. 完成的车子要在最后测验室经过一个星期的精密调整。在这里分别受到98种严酷的考验。例如：工程师们使用听诊器来注意听轮轮轴所发出的低弱声音。

7. "劳斯莱斯"保修3年，已有了从东岸到西岸的经销网及零件站，在服务上不再有任何麻烦了。

8. "劳斯莱斯"引擎冷却器，除了"亨利·莱斯"在1933年死时，把红色的姓名第一个字母HR改为黑色外，从来没更改过。

9. 汽车车身之设计制造，在全部14层油漆完成之前，先涂5层底漆，然后都用人工磨光。

10. 移动在方向盘柱上的开关，你就能够调整减震器以适应道路状况（驾驭不觉疲劳，是本车显著的特点）。

11. 另外有后车窗除霜开关，控制着由1360条看不见的在玻璃中的热线网。备有两套通风系统，因而你坐在车内也可随意关闭全部车窗而调节空气以求舒适。

12. 座位垫面是8头英国牛皮所制——足够制作128双软皮鞋。

13. 镶贴胡桃木的野餐桌可以从仪器板下拉出来。另外有两个可在前后座后面旋转出来。

14. 你还能有下列各种额外随意的选择：做浓咖啡的机器、电话自动记录器、床、盥洗用冷热水、一支电动刮胡刀等。

15. 你只要压一下驾驶者座下的橡板，就能使整个车盘加上润滑油。在仪器板上的计量器，指示出曲轴箱中的存量。

16. 汽油耗油量极低，因而不需要买特价汽油，是一种使人喜悦的经济车。

17. 具有两种不同传统的机动刹车：水力制动器与机械制动器。"劳斯莱斯"是非常安全的汽车——也是非常灵活的车子。可以在时速85英里时宁静地行驶。最高时速超过100英里。

18. "劳斯莱斯"的工程师们定期访问以检修车主的汽车，并在服务时提出忠告。

19. "班特利"是"劳斯莱斯"所制造。除了引擎冷却器之外，两车完全一样，是同一工厂中同一群工程师所制造。"班特利"因为其引擎冷却器制造较为简单，所以便宜300美元。

对驾驶"劳斯莱斯"感觉没有信心的人士可买一辆"班特利"。

价格：本广告画面的车子——在主要港口岸边交货——13550美元。

假如你想得到驾驭"劳斯莱斯"的愉快经验，请与我们的经销商接洽。他的地址写于本页的底端。

劳斯莱斯公司位于洛克菲勒广场10号。

（摘自刘友林《实用广告写作》，中国广播电视出版社2002年1月版）

【简析】这则广告是美国著名的广告策划人大卫·奥格威为劳斯莱斯汽车公司撰写的广告文案。标题醒目，直接点出这款劳斯莱斯轿车的最大优势——噪音小。副标题则揭示出劳斯莱斯品牌优势的根源是这家汽车公司的耐心和注重细节，这就是公司安身立命的法宝，揭示了公司为消费者负责的态度。广告正文由19条构成，简洁、明了地指出这款新型莱斯劳斯轿车良好的性能和绝对的优势，无一不漏地展示给消费者，良好的性能加上优惠的价格，激发了消费者的购买欲望。广告文字实事求是、不夸饰，言而有信，传递的信息便于消费者接受。是一篇优秀的广告文案。

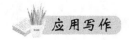

【病文修改】

下面是一则茶叶包装广告：

茶为中国之特产,生长岩石,收山岳之正气,吸日月之精华,经四季之雨露,富于叶绿素,本庄专营茶叶历史悠久,选购名茶加工焙制,气味芬芳,常饮可生津止渴,增进健康,诚为饮料之佳品。

本广告存在的问题有：

1. 缺少茶叶商标与名称。
2. 缺少茶叶产地。
3. 对本款茶叶的品质特征介绍得不具体。
4. 缺少说明产品价格、优惠办法、订购方法、维修及服务的承诺及担保以及企业名称、企业标志或品牌标志、企业地址、电话、邮编、联系人等。

改正稿：

品牌：××茶叶。

产地：×××国家级自然保护区。

品种特性：选用×××国家级自然保护区内,海拔1200—1800米高山的原生态小叶种野茶的芽尖为原料,外形细小而紧秀。无论热品冷饮皆绵顺滑口,极具"清、和、醇、厚、香"的特点。

冲泡方法：

茶　　具：宜用玻璃杯盖碗杯或茶壶。

茶　　量：3—5克,可根据个人口感喜好放量。

茶水比例：如投茶3克,加水150—180毫升即可。

水　　温：一般85—90度,不同茶类有区别,嫩茶水温略低,老茶水温略高。

浸泡时间：建议第一次以5秒,第2次10秒,第3次15秒,以后逐渐加倍延长浸泡时间。

茶叶香气：香气清爽纯正。

采摘季节：春季。

茶叶功效：生津止渴,增进健康。

企业地址、联系电话：略。

第五章　经济文书

第三节　市场调查报告

一、市场调查报告概述

（一）市场调查报告概述

市场调查报告是对市场进行深入调查研究后，对调查所获得的信息资料进行统一、科学和周密的整理，根据实际需要进行分析、归纳、综合后撰写的书面报告。它是记述市场调查成果的一种经济应用文。市场调查是市场调查报告写作的前提与基础，要想写出好的市场调查报告，首先必须认真进行市场调查。

（二）市场调查报告的作用

市场调查报告的作用在于帮助企业了解掌握市场的现状和趋势，增强企业在市场经济大潮中的应变能力和竞争能力，从而有效地促进经营管理水平的提高。具体表现为：

1. 均衡供需

通过市场调查，可以了解市场供需情况，对商品、服务等市场的供需情况进行预测，制定供应总量计划和品种计划，这对于合理、均衡地组织市场供应，对市场供给和需求的关系趋向平衡具有重要作用。

2. 指导生产

通过市场调查，可以了解消费者多种多样的需求，有利于企业按消费者的需要生产产品，提高产品在市场的占有率，顺利完成商品从生产到消费的转移。

3. 合理定价

通过市场调查，可以充分了解同类产品、相同服务的市场价格，有利于企业在保证经济效益的基础上，确定自己产品或服务的适当价格，使产品或服务具有较强的竞争能力。

4. 了解信息

通过市场调查，可以成分了解同行业的经营情况，学习他人先进的管理经验，有利于提高自身的经营水平，达到以最小劳动消耗取得最大经济效益的目的。

二、市场调查报告的特点与分类

市场调查报告是经济调查报告的一个重要种类,它是以科学的方法对市场的供求关系、购销状况以及消费情况等进行深入细致地调查研究后所写成的书面报告。

市场调查报告可以从不同角度进行分类。按其所涉及内容含量的多少,可以分为综合性市场调查报告和专题性市场调查报告;按调查对象的不同,有关于市场供求情况的市场调查报告、关于产品情况的市场调查报告、关于消费者情况的市场调查报告、关于销售情况的市场调查报告,以及有关市场竞争情况的市场调查报告;按表述手法的不同,可分为陈述型市场调查报告和分析型市场调查报告。

与普通调查报告相比,市场调查报告无论从材料的形成还是结构布局方面都存在着明显的共性特征,但它比普通调查报告在内容上更为集中,也更具专门性。

三、市场调查报告的格式与写法

市场调查报告写作的一般程序是确定标题,拟定写作提纲,取舍选择调查资料,撰写调查报告初稿,最后修改定稿。市场调查报告的内容结构一般由如下几部分组成:

(一)标题

标题是市场调查报告的题目,一般有两种构成形式:

公文式标题,即由调查对象、内容和文种名称组成,例如《关于2002年全省农村服装销售情况的调查报告》。值得注意的是,实践中常将市场调查报告简化为"调查"。

文章式标题,即用概括的语言形式直接交代调查的内容或主题,例如《全省城镇居民潜在购买力动向》。实践中,这种类型市场调查报告的标题多采用双题(正副题)的结构形式,更为引人注目,富有吸引力。例如《竞争在今天,希望在明天——全国洗衣机用户问卷调查分析报告》《市场在哪里——天津地区三峰轻型客车用户调查》等。

(二)正文

一般由前言和主体两部分构成。

1. 前言

前言又称导语,是市场调查报告正文的前置部分,要写得简明扼要,精练概括。一般应交代调查的目的、时间、地点、对象与范围、方法等与调查者自身相关的情况,也可概括市场调查报告的基本观点或结论,以便读者对全文内容、意义等获得初步了解。然后用一过渡句承上启下,引出主体部分。例如一篇题为《关于全市2002年电暖器市场的调查》的市场调查报告,其前言部分写为:"××市北方调查策划事务所受××委托,于2003年3月至4月在国内部分省市进行了一次电暖器市场调查。现将调查研究情况汇报如下:"用简要文字交代出了调查的主体身份,调查的时间、对象和范围等要素,并用一过渡句开启下文,写得合乎规范。前言部分文字务求精要,切忌啰唆芜杂;视具体情况,有时亦可省略这一部分,以使行文更趋简洁。

2. 主体

这部分是市场调查报告的核心,也是写作的重点和难点所在。这部分写作要完整、准确、具体地说明调查的基本情况,进行科学合理地分析预测,在此基础上提出有针对性的对策和建议。具体包括以下三方面内容:

(1) 情况介绍

市场调查报告的情况介绍,即对调查所获得的基本情况进行介绍,是全文的基础和主要内容,要用叙述和说明相结合的手法,将调查对象的历史和现实情况,包括市场占有情况,生产与消费的关系,产品、产量及价格情况等表述清楚。在具体写法上,既可按问题的性质将其归结为几类,采用设立小标题或者撮要显旨的形式;也可以时间为序,或者列示数字、图表或图像等加以说明。无论如何,都要力求做到准确和具体,富有条理性,以便为下文进行分析和提出建议提供坚实充分的依据。

(2) 分析预测

市场调查报告的分析预测,即在对调查所获基本情况进行分析的基础上对市场发展趋势作出预测,它直接影响到有关部门和企业领导的决策行为,因而必须着力写好。要采用议论的手法,对调查所获得的资料条分缕析,进行科学的研究和推断,并据以形成符合事物发展变化规律的结论性意见。用语要富于论断性和针对性,做到析理入微,言简意明,切忌脱离调查所获资料随意发挥。

(3) 措施与建议

这层内容是市场调查报告写作目的和宗旨的体现,要在上文调查情况和分析预测的基础上,提出具体的建议和措施,供决策者参考。要注意建议的针对性和可行性,能够切实解决问题。

(三) 结尾

结尾是市场调查报告的重要组成部分,要写得简明扼要,短小有力。一般是对全文内容进行总括,以突出观点,强调意义;或是展望未来,以充满希望的笔调作结。视实际情况,有时也可省略这部分,以使行文更趋简练。

四、市场调查报告的写作要求

1. 要做好市场调查研究前期工作

写作前,要根据确定的调查目的,进行深入细致的市场调查,掌握充分的材料和数据,并运用科学的方法,进行分析研究判断,为写作市场调查报告打下良好的基础。

2. 要实事求是,尊重客观事实

写作市场调查报告一定要从实际出发,实事求是地反映出市场的真实情况,一是一,二是二,不夸大,不缩小,要用真实、可靠、典型的材料反映市场的本来面貌。

3. 要中心突出,条理清楚

运用多种方式进行市场调查,得到的材料往往是大量而庞杂的,要善于根据主旨的需要对材料进行严格的鉴别和筛选,给材料归类。

4. 调查报告要突出市场调查的目的

撰写市场调查报告,必须目的明确,有的放矢,任何市场调查都是为了解决某一问题,或者为了说明某一问题。市场调查报告必须围绕市场调查上述的目的来进行论述。

5. 调查报告的语言要简明、准确、易懂

调查报告是给人看的,无论是厂长、经理,还是其他一般的读者,大多不喜欢冗长、乏味、呆板的语言,也不精通调查的专业术语。因此,撰写调查报告语言要力求简单、准确、通俗易懂。

6. 调查报告要做到调查资料和观点相统一

市场调查报告是以调查资料为依据的,即调查报告中所有观点、结论都有大量的调查资料为根据。在撰写过程中,要善于用资料说明观点,用观点概括资料,二者相互统一。切忌调查资料与观点相分离。

五、调查报告与调研报告的区别及写作技巧

说到调查报告,就不能不先说调研报告,有许多人把这两种文体混为一谈,在写作中不加以区分,其实是错误的。

调查报告是对某一情况、某一事件调查研究后,将所得的材料和结论加以整理而写成的书面报告。调查报告的使用范围很广,制定方针政策,解决各种实际问题,弄清事情真相,扶植新生事物,推广典型经验,都离不开调查报告。调查报告反映具有普遍意义或带有关键性问题的情况,内容比较复杂,深度广度的要求比较高。广义上说,所有的调查报告都或多或少带有某种研究性质,都是调研报告。而狭义的调研报告指的是以研究为目的写出的调查报告,它不包括反映特定情况、介绍工作经验、揭露特殊问题的专题报告,但它又包含这几方面的内容。

说调查报告与一般的调研报告不一样,主要原因在于调查报告与调研报告的侧重点不同。调查报告侧重调查过程,而调研报告侧重于研究与结果,是以调查为前提,以研究为目的,研究始终处于主导的、能动的地位,它是调查与研究的辩证统一,充分反映调查研究的结果。以前的应用写作只讲调查报告,调研报告成为应用写作的专门体裁和热门话题,是在改革开放以后。进入21世纪,我国各项事业突飞猛进,不仅党政机关需要大量的调研报告,企业集团为了适应激烈竞争的形势,也需要更多的调研报告,因此,调研报告在应用写作中占有日益重要的地位。

调研报告的写作要抓好三个主要环节:调查、研究、报告。这三个环节中,调查是基础,研究是关键,调研报告的写作是把调查获得的材料所形成的观点,通过布局安排、语言调遣组织成文章。这里,调查与研究是辩证统一的关系。它们之间不仅相互作用,相辅相成,而且相互贯通。调查的目的,在于掌握大量真实、全面的客观事实和具体数据,对基本情况有一个系统的了解;研究的目的是对已经获取的材料进行分析、研究,探索事物的本质

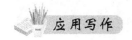

和规律;报告则是在调查、研究的基础上,用书面形式说明结果。因此,可以说"调查"是"研究"的事实基础,"研究"是"报告"的理论依据,"报告"是调查、研究的具体体现。

【例文】

消费者购买力情况调查报告

一、调查对象的基本情况

(一)样品类属情况。在有效样本1530户中,工人320户,占总数比例18.2%;农民130户,占总数比例7.4%;教师200户,占总数比例11.4%;机关干部190户,占总数比例10.8%;个体户220户,占总数比例12.5%;经理150户,占总数比例8.52%;科研人员50户,占总数比例2.84%;待业户90户,占总数比例5.1%;医生20户,占总数比例1.14%;其他260户,占总数比例14.77%。

(二)家庭收入情况。本次调查结果显示,从本市总的消费水平来看,相当一部分居民还达不到小康水平,大部分的人均收入在1000元左右,样本中只有约2.3%的消费者收入在2000元以上。因此,可以初步得出结论,本市总的消费水平较低,商家在定价的时候要特别慎重。

二、专门调查部分

(一)酒类产品的消费情况

1. 白酒比红酒消费量大

分析其原因,一是白酒除了顾客自己消费以外,用于送礼的较多,而红酒主要用于自己消费;二是商家做广告也多数是白酒广告,红酒的广告很少。这直接导致白酒的市场大于红酒的市场。

2. 白酒消费多元化

(1)从买白酒的用途来看,约52.84%的消费者用来自己消费,约27.84%的消费者用来送礼,其余的是随机性很大的消费者。

买酒用于自己消费的消费者,其价格大部分在20元以下,其中10元以下的约占26.7%,10~20元的占22.73%,从品牌上来说,稻花香、洋河、汤沟酒相对看好,尤其是汤沟酒,约占18.75%,这也许跟消费者的地方情结有关。从红酒的消费情况来看,大部分价格也都集中在10~20元之间,其中,10元以下的占10.23%,价格档次越高,购买力相对越低。从品牌上来说,以花果山、张裕、山楂酒为主。

送礼者所购买的白酒其价格大部分选择在 80～150 元之间(约 28.4%), 约有 15.34% 的消费者选择 150 元以上。这样,生产厂商的定价和包装策略就有了依据,定价要合理,又要有好的包装,才能增大销售量。从品牌的选择来看,约有 21.59% 的消费者选择五粮液,10.795% 的消费者选择茅台,另外对红酒的调查显示,约有 10.2% 的消费者选择 40～80 元的价位,选择 80 元以上的约 5.11%。总之,从以上的消费情况来看,消费者的消费水平基本上决定了酒类市场的规模。

(2) 购买因素比较鲜明,调查资料显示,消费者关注的因素依次为价格、品牌、质量、包装、广告、酒精度,这样就可以得出结论,生产厂商的合理定价是十分重要的,创名牌、求质量、巧包装、做好广告也很重要。

(3) 顾客忠诚度调查表明,经常换品牌的消费者占样本总数的 32.95%,偶尔换的占 43.75%,对新品牌的酒持喜欢态度的占样本总数的 32.39%,持无所谓态度的占 52.27%,明确表示不喜欢的占 3.4%。可以看出,一旦某个品牌在消费者心目中形成,是很难改变的,因此,厂商应在树立企业形象、争创名牌上狠下功夫,这对企业的发展十分重要。

(4) 动因分析。主要在于消费者自己的选择,其次是广告宣传,然后是亲友介绍,最后才是营业员推荐。不难发现,怎样吸引消费者的注意力,对于企业来说是关键,怎样做好广告宣传,消费者的口碑如何建立,将直接影响酒类市场的规模。而对于商家来说,营业员的素质也应重视,因为其对酒类产品的销售有着一定的影响作用。

(二) 饮食类产品的消费情况

本次调查主要针对一些饮食消费场所和消费者比较喜欢的饮食进行,调查表明,消费有以下几个重要特点:

1. 消费者认为最好的酒店不是最佳选择,而最常去的酒店往往又不是最好的酒店,消费者最常去的酒店大部分是中档的,这与本市居民的消费水平是相适应的,现将几个主要酒店比较如下:

泰福大酒店是大家最看好的,约有 31.82% 的消费者选择它,其次是望海楼和明珠大酒店,都是 10.23%,然后是锦花宾馆。调查中我们发现,云天宾馆虽然说是比较好的,但由于这个宾馆的特殊性,只有举办大型会议时使用,或者是贵宾、政府政要才可以进入,所以调查中作为普通消费者的调查

对象很少会选择云天宾馆。

2. 消费者大多选择在自己工作或住所的周围,有一定的区域性。虽然在酒店的选择上有很大的随机性,但也并非绝对如此,例如,长城酒楼、淮扬酒楼,也有一定的远距离消费者惠顾。

3. 消费者追求时尚消费,如对手抓龙虾、糖醋排骨、糖醋里脊、宫爆鸡丁的消费比较多,特别是手抓龙虾,在调查样本总数中约占26.14%,以绝对优势占领餐饮类市场。

4. 近年来,海鲜与火锅成为市民饮食市场的两个亮点,市场潜力很大,目前的消费量也很大。调查显示,表示喜欢海鲜的占样本总数的60.8%,喜欢火锅的约占51.14%,在对季节的调查中,喜欢在夏季吃火锅的约有81.83%,在冬天的约为36.93%,火锅不但在冬季有很大的市场,在夏季也有较大的市场潜力。目前,本市的火锅店和海鲜馆遍布街头,形成居民消费的一大景观和特色。

三、结论和建议

(一) 结论

1. 本市的居民消费水平还不算太高,属于中等消费水平,平均收入在1000元左右,相当一部分居民还没有达到小康水平。

2. 居民在酒类产品消费上主要是用于自己消费,并且以白酒居多,红酒的消费比较少,用于个人消费的酒品,无论是白酒还是红酒,其品牌以家乡酒为主。

3. 消费者在买酒时多注重酒的价格、质量、包装和宣传,也有相当一部分消费者持无所谓的态度。对新牌子的酒认知度较高。

4. 对酒店的消费,主要集中在中档消费水平上,火锅和海鲜的消费潜力较大,并且已经有相当大的消费市场。

(二) 建议

1. 商家在组织货品时要根据市场的变化制定相应的营销策略。

2. 对消费者较多选择本地酒的情况,政府和商家应采取积极措施引导消费者的消费,实现城市消费的良性循环。

3. 由于海鲜和火锅消费的增长,导致城市化管理的混乱,政府应加强管理力度,对市场进行科学引导,促进城市文明建设。

【简析】本文属于消费者购买力情况调查,它是市场调查的主要内容之一,这种市场调查报告的行业性、专业技术性很强。其内容一般包括:产品的品牌、质量、款式、功能、价格、技术、服务、消费,及对产品的评价、意见、要求、产品的市场销售、市场展望等。上述市场调查报告范文侧重于对产品的生产、销售、品牌等情况的介绍,运用数字分析、对比、排位等方法分析,使文章更有力度,在此基础上所提出的对策和建议,显得理据充实,说服力强。

第四节 审计报告

一、审计报告概述

审计报告是指审计小组对审计事项实施审计后,就审计工作情况和审计结果向派出的审计机关提出的书面文书。审计报告是审计结果的综合反映,是审计成果的主要表现形式。审计工作是否有效,除了取决于在审计实施阶段是否查清了问题,收集了充分有效的审计证据外,还取决于在审计终结阶段是否能将各种查明的问题及审计意见很好地整理、归纳、表达,写出清晰、确切的审计报告。如果审计报告既不能说清查明的问题,又不能将审计意见很好地表达出来,那么审计效果就会受到很大的影响。

审计报告按不同的标准分类,有不同的种类:

1. 按审计报告的内容,可分为财政、财务收支审计报告,财经法纪审计报告,经济效益审计报告,外资审计报告和审计鉴证报告等。

2. 按性质分,有标准审计报告和非标准审计报告两种。

3. 按使用月的分,有公布月的审计报告和非公布月的审计报告。

4. 按详简程序分,有简式审计报告和详式审计报告。

二、审计报告的格式与写法

审计报告在长期的使用过程中形成了较为固定的格式,通常由标题、主送单位、正文、附件、落款等构成。

(一)标题

审计报告的标题一般采用公文式标题,其写法常见的有两种形式:

四项式,标题中写出审计机关、被审计单位、审计内容和文种,如《××市

审计局关于×××开发公司经济效益的审计报告》。

三项式,标题中省略审计机关,只写被审计单位、审计内容和文种,如《关于××食品厂2001年财务收支的审计报告》。这种写法适用于两种情况:一是审计报告是作为审计机关的文件发出的,文头已表明"×××审计局文件"的字样;二是将审计机关写在具名处。

(二)主送机关

它是指审计报告的受文单位,要写全称或规范的简称,如××市审计局、×××进出口公司等。

(三)正文

审计报告的正文包括导言、被审单位的基本情况、审计中查出存在的问题、处理意见和建议。

1. 导言

导言是审计报告的开头部分,一般包括以下内容:审计的依据、对象、时间、内容、范围、方式等。这部分结束往往用"现将审计情况(结果)报告如下"或"先将该厂的评估结果报告如下"等语句过渡下文。

2. 被审计单位的基本情况

它是对设计范围内的基本情况进行概要的说明或评价。一般包括被审计单位的性质、规模、经营范围、相关项目的财务经济情况及规定指标情况等,如在流通企业的利润审计中主营业务收支的情况、其他业务利润收支的情况、营业外收支的情况等。

3. 审计中查出存在的问题

查明存在问题是审计报告最重要的部分,其中主要写明查证核实了哪些问题,这些问题的性质,造成的不良影响,经济损失程度及后果等。这部分内容由于事关重要,所以在查证反映问题时一定要实事求是,慎之又慎,材料要充分,证据要确凿,引用的法律、制度等文件要准确,这样才能使审计报告更具客观性、公正性。

4. 处理意见和建议

在查明问题的基础上,引证有关法律、法规、规章和具有普遍约束力的决定、命令的条款,同时根据其问题的性质,作出具体、明确的处理意见,如调整有关账目、没收非法所得、补交税金、处以罚款等。对严重违反财经纪律,甚至触犯国家法律的人,应追究其经济责任,或建议行政部门进行处理,或建议有关司法部门审理。

在做出决定后,审计人员还可就如何帮助被审计单位从中吸取教训、提高思想认识、加强制度的管理、改进工作、提高经济效益等提出合理化建议,供被审计单位及其主管部门领导参考和决策。

（四）附件

主要是将查证出问题的证明材料,如有关凭据、账表、证据的影印件等,作为审计报告文字说明部分的补充和佐证,附在正文之后,这也是审计报告结论的依据。

（五）落款

落款要写明审计机构的名称、审计人员的姓名以及设计报告的写作日期,年、月、日必须写全。

三、审计报告的写作要求

审计报告的撰写反映了审计人员的专业胜任能力,同时又是审计人员业务素质和写作能力的综合体现。审计报告的撰写作为一项严格而细致的工作,其写作也并非一日之功,不是一蹴而就之事。一篇好的审计报告往往是审计工作者扎实的专业理论知识、丰富的工作经验、较强的逻辑思维能力、良好的沟通技巧及较高的写作水平等综合素质的体现。因此,审计报告的写作要把握好以下几点:

（一）条理要清晰

撰写审计报告中主要一点是重要事项优先,以此类推,直到报告完毕,因为高层不会关注一些小问题,或者说是风险不大的问题。在写作中要说明为了查明什么,已经抽查了多少数量或资料,经过汇总、核对与分析发现了什么问题,事情的严重性(最好能说明金额数量),此举违反了什么法规、制度及工作程序。还要有当事人及主管领导的解释,以及现在的管理与控制状况。最后是内审人员就此事所提出的管理建议。一般对某个审计发现的问题进行报告时,写作顺序为:为了审计……,抽查了……,发现……,金额数量……,违反……。当事人或主管解释……。我们建议①②③等等,这样的写作顺序显得条理比较清楚。

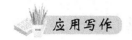

(二)表达要简明

审计报告写作时尽可能多用图表,图形或表格能把复杂的数据及文档一目了然地展示给报告的使用者,实际工作中也恰好证实了这一点。

(三)分析要详尽

审计就是以事实与数据说话,通过对发现问题的汇总与分析揭示问题,以寻找原因、界定事实。

1. 收集数据要具体

注明抽查的数量及发现问题多少件(单),汇总金额是多少等等,数据越具体,后期的分析和对比就越容易,结论就越准确。

2. 分析思路要开阔

分析思路不能局限于项目之内、公司之间,要把项目审计取得的数据放在更大的深度与广度分析。如区内数据要放到全市、全省乃至全国范围来看;市场信息与网上信息比较。通过多方多维度的对比分析,情况就会逐渐明朗。此分析方案对价格的变更等分析适用。

3. 了解原因要深入

管理层主要是针对发现的问题而采取必要的管理措施,而查找事件发生的原因是内审工作必不可少的步骤,对事情了解深入,能作出一个比较合理的原因与解释。

(四)归类要合理

同类问题统一归纳,撰写时按工作流程顺序书写。由于审计项目时间较长、审计人员较多、发现问题较多且复杂,在写作报告时容易产生以下问题:

1. 报告问题不按问题重要性或工作流程顺序

在写作审计报告时,一般是按工作流程顺序各点分类书写。

2. 报告问题没有分类,各类问题常常交差罗列,整篇文章读起来杂乱无章,无法掌握重点及类别

第一点讲资金使用中出现的问题,第二点讲工作流程的问题,第五点又讲关于资金使用中出现的问题,这样简单的罗列无法集中深入地揭示问题和剖析问题形成的原因,自然也就无法提出好的对策和建议,报告使用者也难以归纳问题的要点,不便于执行相关的管理措施。

（五）建议要可行

提出合理、可行的建议措施。通过上述步骤，内审报告已初具雏形，现在只剩下管理建议这一部分了。这一部分也很重要，如果说审计是为了发现问题，那么管理建议就是为解决问题而出谋划策，建议方案水平的高低，直接影响到管理层对问题的解决速度与决策。撰写管理建议时最常见也最忌讳的毛病就是针对性不强，分析问题部分与管理建议之间缺乏相关性，造成建议没有针对性，管理建议泛泛而论，没有明确的方案与做法，没有操作性，更不用说有效果了。如常见的有"建议加强《会计法》《合同法》的学习，提高自觉遵守国家法律法规的意识""建议进一步完善公司管理制度，加强内控管理"等等。

（六）灵活使用图表方式

书面报告主要由语句、数据和图表组成，经常涉及事项的说明、数字的比较、分析等，在进行数字的比较、分析时，如单纯用文字表达，则显得比较繁杂，如对各年度的收入、支出、预结算金额进行比较时，一些很难用叙述方式表叙清楚的数字，若能适当运用表格进行比较，则能简单、清晰、明了地看出这些数字的发展变化，图表能增加灵活性和趣味性，再配以相应的文字说明。

图表一般应放在审计报告有关内容的同一页或其前后，如果这些图表篇幅太长，对阅读审计报告的其他部分造成障碍，并可能破坏报告的整体结构，则可以将其放在附录中，同时在正文的相关位置注明图表编号。

（七）恪守独立、客观、公正的原则

编写审计报告必须站在独立、客观、公正的立场上，保持不偏不倚的独立态度，这样才能提高审计报告的可信性。独立、客观、公正立场的衡量标准是实事求是。独立是指在执行审计业务时应当在实质上和形式上独立于被审计单位，审计机构行使独立的经济监督和鉴证权，审计人员与被审计单位必须保持实质上的独立，双方毫无利害关系。客观是指在执行审计业务时必须从实际出发，在判断和处理问题时，以客观事实为依据，实事求是，不掺杂个人的主观意愿，不为委托单位或第三者的意见所左右，做到表述的意见有依有据。公正是指公平正直，不偏不倚，一分为二地看问题，不能片面地肯定一切或否定一切。

独立、客观、公正的原则是审计人员收集审计证据、作出审计意见和审计结论应遵循的基本原则,这三项原则综合、全面地反映在审计报告中。若审计人员严格遵循这三项原则,其编写的审计报告就会有说服力,就能够被审计单位接受,否则,审计报告就不具有说服力,就不能够被被审计单位接受。因此,恪守独立、客观、公正的原则是确保审计报告可信性的基本前提。

(八)用语确切,措辞适当

审计报告表达的审计结论,既关系到被审计单位的利益,又关系到会计报表使用者的正确决策,还关系到审计单位及审计工作者的声誉。因此,审计报告的行文和用语应规范化,在写作过程中必须不断地对措辞进行推敲,以求确切、适当。对一些尚未核实的问题,不能用"可能""也许""大概"等模棱两可、难以明确责任的词语;对一些已查实的问题应用肯定的语气,以示负责。审计报告中引证资料来源时,一般不能使用"据报告""据说"等词语,而应具体指明对象。对应当肯定或否定的问题,决不可用模棱两可、含有歧义的词语来表达,审计工作者在写作过程中必须不断地对措辞进行推敲,以求确切、适当。

在撰写审计报告时,认真做到以上几点,同时在审计工作中保持客观、谨慎的态度和高度的工作责任心,就能不断提高审计报告的质量,写出高水平的审计报告。

【例文】

关于对×××县罐头厂全面审计的报告

×××市审计局:

根据省市审计会议的部署精神,县审计局于20××年3月7日—15日,对本县唯一的亏损户×××县罐头厂20××年1—10月份的全部会计凭证、账表进行了全面审计。查实的主要问题和处理意见如下:

一、审计结果

该厂1—10月份经营管理情况不好,损失浪费433 862.78元,"两清"损失多报62 089.66元,不合理占用资金686 105元,漏提税款1 624.36元,做厂服挂账占用资金14 600元。在管理岗位上责任制不落实,对车间、科室签订的合同不兑现等,没有摆脱吃大锅饭的局面。

二、情况说明

1. 浪费损失严重(略)

2. "两清"时多报包装物掉库费损失(略)

3. 不合理占用资金(略)

4. 样品费用开支过多(略)

5. 漏计款税(略)

6. 做厂服占用资金(略)

7. 手续制度不健全(略)

8. 经济责任制不落实(略)

三、对该厂问题的处理意见

1. 该厂的浪费损失主要是经营管理的不善造成的,问题严重。为达到教育全县的目的,促进各行业加强经营管理,减少或避免损失,请政府批转这份报告,通报全县。

2. 建议其主管公司派专人对厂领导班子进行整顿,摆问题,查原因,落实领导责任制,端正经营思想。

3. 对"两清"损失要重新认真清理,其中多报的调库损失要做调账处理。

4. 健全资金管理管理制度,应收销货款294 807元,要逐笔落实清回;如果清不回的呆账损失,要报告主管局、财政和税务研究处理。

5. 加强基本建设的计划管理,今后要杜绝基建超支,对现在已超支的部分要提出处理意见,报主管局、财政和税务研究处理。

6. 少提税款1 624.36元,12月份补交。

7. 做厂服占用的资金,要根据县政府规定办理。

8. 严格控制样品费用,必须发出的样品要及时地反映在账面上,不能搞账外管理样品。

×××县审计局×××审计小组

审计员×××(章)

×××(章)

××××年××月 ××日

(节选自邵龙青主编《财经应用写作》,东北财大出版社2010年版)

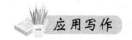

【简析】这篇审计报告格式规范,语言简洁,表述清晰。对所审计单位资金利用的基本情况介绍得具体、到位。尤其是对该厂在经济支出方面存在的八个问题的归纳一针见血,达到了反映问题的根本目的。针对以上问题,提出的九点处理意见也是非常中肯的。在审计工作中体现出客观、谨慎的态度和高度的工作责任心,因此,写出了高质量的审计报告。

第五节　涉外商函

一、涉外商贸函概说

涉外商贸函是对外经济事务中双方往来的公务函件,按其书面形式分为两种:一种是商业信函,即以书信形式传递的信息;二是商业电函,即以电文形式传递的信息。这里主要介绍商业信函。涉外商函是一种行事文体。它的知性功能有两个:一是要约、承诺、磋商,二是在公共关系领域处理关涉双方的其他事务。需要特别指出的是,涉外商函虽然是函件,但根据我国合同法和国际惯例,这种商函只要具备要约、承诺的内容,也应视同合同文本,不管双方最后是否签订书面合同,往来商函实际上可以直接起协议、合同作用,对双方当事人具有相应的法律效力。除行事功能外,涉外商函还具有很强的人际功能。在经济关系层面上,商函可以起到确认、调整、规范、处理双方经济合作伙伴关系的作用;在公共关系层面上,则可以发挥增进双方了解、沟通、信任,促进双方建立友好感情的功能。涉外商函的语篇功能也很重要,它的语篇结构要符合国际通用规范,语体要得当,篇内语境力求与对方文化语境相融合。

涉外商函名目繁多,按其功能分为礼仪函件和交易函件。前者主要包括慰问、祝贺、致谢、邀请函;后者主要包括询查、问价、报价、订货、退货、提货函和提价、降价、转账、结算、磋商函等。

涉外商函由信文、信封组成。信文包括:信头、日期、信内地址、注意事项、称呼、事由、信文正文、结尾敬语、署名、附件、抄送、附言。

二、涉外商函的格式与写法

涉外商函由信封、信内页两部分构成。具体如下:

（一）信封

因为涉外信函是寄往国外的信函,收信人的地址、姓名按对方的写作习惯位于信封正中或偏于右下,寄信人姓名、地址位于左上方。

```
CHINESE DEPARTMENT
OF LANZHOU UNIVERSITY
GAN SU CHINA


            TO:  MR. JOHN SMITH
            THE ENGLISH DEPARTMENT OF
            UNIVERSITY OF CAMBRIDGE
```

（二）信内页

内页的基本格式一般包括时间、称谓、主体、结语、署名。

涉外信函的时间一般写在最前面,然后另起一行写称谓,称谓后用冒号,另起一行写正文。一般用"期待回复""早复为盼"等结语。另起一行顶格署名。

三、涉外商函写作要领

（一）突出函件的行事功能

根据特定的写作目的,确定商函的内容。如写问价函,除询问价格外,还可询问商品的性质、规格、包装、装运、交货期、支付方式及索取样品等方面。报价函则应当包括商品的名称、品质、规格、数量、单价、交货期、付款方式等主要交易条件。

（二）强调函件的人际功能

要本着"从对方出发"的原则来写,尊重对方的立场、愿望、背景、感情,考虑对方对此信可能做出的反应等。

（三）重视函件的语篇功能

一是文本结构要规范。信封、信件要采用国际通用的格式,用电脑打印。二是语体要得当,表述要准确。但协商性内容措辞宜含蓄委婉。有时观点的表达要变换一种说法,以显得委婉谦逊。要尊重对方的文化背景和语言表达习惯。涉外中文商函可使用繁体字和适当使用文言文。

【例文】

Dear Sirs:

　　We are pleased to receive your inquiry of January and our illustrated catalog and price list giving the details you ask for. We are also sending you by separate post some samples and feel confident that when you have examined them you well agree that the goods are both excellent in quality and reasonable in price. On regular purchases in quantities of not less than five gross of individual items we would allow you a discount of 2%. Pay mint is to be made by irrevocable L/C at slight. Because of their softness and durability, our cotton bed‐sheets and pillowcases are rapidly becoming popular. And after studying our prices you will not be place your order not letter than the end of this month, we would ensure prompt shipment. We look forward to your early reply.

　　Yours sincerely.

【译文】

尊敬的先生:

　　很高兴收到你方1月10日的询价函,根据你方要求,今寄上带插图的目录及明细报价单。另邮奉一些样品,相信经查阅后,你方会认可我方产品质量上乘,价格合理。若每个货项的购买数量不少于五罗①的话,我们可以给予2%的折扣。付款是凭可撤销的即期信用证支付。由于质地柔软、耐用,我们的棉质床单和枕套备受欢迎。相信你们在研究我方价格之后,自然会感到我们难以满足市场需求的原因;而如果你方订货不迟于本月底,我方保证即期装运。

　　早复为盼。

×××谨上
二〇〇一年一月二十四日

(余国瑞 彭光芒主编《实用写作》,高等教育出版社,2003年版)

---

① 罗为外贸英语专用名词,表示数量。

【简析】这是一篇规范的用英文写成的外贸商函。该文格式正确,称谓、结语严格按照国际惯例写作。信函内容条理清晰,言之有据,不卑不亢,体现出外交辞令之特色。用语言简意赅,将本方产品的特点介绍给对方,并将商品的名称、品质、规格、数量、单价、交货期、付款方式等主要交易条件等告知对方,便于对方了解。本文尊重对方的文化背景和语言表达习惯,语体得当,表述准确。

思考与练习

一、下面这份购销合同所列条款有哪些缺陷?请你一一指出,并将它修改成完备的合同。

购销合同

供方:新兴服装厂(乙方)

代表人:马林(供销科长)

需方:蓝桥商厦(甲方)

法定代表人:李军(经理)

甲乙双方经协商,由甲方供给乙方一批港式羽绒服,质量上乘,实行"三包",价格按此类服装价格计算。交货时间,预计今年第二季度左右,乙方收货后付款。

蓝桥百货商店(盖章)　　　　　新兴服装厂(盖章)

法定代表人:马林　　　　　　　法定代表人:李军

2008年10月18日

二、根据下面提供的材料,写一份条款式合同。要求:符合规范的格式,语言准确,书写工整,标点正确。

华联超市代表王军与海派纺织品公司代表李二妹经过协商,决定由纺织品公司向超市供应下列商品:彩条毛巾,货号211,规格330克,单位

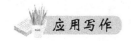

10条,数量100,单价18元,金额1800元;提花枕巾,货号2121,规格1100克,单位10条,数量50,单价42元,金额2100元;印花枕巾,货号210,规格1000克,单位10条,数量50,单价39元,金额1950元;彩条浴巾,货号2133,规格1650克,单位10条,数量50,单价53元,金额2650元。以上四个品种合计金额8500元,双方商定,四个品种按上述顺序分别在今年七、八、九、十月,每月十五日前,由纺织品公司送货到超市后街仓库交货,运费由超市承担。从收货到验收之日起三天内付款,由工商银行托收承付。双方商定,产品质量及技术标准按部颁标准执行,检验以纺织品公司自检为主,超市在货到时抽检。产品包装质量应符合统一规定的针织品包装标准,费用由纺织品公司负担。双方还商定,如果不按规定交货,延期交货一天,纺织品公司应向超市偿付延期供货部分货款总额千分之五的罚金。双方提出,根据这些内容即日签定一份合同,如有未尽事宜由双方协商解决,或另订协议附件,双方一致同意,合同签定后请本市××路工商管理所鉴定,从鉴定之日起到本年12月31日为有效期。华联超市地址是××市××路××号,电话:×××××××。海派纺织品公司公司地址是××市××路××号,电话:×××××××。开户银行:工商银行××办事处,帐号:××××××。双方在××年×月×日正式签定合同,并于×月×日由××路工商管理所进行鉴证,都盖了公章。合同共五份,正本一式两份,双方各执一份;副本三份,鉴证机关一份,分送双方主管机关各一份。

三、试分析下面这篇广告的特点。

载梦先锋　与您携手　共创辉煌
更加富裕更具乐趣的汽车社会
TOYOTA三大致力主题

　　多彩选择——不断提供丰富多彩的汽车,以满足消费者日趋多样化的需求

　　自2000年12月首款车型投产以来,目前有VIOC、COROLLA、LAND CRUISER、LAND CRUISER PRADO、YARIS L及COASTER六大车型在中国投产。作为拥有齐全商品的汽车厂商,今后TOYOTA还将继续投入CROWN等更多车型。

　　激情体验——目力营造更具乐趣的汽车社会,与您共同开辟汽车新天地。

第五章 经济文书

　　在今年9月首次引来的F1一级方程式中国锦标赛中,TOYOTA将作为一支自主开发赛车发动机和车身底盘的车队迎战。我们期待着能与在赛场及电视机旁的您共享激情。

　　舒适环境——积极开发环保及安全技术,不断开展社会公益活动,奠定富裕汽车社会的坚实基础。

　　今年TOYOTA将一如既往地致力于对混合动力系统、GOA等环保及安全领域最新颖、最尖端技术的研究和开发。

　　与您一起共创全新汽车社会、与您共享全新汽车世界。

　　TOTOTA与您共同成长。

敬请光临TOYOTA网站
http://www.toyota.com.cn
TOYOTA

四、根据下面的内容,为茅台酒厂拟写一份刊登在报上的介绍茅台酒的文字广告。

　　茅台酒产于贵州省怀仁县茅台镇茅台酒厂,已有三百年历史。因为酒质优良,风味独特,所以深受国内外消费者欢迎。1915年曾获得巴拿马国际博览会奖章和奖状。在全国第一、二届评酒会上被评为全国名酒。这种酒酿造时用曲量大、用辅料少,经过八次蒸粮蒸酒(一般白酒只经过一次蒸粮蒸酒),再入库储存三年,才准许出厂。酒度55度。产品以酱香为主体香。味醇厚,回味悠长,饮后的空杯,留香浓郁,经久不散。

要求：1.标题、正文、落款齐全。
　　　2.语言简洁明了,信息准确。

五、比较市场调查报告和一般调查报告的异同。

六、市场调查报告的前言一般要写出哪些内容？

七、应怎样拟写市场调查报告的标题？

八、结合你的专业,在精力、物力许可的范围内展开一次市场调查,将调查的结果写成报告。

九、审计报告的正文包括哪几部分,每一部分怎么写？

十、用简洁的语言概括一下审计报告的写作要求。

十一、涉外商函的信封和信内页与中国普通的信函在写作上有什么不同？

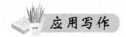

十二、涉外商函写作的要领有哪些?

十三、根据以下设定的情境,拟写三份邀请函:

太平洋(中国)股份有限公司董事长吴明之于2014年4月1日下午6时在江州市中山路47号洪鑫饭店举行商务宴会,分别邀请其客户台湾大茂集团总裁陈汉林、合作伙伴加拿大C&T公司董事长Thomas Wilson、本公司下属的环太平洋公司总经理王东生出席。

第六章

诉讼文书

第一节 概述

随着我国社会主义法制的不断健全、完善,诉讼文书已成为公民运用法律武器保护自身合法权益的常用文书。本章主要介绍起诉状、上诉状、申诉状和答辩状。

一、诉讼文书的作用

诉讼文书具有特殊的法律效力和意义。一般民用诉讼文书即诉状类文书的起诉状、上诉状、申诉状和答辩状,不能独立发挥法律效力,但可作为法律规定的依据,使当事人的法律要求进入相应的司法诉讼进程中。普通公民均可依法运用诉松文书请求司法机关裁决纷争、惩恶扬善、化解矛盾、实现权利。

二、诉讼文书特点

（一）诉讼主体和受体身份法定

如民事诉讼主体即原告必须是与本案有直接利害关系的公民;诉讼须有明确的被告受体;诉讼文书送达的须是有权利接受诉讼请求的人民法院,在法律许可的同级法院中,原告才有权利选择有利的管辖法院。

（二）写作客体事实确凿,依法循律

法律是调整现实社会各种矛盾关系的公器。法规条文,是应调整各种复杂社会关系、维护国家安全、保障公民权益的现实需求而制定的。因此,撰写诉讼文书须以被侵害的客观事实为基础,以法律为准绳。

（三）文书形式格式化,运行程序法律化

司法进程对诉状文书具有严格的程序要求,不可颠倒次序,不可互相替

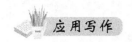

代,且文书结构定型。这既有助于诉状文书写作主体准确快捷表达诉讼要求,也有助于其接受主体及时回应,充分发挥诉讼文书应有的法律时效性。

(四)表达准确明晰,简练平实

在充分尊重事实的前提下,诉讼文书写作成效表现在写作主体的主张利益最终能否实现。因此,写作主体的言语表达能力很重要,语义准确、表达简洁、说理严谨、用语规范、风格庄重是语言表达层面上的基本要求。

第二节 起诉状

起诉是现代法治社会赋予公民理所当然的一项权利。当事人因自身合法权益受到侵害或相互之间矛盾冲突难以协商解决时,均可依法向人民法院提出诉讼,请求给予法律保护。

一、何谓起诉状

起诉,意即提起诉讼。向人民法院提起诉讼的案件当事人,称为起诉人。起诉状,是起诉阶段使用的由起诉人向人民法院提起诉讼,请求人民法院满足自己诉讼请求的诉讼文书。

根据诉讼性质和目的不同,公民向人民法院提起诉讼使用的诉讼文书有民事起诉状、行政起诉状、刑事自诉状和刑事附带民事起诉状。

二、起诉状的特点

起诉人递交给人民法院的起诉状具有法律诉讼意义,但不具备直接法律效力。起诉状主要有以下特征:

1. 先发制人,请求告诉

起诉人在起诉阶段处于主动地位,掌握诉讼主动权。起诉状是起诉人因自身权益受到损害而使用起诉状向人民法院进行控告,请求人民法院给予保护的文书,也是人民法院审查能否予以立案的先决条件。

2. 主旨鲜明,立论强烈

起诉人的诉讼请求能否得到人民法院的支持,真正实现起诉权利,关键在于诉讼请求是否合理合法。因此,在违法行为或犯罪行为客观真实的前提下,起诉人的法律诉讼请求必须鲜明突出;事理论证严密充分,论据充足,法理适切,情理通达,这样才能有效揭示违法事实和性质,表达己方法律意愿。

三、起诉状的写作

(一)民事起诉状

自20世纪80年代以来,我国每年民事案件的发案率都位居三大诉讼法之首。民事案件案由从生老病死到衣食住行,诸如婚姻、赡养、继承纠纷,到著作权、专利权、名誉权、肖像权纠纷以及计算机网络域名纠纷等等,无不呈现出特有的复杂性和多样性。

民事起诉状即公民、法人或其他组织认为自己的合法民事权益受到侵害时制作的,用于请求人民法院为维护其合法民事权益而作出裁判的诉讼文书。

1. 民事起诉状写作条件

民事诉讼写作主体即原告必须与本案有直接利害关系,有具体的诉讼请求、事实和理由,有明确的被告,并对自己提出的诉讼主张提供证据。原告只能在请求人民法院保护自己合法民事权益的法定期限内,就属于人民法院受理的民事诉讼事项而提起诉讼。

2. 民事起诉状内容和写法

(1)首部

① 标题:"民事起诉状"。

② 当事人基本情况:原告在前、被告位后,分别介绍。当事人均是公民的依次写明其姓名、性别、出生年月日(年龄)、民族、籍贯、职业或工作单位、住址等项目;当事人是法人或组织的,应写明其单位全称、所在地址以及法定代表人或主要负责人姓名、职务;法定代理人代为诉讼的,其基本情况列在原告下一行,并注明其与原告的关系;原、被告不止一人时,按主次顺序列出介绍。

(2)正文

① 诉讼请求。诉讼请求指起诉权利人请求人民法院解决民事纠纷的具体事项。诉讼请求内容较多时可分项列出。诉讼请求须合乎法律规范,表述合理合情,简明扼要。

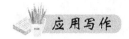

②事实与理由。这是民事起诉状的核心部分。须围绕诉讼请求客观概述案情,交待清楚案件的时间、地点、人物、事件、原因和结果。就被告人对原告造成危害的结果事实须予以详述强调,以增强说理论证力量。重要事实应随举证据。适时准确援引法律条款,以证明诉讼请求合法。

(3)表达证据

说明证据及证据来源。证据分行表述。如,书证(名称)×份;物证(名称)×件;证人姓名、住址、电话等。

(4)尾部

①写明送达人民法院名称,起诉人署名并盖章,写明起诉时间。

②附项写明按被告数量提供的起诉状副本份数;证据份数。

【例文】

民事起诉状

原告 刘××,女,××××年×月×日出生,回族,青海省××市人,××××大学学生,住××市××区××路××号。

被告 章××,男,××××年×月×日出生,汉族,××省××市人,××市丽人照相馆负责人,住××市××区××路××号。

诉讼请求

1. 判决被告停止对原告肖像权的侵害。
2. 判决被告赔偿原告精神损失费人民币××××元。
3. 判决被告支付原告照片使用费人民币××××元。
4. 判决被告承担全部诉讼费。

事实和理由

原告刘××于××××年×月×日在××市丽人照相馆拍了一张生活彩照,因该照片效果奇好,丽人照相馆为招揽生意,在未征得原告同意的情况下,擅自将原告该照片挂在其相馆橱窗内,对外展览宣传。原告刘××在得知自己照片被丽人照相馆擅自对外展览后曾于×××年×月×日上门和该照相馆负责人章××进行交涉,章××当即道歉并表示随后取下照片,但至今未兑现承诺。

原告认为,被告以营利为目的,在未通知原告、未向原告支付照片使用费的情况下,借原告照片做宣传,招揽生意,依照《中华人民共和国民法通则》第一百条的规定,被告侵犯了原告的肖像权。现原告要求被告立即停止侵害行为,并依照《中华人民共和国民法通则》第一百二十条的规定,要求被告支付原告照片使用费及赔偿其精神损失费人民币共××××元。

证据和证据来源,证人姓名和住址

①原告在现场拍摄的展览橱窗照片一张。

②证人李××,××照相馆工作人员,住××市××区××路××号。

  此致
××市××区人民法院

附:

1. 起诉状副本1份;

2. 证人姓名及其通讯地址一份;

3. 证据照片一张。

起诉人:刘××
××××年×月×日

(二)行政起诉状

现实生活中,公民、法人或者其他组织认为行政机关和行政机关工作人员的具体行政行为侵犯其合法权益,可向人民法院提起诉讼,请求人民法院对相应具体行政行为的合法性进行审查,保护自己的合法权益。行政起诉状,即公民、法人或者其他组织等行政行为相对人不服行政机关的具体行政行为,为维护自己的合法权益指控有关行政机关,向人民法院提起诉讼的文书。这是民主社会公民参与行政管理的生动表现,有助于提高行政效率,防范和惩罚行政违法,避免行政不当。

1.行政诉讼写作条件

行政起诉原告必须是作为行政相对人的公民、法人和其他组织,而不是行使国家职权的行政主体,是原告自己的权益而非他人权益被侵犯。行政诉讼原告如果死亡,其近亲属可提起诉讼。和民事诉讼不同,原告向人民法院提起行政诉讼,只能采用书面形式,不能采用口头形式。

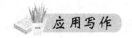

行政诉讼被告必须是一个具体的行政主体,即作出具体行政行为的行政机关或者法律、法规授权的组织。如仅有被侵害事实,而没有明确的侵害主体,起诉不能成立。侵害原告权益的是行政主体的具体行政行为,而不是其他行为。如原告申请行政机关履行保护人身权、财产权的法定职责,行政机关拒绝履行或者不予答复的;行政机关没有依法发给原告抚恤金的;行政机关违法要求原告履行义务的;行政机关侵犯原告人身权、财产权的;行政机关侵犯原告经营自主权的;行政机关限制原告人身自由的;行政机关违法强制查封、扣押、冻结原告财产的,等等。

行政起诉状写作具有特定的时效要求,写作中需注意是直接起诉,还是复议起诉,能否申请延长起诉时限。

2. 行政起诉状内容和写法

（1）首部

① 标题:"行政起诉状"。

② 当事人基本情况:原告公民的基本情况,包括姓名、性别、出生年月日、民族、籍贯、职业或工作单位、住址;被告行政机关的基本情况,包括被告机关的名称、地址;法定代表人或者负责人的姓名、职务。

（2）正文

① 诉讼请求。行政诉讼的请求内容不外乎要求撤销、部分撤销,或变更具体行政行为,强制行政机关履行具体的行政行为,或要求对具体行政行为所造成的损害给予赔偿等。起诉人请求解决的事项较多时,应分条列出。

② 事实。此部分的写作多用顺序法,概括叙述原告自己实施了什么样的行为事实,这一行为又引发被告行政机关作出什么具体行政行为。一般要描述具体行政行为,写清行政行为的经过、行为的内容以及行为的后果。若是复议后起诉的,起诉人应简述行政复议情况,包括复议机关的复议决定、复议决定对原行政行为改变的部分等。

③ 理由。理由部分是在叙述事实基础之上的一个论证过程。起诉人应首先要提出对具体行政行为的不服之处,指出行政机关的错误是行政机关依据的事实有误,还是适用法律有误,抑或是超越职权、处罚过重、显失公平等。论证时注意正确援引相关法规可有力支持诉讼请求。

（3）表达证据

说明证据及证据来源。证据分行表述。如书证(名称)×份;物证(名称)×件;证人姓名、住址、电话等。

(4) 尾部

① 写明致送人民法院名称,起诉人署名或盖章,写明起诉时间。

② 附项写明起诉状副本份数及证据份数。

【例文】

行政起诉状

原告:张××,男,35岁,福建省屏南县人,福建省屏南县城关镇城关村医生,住福建省屏南县城南路溪坪××号,联系电话:×××××××。

被告:福建省屏南县卫生局。

法定代表人:刘××,局长,联系电话:×××××××。

诉讼请求

1. 请求屏南县人民法院撤销被告屏卫医罚字[××××]××号《行政处罚决定书》。

2. 被告承担全部诉讼费用

事实和理由

原告于××××年×月×日收到被告屏卫医罚字[××××]××号行政处罚决定书,称原告"未办理合格有效的《医疗机构执业许可证》擅自开展诊疗活动",而对原告作出责令停止执业活动和罚款人民币5000元的行政处罚。原告认为被告做出该行政处罚所依据事实不清,适用法律错误,遂于××××年×月×日向宁德市卫生局提出行政复议请求。宁德市卫生局于××××年×月×日向原告送达了《行政复议决定书》,维持被告屏卫医罚字[××××]××号《行政处罚决定书》的具体行政行为。原告不服被告行政处罚决定和宁德市卫生局行政复议结果,事实和理由如下:

一、被告作出被诉具体行政行为所依据的事实不清

被告做出屏卫医罚字[××××]××号《行政处罚决定书》所依据的事实是原告"未办理合格有效的《医疗机构执业许可证》",而真实情况是,原告于××××年申领并获得了宁德市卫生局签发的闽宁地卫个医照字第3026号《宁德地区医疗机构执业许可证》,且其后每年都按照规定进行校验,为原告所在村的村民提供合乎法律规定和医学标准的初级卫生保健服务长达十四年。原

告是符合《医疗机构管理条例》和《福建省医疗机构管理条例》的合法医疗机构……

二、被告适用法律规定错误

首先,原告现在的实际状况绝非被告所说"未办理合格有效的《医疗机构执业许可证》",而是没有《医疗机构执业许可证》的正本。被告适用《医疗机构管理条例》第24条是错误的。

其次,被告混淆了作为医疗机构的原告和作为执业医师的张××的法律关系中的主体地位,混淆了法律法规对医疗机构和执业医师的资格要求,错误地适用法律法规,导致对原告做出错误的行政处罚决定。

……

综上所述,被告对原告的《行政处罚决定书》所依事实不清,适用法律错误,严重损害了原告的合法权益。特请求人民法院根据行政诉讼法第五十四条第二款的规定撤销被告的被诉具体行政行为。

证据和证据来源,证人姓名和住址

1. 原告的《医疗机构执业许可证》复印件1份。
2. 《宁德地区医疗机构执业许可证》个体医生执业资格证1份。
4. 宁德市卫生局《行政复议决定书》1份。

此致
福建省屏南县人民法院

附:1. 本诉状副本一份。
　　2. 证据材料6份。

起诉人:张××
××××年×月×日

(三)刑事自诉状

现代国家的刑事追诉制度分为两类。一种是国家垄断,即刑事案件全部由国家检察机关提起公诉,不允许私人自诉,以美国、日本、法国等为代表;另一种是公诉兼自诉制,即大部分的刑事案件都要由检察机关代表国家提起公诉,对部分案件国家不主动干预,允许公民个人提起自诉,包括英国、德国、俄罗斯、中国在内的大多数国家都采取这种方式,自诉的范围主要限于一些轻罪案件。自诉案件属于告诉才处理的案件,当事人可以自己决定是否起诉,如起诉即属于自诉案件。自诉须提交刑事自诉案件起诉状,即自诉状。

1. 刑事自诉状写作条件

刑事自诉须由自诉人起诉;有明确的被告人、具体的诉讼请求和能证明被告人犯罪事实的证据;应向有管辖权的人民法院提出。刑事自诉状写作事项内容涉及侮辱、诽谤案,暴力干涉婚姻自由案,虐待案,侵占案等。刑事自诉亦有时效。刑事诉讼中超过了法律规定的"追诉时效"时间,自诉人就丧失了请求保护的权利。

2. 刑事自诉状写作

(1)首部

① 标题:刑事自诉状。

② 当事人基本情况:先写自诉人,后写被告人。依次写明姓名、性别、出生年月日、民族、出生地、文化程度、职业或者工作单位和职务、住址等;被告人出生年月日确实不详的,可写其年龄;如自诉人有法定代理人的,应紧接自诉人另起一行写明法定代理人基本情况;自诉人和被告人为二人以上的按受伤害程度列出,重前轻后,分别写明情况。

(2)正文

① 案由和诉讼请求。刑事案件的案由是对案件性质的说明,即控告被告人的罪名。所以,案由要准确、简明,按我国法律规定的罪名写,如伤害罪、侮辱罪等。诉讼请求是自诉人依照被告人对自身权益的侵害事实,请求法院追究被告人的刑事责任,要求赔偿损失的主张和要求。因此,诉讼请求要简明清楚,如需赔偿,要写明请求赔偿的具体事项和赔偿的数额。

② 起诉事实和理由。这是刑事诉状的主体部分,要充分地详细地摆事实、讲道理,把关键性情况和有力的证据摆出来。如起诉人与被告人之间的关系,被告人侵权犯罪行为的具体事实、行为时间、地点、动机、目的、方式、手段、情节和结果等,并对照有关法律条款,对被告人行为的性质和罪名加以分析论证。如侵犯人为多人,可按顺序列写。

③ 表达证据。说明证据及证据来源。证据分行表述。如书证(名称)×份;物证(名称)×件;证人姓名、住址、电话等。

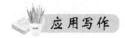

(3) 尾部

① 写明送达人民法院名称,自诉人署名并盖章,写明起诉时间。

② 附项分别写明本诉状副本×份;证据×份。

【例文】

刑事自诉状

自诉人 章××,男,××××年×月×日出生,汉,住北京市朝阳区东三环北路××号,电话:××××××××

被告人 高××,男,××××年×月×日出生,汉,住广州市白云区同和镇东平广花园×栋东梯×××室,工作单位××市《信息时报》采访部。电话:××××××××

诉讼请求

被告人犯诬告诽谤罪,请求北京市朝阳区人民法院依法追究其刑事责任。

事实与理由

××××年×月,自诉人与被告人同在《南方都市报》任记者。被告人高××在社会上以记者之名玩弄女性,并以欺骗手段同时与其中两名河南女子陈××和李××长期同居,使陈为其生下一子,李为其生下一子一女。××××年×月和××××年×月,事情暴露后,被告人高××因道德败坏被报社开除。××××年×月,自诉人作为政法记者,获悉河南光山法院判决被告人与陈××解除非法同居关系后,遂对其进行了电话采访和大量调查工作,以记者的身份对被告人触犯《婚姻法》、违反国家计划生育政策的行为进行了客观、公正地报道。其中××年×月,知音系列等打工杂志予以转载。后××年×月×日《工人日报》头版头条亦登载自诉人的文章"只能眼睁睁看着负心郎逍遥法外——一位弱女子的艰难认诉之路";××年×月×日《深圳法制报》又相继登载了自诉人"无良记者包二奶"的文章,并先后被数十家中央、省级刊物转载。因此,被告人对自诉人进行了长达两年的疯狂人身攻击和大肆诬蔑。

××××年×月,被告获知自诉人在北京鲁迅文学院(地址朝阳区八里庄南里27号)进修的消息后,以署名信方式,向国家安全部、公安部及北京市有关部门诬陷自诉人"身藏炸药枪支,即将于国庆节前夕搞恐怖活动、搜集情报提供给境外反华势力……",致使国家有关部门成立专案组深入鲁迅文学院和自诉人家乡湖北黄石市委、市文联等有关部门多次调查。并在自诉人家乡政法部门工作人员的陪同下,曾于××××年×月×日前后,三次亲临自诉人的出生地湖北省大冶市大箕铺镇石应高村进行调查,使自诉人父母及全家人的生活蒙上阴影,家父几次气得昏倒在地,并诱发了严重的心脏病(××××年×月,经北京协和医院检查后诊断为心脏病);调查也使自诉人堂弟在××年×月报名参军后各项体检均合格的情况下,因为政审时"有关部门正在调查章××的事"而被取消应征资格;有关部门的多次调查,导致村人对自诉人全家误会频频,议论纷纷,在四邻乡里造成极为恶劣的影响。

…………

在被告长达两年的诬告陷害中,自诉人作为一名新闻工作者,一名政治过硬的复员军人,屡屡遭人误解,不断接受有关部门的调查,数次失去正当的工作机会,往来于南北取证,经济上负债累累,心力交瘁,精神恍惚。自诉人全家也因此而蒙上可怕的阴影,老父气得患心脏病,老母亲终日以泪洗面,弟妹常遭人非议。

在此,请求人民法院根据《中华人民共和国刑法》第243条关于诬告陷害罪的规定,并根据《中华人民共和国刑事诉讼法》第170条和第171条的规定,对被告人的行为进行审判,维护自诉人的合法权益。

证据和证据来源

1. 被告人写给工人日报社的诬告信复印件四份。
2. 被告人写给人民日报社和京华时报社的诬告信复印件一份。

…………

　　此致
北京市朝阳区人民法院

　　　附:1. 本诉状复印件一份。
　　　　2. 证据材料12份。

自诉人:章××
××××年×月×日

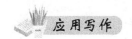

（四）刑事附带民事起诉状

在刑事自诉中，自诉人在提起刑事诉讼的同时，提出附带民事赔偿要求的，可以将刑事自诉状与刑事附带民事起诉状合并使用，称为"刑事附带民事自诉状"。

刑事附带民事起诉状写作要求与前大同小异，不再具体介绍。注意标题为"刑事附带民事起诉状"。讼诉请求部分要体现刑事兼民事的特点写明被告人犯罪行为所触犯的罪名，请求人民法院依法追究被告人的刑事责任；写明请求法院依法判决被告人赔偿附带民事诉讼原告人医疗费等经济损失的具体项目和数额。

（五）反诉与反诉状

反诉，即反起诉，是民事案件和刑事自诉案件中的一种特殊诉讼活动。在民事诉讼或刑事自诉开始后，民事被告或刑事被告人反过来对自诉人或原告提出诉讼请求，法律上称为反诉。反诉是一种独立的诉讼。反诉因出现在本诉之后，才被称为反诉。提起反诉后，原来的诉讼就称为"本诉"。这种既有本诉又有反诉的案件，称为互诉案件。人民法院对互诉案件中的本诉和反诉实行合并审理。法律对反诉有特殊的规定。例如，反诉应在法庭辩论终结前提出；在民事二审程序中，人民法院对提出的反诉请求只进行调解，而不予判决。反诉实际上也是一种起诉。同一案件的本诉和反诉，分别代表了原告的控诉请求和被告的控诉请求，它们是两场诉讼。原告撤回本诉，不影响人民法院对反诉的审理，反之亦然。人民法院对反诉的审理在程序上与本诉是相同的。

被告（人）提起反诉，需要向人民法院递交反诉状。由于反诉仅限于民事案件和刑事自诉案件，所以反诉状有两种形式，即刑事反诉状和民事反诉状。反诉状实际上就是被告（人）递交的起诉状，写作与起诉状相似，此处不赘。

第三节　上诉状

我国人民法院审理案件实行两审终审制。两审终审制，是指一个案件经过一审法院审理并作出裁判后，当事人如不服，在法定期限内，有权提起上诉,原一审法院的上一级法院依法对案件作第二次审理。经过两级人民法院的两次审理之后,案件即告终结。第二审法院作出的判决或裁定一经送达,立即发生法律效力。在两审终审制中,当事人提起上诉,是二审的必要前提。提起上诉是法律赋予当事人的诉讼权利。我国三大诉讼法都明确规定,当事人不服地方各级人民法院的一审裁判,可以依法要求上一级人民法院对案件重新审判,这种行为即提起上诉。如果不上诉或逾期上诉,当事人就必须履行一审法院作出的裁判。

上诉是诉讼的继续。第二审人民法院根据刑事上诉,依法对第一审裁判的事实和适用法律进行全面审查,然后根据不同情况分别处理。这有助于及时纠正一审法院审判中的错误,维护民事或刑事或行政诉讼当事人的合法权益,也有利于防止冤假错案的发生。

上诉状是上诉人要求上级人民法院确认自己的权利,变更原审人民法院的裁判,通过变更裁判,以达到维护自己权利的诉讼文书。上诉状可以通过第一审人民法院转送提出,也可以直接向第二审人民法院递交。上诉状是二审法院对案件进行重新审查的依据。按照诉讼的性质不同,上诉状可以分为民事上诉状、刑事上诉状和行政上诉状。

(一)上诉状写作条件

上诉是当事人依法享有的权利。合法的上诉人是指依法享有上诉权的原第一审案件的当事人,即有权提起上诉可作为上诉人的必须是在第一审案件中具有实体权利或义务的原告或被告,包括双方当事人、共同诉讼人、诉讼代表人和直接承担一审裁判中实体权利义务的第三人。法律规定之外的人员无权上诉,无权使用上诉状。上诉状必须在法定期限内递交。对地方各级人民法院的裁判不服,必须向其上一级人民法院提起上诉。最高人民法院的裁判和第二审人民法院的裁判,不得上诉。

(二)上诉状的内容和写法

1. 首部

(1)标题。根据案件性质分别写明——"民事上诉状""行政上诉状""刑事上诉状"。

(2)当事人基本情况。自诉案件提起上诉时依次列写上诉人、被上诉人在原审诉讼中的姓名,性别,年龄,民族,籍贯,职业或职务,工作单位或住

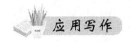

址;上诉人如有法定代理人或委托代理人的,紧接另起一行列写法定(或委托)代理人姓名、性别、年龄、民族、职业或职务、工作单位或住址,与上诉人的关系;代理人是律师的,只列写姓名、职务。

(3)案由。包括罪名、原审人民法院名称、制作时间、文书名称、编号以及上诉表示等。以民事上诉为例,具体表述如:"上诉人因××××一案,不服×××人民法院×年×月×日(年度名)××字第×号民事判决(裁定),现提起上诉。"

2. 正文

(1)上诉请求。上诉请求目的是要求撤销原审裁判,还是全部改变原审的处理决定,或是要求对原审裁判作部分变更,要明确、具体、详尽,不能含糊其词。

(2)上诉理由。为上诉状的核心部分,针对性很强。上诉的理由因案而异,但是不管哪种上诉状,所有上诉理由都必须针对一审裁判,反驳一审法院的错误之处,以论证上诉请求的正确性,使二审法院否定或部分否定一审法院的裁判,重新作出判决,维护上诉人的合法权益。可从一审法院的认定事实是否有误、适用法律方面是否恰当、审判程序是否合法几个方面多加考虑。驳论时注意要有理有据,措词得体,忌无限上纲;原审认定事实和适用法律的正确部分,在上诉状中一般无须重复叙述。上诉理由结束语,通常写:"综上所述,说明×××人民法院(或原审)所作的判决(或裁定)不当,特向你院提出上诉,请求撤销原判(或裁定),给予依法改判(或重新处理)。"

3. 尾部

(1)写明送达人民法院名称,如递交原审法院,须注明原审法院(全称)转送二审法院(全称),上诉人署名或盖章,写明上诉时间。

(2)附项写明本上诉状副本×份;证据名称及件数、证人姓名、住址等。

【例文】

民事上诉状

上诉人 任××,女,37岁,汉族,××省××市人,××省××市××公司职员,住××市××路××号。

被上诉人 史××,男,40岁,汉族,××省××县人,××省××市××工厂推销员,住××市××路××号。

上诉人因离婚一案,不服××市××区人民法院××××年×月×日(××××)民初字第×××号民事判决中的第二项判决,现提出上诉。

上诉请求

请求依法撤销××市××区人民法院(××××)民初字第××号民事判决中的第二项判决;改判婚生女孩史××(13岁)由上诉人抚养。

上诉理由

原判决说:"鉴于原告收入丰厚,有足够的经济力量培养孩子成人,因此本院认为孩子归原告抚养有利于下一代健康成长。"据此将婚生女孩史×判归被上诉人抚养。上诉人认为此项判决不当,判决理由不能成立。其理由是:第一,上诉人一直照顾孩子的生活和学习,孩子与上诉人结下了浓厚的母女情谊;而被上诉人近十年来在××工厂担任推销员,常年出差在外,对孩子生活、学习从来不主动过问,与孩子更谈不上感情交流。因此上诉人认为孩子由被上诉人抚养,不利于孩子成长,而由上诉人抚养则有益于孩子身心健康,有利于培养孩子成长。第二,上诉人经济收入也不低,完全有力量培养孩子成人。况且问题的关键不在谁有钱,而在于由谁抚养更有利于孩子健康成长。被上诉人说,他有钱可以请保姆照顾孩子,法院也认为此种说法有道理,但人情伦理上来说,保姆照顾孩子能和母亲照顾孩子相比吗?显然此种说法于情于理都说不过去。第三,孩子判归谁抚养,应考虑孩子的意见。最高人民法院1993年印发的《关于人民法院审理离婚案件处理子女抚养问题的若干具体意见》第五条规定:"父母双方对10周岁以上的未成年子女随父或随母生活发生争执的,应考虑子女的意见。"原审法院根本没有征求孩子的意见,就主观裁决孩子随父。客观事实是孩子听说随父亲生活伤心至极,多次找到本人说不愿意与父亲一起生活,愿意同我一起生活。

综上所述,说明××市××区人民法院××××年×月×日(××××)民初字第××号民事判决中的第二项判决失当,特向你院提出上诉,请求人民法院按照最高人民法院《意见》处理,考虑孩子本人意见,改判孩子归上诉人抚养。

此致

××市中级人民法院

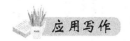

　　附：1.本上诉状副本一份。
　　　　2.××市××区人民法院(××××)民初字第××号民事判决书1份。

上诉人：任××
××××年×月×日

*注：民事、行政、刑事自诉各类案件上诉状写作格式基本相同。

第四节　申诉状

　　诉讼活动中，对发生法律效力的判决书、裁定书和调解书，当事人必须严格履行。否则，人民法院可依法强制执行。诉讼法同时又规定，具有法律效力的判决书、裁定书和调解书确有错误，诉讼当事人及其法定代理人、近亲属等，对已经发生法律效力的判决、裁定或调解不服，为维护自身的合法权益，当事人可以提起申诉，依法要求人民法院按审判监督程序重新审理（相对于审理案件的一审程序、二审程序来说，审判监督程序又称再审程序），这一法律行为即申诉。

　　当事人向人民法院提起申诉所使用的诉讼文书，统称申诉状。由于法律规定不同，诉讼案件的申诉，在刑事诉讼和行政诉讼中称为"申诉"；在民事诉讼中称为"申请再审"。相应地，提起刑事和行政申诉的司法文书称"申诉状"；提起民事申诉的司法文书称为"再审申请书"。再审申请书虽然和申诉状的名称不同，但性质相同，写法也大同小异。

　　（一）申诉状写作条件

　　申诉不同于上诉。申诉状是针对已经生效的原审裁判相对应的司法文书。也就是说，使用申诉状的前提是原审判决、裁定确有错误。当事人使用申诉状的目的，是为了启动审判监督程序，请求人民法院纠正原审裁判中的错误。这就决定了申诉人提起申诉必须有充足的理由。

　　申诉人应是民事诉讼当事人；行政诉讼当事人；刑事诉讼当事人（含当事人的近亲属、当事人的法定代理人）。

　　民事申请再审依据的对象是人民法院已经发生法律效力的判决、裁定和调解书。包括已过法定期限没有上诉的一审判决、裁定;第二审的判决、裁定;第一审、第二审的调解书;最高人民法院的一审判决、裁定。

行政申诉依据的对象是人民法院已经发生法律效力的判决、裁定:已过法定期限没有上诉的一审判决、裁定;第二审法院的判决、裁定;最高人民法院的一审判决、裁定。

刑事诉讼申诉依据的对象是人民法院已经发生法律效力的判决、裁定:已过法定期限没有上诉、抗诉的判决、裁定;第二审法院的判决、裁定;最高人民法院和高级人民法院,按照法定的职权范范围,分别核准的死刑判决;最高人民法院的一审判决、裁定。

申诉需注意时效性和受理司法机构的法定性。

(二)申诉状的写作

1. 首部

(1)标题

根据案件性质分别选用:刑事申诉状(书);民事再审申请书;行政申诉状(书)。

(2)申诉人基本情况

依次写清申诉人的姓名、性别、出生年月日、民族、籍贯(出生地)、职业或工作单位、住址;法定代理人、近亲属代为申诉的,应在申诉人基本情况的下一行列出代为申诉人的基本情况,并在姓名后用括号注明其与被代理人的关系。此处不写被申诉人。

(3)案由

写明原处理人民法院名称、处理时间、处理文件名称、编号,提出申诉意愿。如民事再审申请表述为:"申请人×××不服××人民法院×年×月×日×字第×号裁判(调解书),申请再审。"刑事申诉表述为为:"申诉人×××不服××人民法院×年×月×日字第×号裁判,提出申诉。"行政申诉表述为:"申诉人×××不服××人民法院×年×月×日字第×号行政判决(裁定),提出申诉。"

2. 正文

(1)请求事项

即申诉的具体要求,是申请人要求申诉法院解决的具体问题。不同性质的案件,申请人的请求内容各不相同,但基本要求不外乎撤销或变更原审判决或裁定。申诉请求应直接、明确。

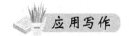

(2) 事实与理由

申诉状和上诉状都是反驳人民法院的裁判错误。但上诉状理由无论是否充分,均可引起二审程序;而申诉状有所不同,要受到人民法院严格审查,能否引起审判监督程序的发生,要看原判决在认定事实或适用法律上是否确有错误而定。因此,此部分写作要高度重视。既要指出、分析原审裁判的错误,又要提出新的证据。利用新的事实或正确的法律依据,反驳原审认定事实的错误或适用法律错误。新的证据必须确实、充分、有力。也可利用原审证据的矛盾进行反驳,分析指出原审裁判证据的可疑、矛盾、不实之处,从而证明原审在案件事实认定上有误。反驳原审适用法律错误时,应将原审适用不当的法律条文和应适用的法律条款对比分析,边驳边立,请求法院根据正确的法律条款予以重判。

3. 表达证据。如有新的证据可依次表述。

4. 尾部

(1) 写明致送人民法院名称,申诉人署名或盖章,写明申诉时间。

(2) 附项注明申诉状副本×份;附原审裁判复件×份。

【例文】

刑事申诉状

申诉人 赵××,(受害人赵××之父),男,50岁,××省××市××公司员工,住××省××市××路××号。

申诉人因李××持刀杀死赵××一案,不服××省××市中级人民法院(××××)××字第××号判决,特提出申诉,请求撤销原判,重新审理。申诉理由如下:

申诉人认为判决书对李××持刀杀人一案量刑不当。李××是故意杀人而非伤害致死。案发时,死者并未对李××造成任何威胁。当时赵××单身一人正在出诊,赤手空拳,双方亦未发生口角斗殴。所以,根本谈不上"威胁""挑衅"。反是李××持刀冲出,口称主持"正义","为民除害",一刀直刺死者心脏,致其当场死亡。李××在一无威胁,二无争执斗殴的情况下持刀杀人,可见绝非伤害致死而是故意杀人。

综上所述,判决书按照伤害致死判处李××有期徒刑7年,实属量刑不当,李××应按照故意杀人罪论处。为严惩杀人凶手,特向你院提出申诉,请求撤销原判,重新审理,公正裁决。

　　此致

××市高级人民法院

　　附:1.本申诉状副本一份。

　　　　2.××市中级人民法院(××××)××字第××号判决一份。

申诉人　赵××
××年××月××日

第五节　答辩状

　　在诉讼过程中,答辩是应诉行为。是诉讼中被诉方当事人的答复和辩驳行为,是与起诉、上诉、反诉、申诉相对应的诉讼行为。法律规定,人民法院受理起诉或上诉后,必须在五日内将起诉状或上诉状副本发送被诉人,被诉人有权在法定期限内提出答辩。答辩是法律赋予处于被动地位的案件当事人的一种权利,被诉人具有处置答辩权的自由,可答辩,也可保持沉默。答辩诉讼行为有助于保护被诉(人)的正当合法权益,有利于人民法院在全面了解案情的基础上,判明是非,作出正确的判决。

　　答辩状是被告(人)、被反诉人、被上诉人、被申请(诉)人针对起诉状、反诉状、上诉状、再审申请(诉)书的内容,在法定期限内根据事实和法律进行回答和辩驳的诉讼文书,是诉状文书中使用频率最高的文种之一。

　　根据审判程序的不同,答辩状可分为一审答辩状、二审答辩状、审判监督程序的答辩状。在不同的诉讼进程中,依据案件性质不同,答辩状又可分为民事答辩状、刑事答辩状和行政答辩状。

　　(一)答辩状写作条件

　　提交答辩状的人在答辩中统称"答辩人"。根据法律规定,在诉讼程序中,只有被告(人)或被上诉人收到由法院送达的起诉状或上诉状副本后,才能制作并提交答辩状。

　　答辩状写作具有时效性。答辩人逾期不提交答辩状的,不影响人民法院审理案件。

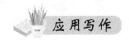

（二）答辩状的写作

答辩状的写作目的是回答、反驳对方诉状中的诉讼请求，以减免答辩人的责任，在内容指向上具有显著的辩驳性和说理性。这与起诉状、反诉状、上诉状、再审申请（诉）书的写作目的恰好针锋相对。为了维护自身的合法权益，答辩人必须针对起诉状或上诉状的指控，以事实为依据，以法律为准绳针锋相对进行回答、反驳与辩解，使对方败诉。

1. 首部

（1）标题

根据不同的诉讼程序选择相应的标题。一审：民事答辩状、刑事答辩状、行政答辩状、刑事附带民事答辩状。二审：民事上诉答辩状、刑事上诉答辩状、行政上诉答辩状等。

（2）当事人基本情况

直接列写答辩人基本情况：姓名，性别，年龄，民族，籍贯，职业或职务，单位或住址等基本情况；如答辩人系无诉讼行为能力人，应在其后写明其法定代理人的姓名、性别、出生年月日、民族、职业、工作单位和职务、住址，及与答辩人的关系；答辩人是法人或其他组织的，应写明其名称和所在地址、法定代表人（或主要负责人）的姓名和职务；如答辩人委托律师代理诉讼，应在其后写明代理律师的姓名及代理律师所在的律师事务所名称。

（3）答辩案由

主要写明对何人起诉的何案件进行答辩。民事答辩可写"因×××（原告姓名）诉我（们）××××（案由）一案，提出答辩如下"，或"答辩人因原告×××提起××××（案由）诉讼一案，现答辩如下"；刑事答辩可写"因×××（自诉人姓名）诉我××××（案由）一案，提出答辩如下"；二审答辩可写"答辩人因上诉人×××就××××（案由）一案提起上诉，提出答辩如下"。

2. 正文

（1）答辩理由。答辩状的核心是答辩理由。答辩状是应诉文书，处于被动地位，要想后发制人，彻底驳斥对方诉状中的不实之词和无理要求，维护自身的合法权益，写作要有的放矢针对原告诉讼请求运用事实依据、法律依据及有关证据边破边立。注意主次分明，忌论点不清，立论不稳，逻辑混乱。可从以下三个方面予以答辩：①就案件事实、举证进行答辩。客观案情是构成行为性质和判断是非的根据,虚假的事实必然导致错误的判断。因此,要想澄清是非,否定对方的诉讼请求,最有效的方法是指明其所谓"事实"的虚假性,并叙述说明案情真相。②就案件适用的法律条款进行答辩。法律条款是诉讼要求的法律依据。援引法律错误,或对实体法条文理解有误时,就会提出不合法要求,其相关主张必然不能成立。据此,可指出对方诉状引用法律失当或理解有误,并列举有关法律条文进行分析论证,揭示其诉讼理由与诉讼请求的不合法之处。③就案件适用的程序法进行答辩。如原告起诉或上诉违反程序法的有关规定,不具备进行诉讼的条件,则可适用程序法进行反驳。

(2)答辩主张

答辩的最终目的是旗帜鲜明提出答辩主张和意见。一般另起一段,用承接词"综上所述"引出,提出具体答辩主张和意见。答辩主张要明确具体,合情合理。民事答辩状要明确写出自己的具体请求,忌写"请求法院酌情予以处理"。行政答辩状要明确写出要求人民法院对己方具体行政行为是判决维持,还是部分撤销,或是对原告起诉不予受理,抑或表示愿意重新作出具体行政行为。刑事答辩状应针对是否承认自诉人的指控、责任的划分、愿承担损失的数额等等,予以明确表示。

二审答辩人在阐述答辩理由之后,答辩人要对上诉案件的处理提出明确意见。即请求二审法院维持一审裁判,驳回上诉。答辩人在答辩主张中不得提出变更或补充一审判决内容的要求。

3.尾部

(1)写明致送人民法院名称,答辩人署名并盖章和答辩时间。

(2)附项注明本答辩状副本×份,证据及来源。

【例文】

民事答辩状

答辩人 肖××,男,1994年出生,汉族,学生,北京市海淀区××路××号。

答辩人因原告肖×亮诉我遗产继承纠纷一案,现根据事实和法律答辩如下:

一、原告肖×亮已丧失了继承权。理由是:原告肖×亮和被告肖××之父肖×明为第一顺序继承人,但2011年肖×立被宣告死亡后,被告肖××之父与

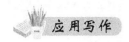

被告肖××表示继承遗产古画5幅、存款23万元、120平米房屋一套,而原告肖×亮未表示接受继承。实际该遗产已由肖×明继承,自此算起原告明知其权利受侵犯之日到2014年6月已超过两年的诉讼时效。因此原告肖×亮已丧失了继承权,请求法院驳回原告的诉讼请求。

二、被告肖××所继承的财产是父亲肖×明所应继承的财产。肖×立被宣告死亡后,肖×明已继承了肖×立的遗产古画5幅、存款23万元、120平米房屋一套,肖×明于2013年在一次车祸中死亡,被告肖××作为肖×明合法的继承人,继承了肖×明所继承的肖×立的遗产,不属于代位继承。

三、肖×立所立的两份遗嘱合法有效,对第二份遗嘱,古画二幅、存款5万元可以由肖××继承。因为被告肖××自2014年6月才得知有该份遗嘱,从其主张继承的权利至提出继承权止未超过两个月的时间。

综上所述,被告肖××认为,原告已丧失了继承权,应驳回原告的诉讼请求,而被告肖××可继承古画二幅和存款5万元。

   此致
北京市海淀区人民法院

  附:1. 本答辩状副本1份。
    2. 遗嘱复印件2份。

答辩人:肖××
2014年7月26日

一、试分析起诉状、上诉状、申诉状写作形式和内容及运行程序上有何区别。
二、张青25岁,2013年起受聘于XX乡镇幼儿园工作,从事幼教工作。张青工作一向任劳任怨,踏实肯干,连续三年被评为县级优秀幼教工作者,现有孕在身6个月,被单位以影响工作强制离岗,张青不服,欲起诉原单位,试替张青拟写一份诉状。

第六章 诉讼文书

三、根据下面的事实材料,试代赵本山和海南天涯在线网络科技有限公司分别起草一份民事起诉状和答辩书。

海南天涯在线网络科技有限公司为推广谷歌公司推出的产品"天涯问答",未经许可在网站"天涯社区"发布带有赵本山的卡通肖像的flash广告。赵本山以侵犯肖像权为由,将海南天涯在线网络科技有限公司、谷歌信息技术(中国)有限公司诉至人民法院,要求索赔。

赵本山诉称,自2009年5月起,海南天涯公司及谷歌公司为宣传其共同开发的互动问答产品"天涯问答",在未经许可的情况下,擅自在网站"天涯社区"多个页面发布带有自己卡通肖像的flash广告。赵本山认为,二公司置法律规定于不顾,未经自己同意,在网站广告中以卡通形式使用自己的肖像宣传推广其产品,严重侵犯了自己的肖像权。要求二公司承担共同侵权责任,请求判令二公司立即停止侵权,并赔礼道歉,予以经济赔偿。

庭审中,海南天涯公司辩称:一、卡通图片不是肖像,不属于我国民法肖像权的保护范围。二、公司使用卡通图片没有营利目的,没有侵犯赵本山的肖像权。使用该卡通图片是用来宣传天涯问答的"答题送话费"活动,该活动并未用来宣传任何营利产品。海南天涯公司认为,公司的行为不构成对赵本山肖像权的侵犯,赵本山的诉讼请求没有法律依据。谷歌公司辩称,涉诉图片并非赵本山的肖像,而是一个角色形象,不能等同于赵本山的肖像,赵本山不能通过主张肖像权而保护角色形象。公司的经营范围不包括经营网站,没有参与创作、制作涉案图片,也不参与涉案网站的经营。

北京市海淀区人民法院审理后认为,肖像权是自然人对自己肖像的享有利益并有权排除他人侵害的人格权利。其一,肖像是自然人面部形象的外在标识,肖像的概念强调的是自然人面部形象相较于其他自然人而具有的可识别性。本案中的卡通人物形象以其特殊识别性为特征且配上"您有才"及"咱不差钱"等赵本山在春节文艺晚会上表演的《策划》及《不差钱》两部小品节目中的经典台词作为旁白表述,使涉诉卡通形象的整体认知明确指向公众印象中的赵本山个人肖像。再则,卡通漫画属于绘画艺术的一种特定形式,同样可以作为再现肖像的造型艺术手段。只要卡通漫画所反映的是具有可识别性的自然人形象,该卡通形象就可以归属于肖像概念的范畴,成为我国肖像权法律保护的对象。涉诉卡通形象确系通过卡通漫画手段再现的赵本山肖像,赵本山系涉诉卡通形象的肖像权人。其二,《中华人民共和国民法通则》第一百条规定"公民享有肖像权,未经本人同意,不得以营利为目的使用公民的肖像"。海南天涯公司的"天涯社区"网站系营利性网站,其在开发的"天涯问答"产品中制作并使用赵本山的卡通肖像,存在利用赵本山名人效应增加网页点击率进行营利的目的,上述制作、使用的行为侵犯了赵本山的肖像权。其三,海南天涯公司作为"天涯社区"网站的所有者及经营者,在经营网络业务的过程中,自行制作赵本山的卡通形象,并向谷歌公司提供非法制作的卡通形象素材开发"天涯问答"产品,海南天涯公司的行为具有过错,其行为构成对赵本山肖像权的直接侵犯,属于直接侵权行为人,应当承担因此产生的侵权民事责任。谷歌公司作为网页制作的技术提供者,依照与网站所有者的约定提供网页技术支持,其提供技术支持的行为并无过错,网页内容的合法性应由网站所有者或经营者负责,故谷歌公司不承担连带侵权民事责任。其四,我国民法通则规定,停止侵害、赔礼道歉、赔偿损失系承担民事责任的几种主要方式之一,以上承担民事责任的方式,可以单独适用,也可以合并适用。肖像权虽属于人格权范畴,但肖像的商品化使用使其亦具有一定财产权利的属性,故对侵犯肖像权的经济赔偿亦应予以综合考虑。本案中,赵本山要求海南天涯公司承担停止侵害、赔礼道歉、赔偿经济损失几种方式的民事责任于法有据,理由正当。

最后,法院一审判决海南天涯在线公司在天涯社区网站主页上持续登载致歉声明三十日,向原告赵本山赔礼道歉,并向赵本山赔偿经济损失12万元。

第七章

科技文书

第一节 概述

人类科技发展史就是一部科技写作发展史。科技写作水平是科技工作人员科研能力的综合表现。

一、科技写作的特点

科技写作是写作主体运用各种创造性思维，准确、严谨、全面地表述科技认识成果的过程。特点如下：

（一）科学性和专业性

科学是求真之学。科技写作主要围绕自然科学和技术信息而写，有其特定的写作受体，专业性强，必须具有一定的创新性和先进性。科技写作不容许任何虚构和想象，不可掺杂个人好恶，不能充塞陈旧过时的内容。即使是科学假说，也是从已知的科学理论和客观事实中推测出来的。

（二）时效性和预测性

科学技术是第一生产力。科技成果及时推广到生产实践，才会真正体现科技的力量，促进人类社会的发展。科技研究成果及时公之于世，也是对科技写作主体科研水平的认可和褒奖。所以，科技写作也很注重时效性，理论上带有一定的前瞻性。

（三）规范性和多样性

为了便于收集存储、处理加工、检索利用、交流和传播科技信息，各个国家一般都为科技写作提供规范化标准。如我国 GB7713-87《科学技术报告、学位论文和学术论文的编写格式》和 GB/T7714-2005《文后参考文献著录规则》，就是对科技文体的编写格式和文后参考文献著录格式进行规范的。科技写作语言特殊，写作中除了用文字符号描述外，还常运用"科技辅助语"，

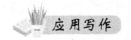

表达简便明确,承载信息能力强,很多时候比用自然语言表达更容易被专业人士理解。

二、科技写作的作用

科技写作是科技工作中相当重要的一部分,贯穿于科技工作的整个过程。古往今来,科技写作都是科技交流的基础,今天人类科技之所以如此繁荣昌盛不能不归功于科技写作。

科技写作可传承科技知识,推进社会文明进程。科技是社会发展的第一生产力。科技写作作为科学研究的成果和信息的书面存储活动,具有继承性、延续性和发展性的特点,是人类智慧的传承。没有这些科技写作文献,我们就不可能有现代文明,人类将永远滞留在蒙昧时代。因此,科技写作成果是人类社会的宝贵财富。

科技写作可交流科技信息,促进科技进步发展。科技写作是科研写作主体通过对自己研究工作的不断梳理,最终将自己的创造性思维成果系统化、书面化、社会化的一种活动。科技史上的许多重大发明、发现、改革都是从科技写作和交流开始的。得益于科技写作成果的存储、传递,我们才可以立足科研现状,了解科技历史,迈向科技未来。

三、科技写作的要求

从事科技写作首先应具备一种科学精神和态度。任何研究都始于问题,问题来源于科技写作主体的理性怀疑。科学研究就是对问题真相和事物发展变化客观规律的不断探讨、反复实验、艰辛论证,来不得半点弄虚作假。写作须注意以下几点:

(一)中心明确,重点突出

科技写作应充分体现写作主体的研究观点和成果,这是科技文体的写作灵魂。科技写作中主体要明确自己究竟想说明什么、解决什么问题,再围绕中心问题在已有的研究工作基础上,梳理写作材料,精心选择,合理安排,严密论证。避免出现材料丰富面面俱到却中心模糊,或虽有创新但论据不足,论证乏力。

(二)章节有序,层次清楚

科技写作应精细周密,要自始至终围绕中心展开论述。根据论述中心的需要,详略取舍,依理成章,层次分明,首尾贯通,以显结论的科学性。复杂问题论述时应逐一分解,分章节分层次展开。避免贪大求全枝蔓丛生,生搬硬套强行论证。

（三）格式统一,形式规范

随着科学技术的飞速发展,科技写作要求也越来越严格。科技文体写作格式的统一化、规范化、标准化是一种世界潮流,有利于更快、更经济、更有效地获取、传播、利用科技信息。写作主体须自觉遵守这些规则。

（四）语言平实,表达精确

科技写作的目的在于迅速准确表达写作主体的科技研究成果,让特定的写作受体关注其内容的先进性、科学性,获取文本所传递的科技信息。写作精确性程度愈高,相应的其承载的信息的科学性程度也就愈高。因此,语言必须具有有鲜明的逻辑性、条理性和确定性,以清晰明快、简洁准确表现研究客体对象的本质特征。

第二节 科技论文

一、科技论文的含义

科技论文是运用概念、判断、推理、证明或反驳等逻辑思维手段来分析、表达自然科学理论和技术研究成果的集科学性、创新性、实用性为一体的一类议论说理性文章。科技论文是进行科学技术交流的主要载体,是获得科技信息、促进科学技术发展的重要途径。

科技论文杜绝"伪科学"。科学研究必须真实客观,研究成果经得起实践重复检验,表述应公允严谨。有无创造性是考量科技研究工作的重要指标。新发现、新发明、新见解、新流程、新方法、新技术、新改进、新效益等等,永远是科技工作者孜孜以求的研究目标,也是一篇科技论文写作效应的最高体现。

二、科技论文的类型

科技论文形式多样,可以从不同的角度对科技论文进行分类。

（一）根据写作目的不同，科技论文可分为两大类

1. 学术论文

学术论文是对某一学术课题在实验性、理论性或观测性上具有的新的研究成果、新的发现或创新见解的科学记录，或是某种已知原理应用实践后所取得新进展的科学总结。

2. 学位论文

学位论文是表明写作主体科学研究成果或新见解的、作为提出申请授予相应学位时评审用的论文。分为学士论文、硕士论文、博士论文。

（二）根据科研方法的不同，学术论文又可分为三大类

1. 实验型学术论文

实验型学术论文是以实验本身为研究对象，或以实验作为主要研究手段而得出科研成果后所撰写的学术论文。实验型论文所反映的研究工作，通常是有目的地研究、设计、计算、改善实验装置或实验过程，或是为了研制新产品、改善旧产品而围绕产品的性能、工艺条件等问题进行研究，其研究手段主要是进行实验。因此，论文以记述实验装置、实验手段、实验过程和实验结果为主，着重表现其创造性成果。一些对实验和实验结果进行较为深入的分析、讨论，以求上升到理性认识层面的实验型论文也近似于理论型学术论文。

2. 观测型学术论文

观测型学术论文所表达的科研成果是通过对研究对象反复细致的观察、测量而有所发现的科技成果。科研工作者要在观测实践中有所发现，不管是有目的的发现还是"偶然"地发现，研究者都必须独具慧眼，具有相应的知识储备和科学敏感性，才可在观测实践中捕捉每一个新发现。

3. 理论型学术论文

理论型学术论文所表达的科研成果，主要是通过理论证明、数学分析而获得的。这种论文可以不涉及实验，或实验和观测最终是作为理论推导的根据和论证论点的论据出现的，仍可视为理论型论文。理论型论文可分为理论推导性论文和理论分析性论文。前者主要是提出新的假设，通过数学推导、逻辑推理，得到新的理论，如定理、法则、公式等。后者主要是对新的原理、模型、材料、工艺、结构等进行理论分析。

三、科技论文的写作

科技论文作为创造性科学技术研究工作成果的科学论述,是理论性、实验性或观察性新知识的科学记录,是已知原理应用于实际中取得新进展、新成功的科学总结,其写作和表达也应遵循科学的安排和方法。

我国的科学技术报告、学位论文和学术论文的编写格式(GB7713-87)规定科技论文分为四大部分:前置部分,主体部分,附录部分和结尾部分。结合大学生撰写科技论文的实际需求,以下择要介绍。

科技论文的写作主要解决两个问题,一个是"写什么",一个是"怎么写"。

(一) 选题

选题即确定课题或论题。选题本身就是一件科学研究工作。这是科技工作者研究工作的出发点,解决"写什么"的问题,是整个研究工作中具有战略意义的首要环节,也是科研论文写作成败的关键。在科学研究工作中,提出一个问题往往比解决一个问题重要。提出一个新问题,往往意味着研究的新方向,新的可能性,新的领域和方法,而这些都需要创造性的想象力和敏锐的科学眼光。只有选题具有学术理论或实践应用价值,科技论文写作才会取得良好的社会效果。否则,文字表述再精彩也没有价值。

1. 选题的原则

(1)创新性

一篇有价值的论文要能够满足新的社会实践需要,产生新的实际应用效果,或揭示尚未被发现、认知的客观规律。为此,选题时要敢于开拓新的研究领域和提出新见解,敢于创新改进。

(2)实用性

科技写作的时效性最终要求选题应满足人们某种实践技能性、操作性需要。因此,选题面向生产实际、工作实践就是选题价值的最佳体现。

2. 如何选题

论文不可盲目选题。动笔前要审慎考虑选题的客观需要、价值大小、有无创新。首先要阅读、了解、掌握大量相关科技文献资料信息,综观全局,了解学科发展动态。这样既可避免选择为专业人士所熟知或者早已普遍推广应用的课题,还可避免论题过大难以驾驭。科技论文选题宜小不宜大,选择

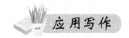

小一点的论题,抓住其要点,深入本质和核心,多角度多层次去探究,有理有据阐明自己的新观点、新见解、新主张。其次,选题应符合自己专业特点。科研课题的内容、大小及难易程度要适合自身专业特点。当选自己熟悉且体会较深的研究问题。技术操作经验丰富能力强的,考虑选择解决技术性的课题;基础理论比较厚实且善于研究的,可考虑选择理论研究的课题。最后注意应该实事求是,量力而行。尤其对大学生而言,不要好高骛远,贪大贪深,勉强去做一个自己无力胜任的课题,或者自己毫无基础和准备的选题,往往华而不实,更谈不上有所创新,这样的写作必然是失败的。

选题可考虑以下几点:

(1) 选择热点、难点问题

通过搜集和阅读大量文献资料,了解本专业最近一段时间正在和将要开展的热点、难点技术问题,掌握、跟踪其最新研究动态。弄清课题研究的历史、现状和发展趋势,已经解决、待解决或正在解决的问题,进展的程度如何,争议的问题以及争议的焦点和症结,研究的薄弱环节及尚待开拓的领域。针对这些内容,在实践的基础上开拓思路,阐述新观点、新做法。

(2) 选择新的研究角度

对于一些并不时新的技术或系统,可以独辟蹊径,选择一个新的角度,用新的方法、途径加以研究、深化。可考虑在方案的设计、工具的选择、具体工艺技术和检测手段的选择、理论依据及结果的分析与解释等研究环节上,提出新的思路、新的理论观点,阐述新的做法。

(3) 填补空白

在继承前人研究成果基础上发展、完善与创新。在自己熟知的专业领域中寻找被人忽视的空白点,领先一步进行探究;或者选择一些大家都认可并已经广泛使用的实用技术进行研究,以解决实际工作中的问题为目的,针对在应用中出现的新问题进行分析研究,提出解决措施和应用注意事项等。

总之,选题是科技论文写作很关键的一个环节。只有遵循选题原则,掌握选题方法,善于观察,勤于积累,才能选到一个新颖实用的课题。

(二) 搜集材料,拟写提纲

选定论题以后,就要围绕选题大量搜集相关写作客体材料。材料可以是来自科技战线第一线的技术材料,也可以是写作主体的实验材料,也可以是检索文献得到的二手材料。总之,必须大量占有写作客体材料,掌握相关学术动态,这样才能有的放矢,去粗取精,充分表现自己的学术观点。搜集材料的过程实际上也就是调查研究、思考钻研、形成论点的过程,论文提纲往往会随之自然呈现。

在整理写作材料基础上拟写提纲,实际上就是寻求论文最佳组织、表达方式的思维过程,可以帮助写作主体从全局着眼,搭建全篇论文的基本骨架,明确层次和重点,合理安排论文结构,确定最佳表达方案。

对于初学科技写作的大学生而言,正式写作之前拟写提纲非常有必要。可以帮助我们树立全局观念,从整体出发,考虑每一个所用材料是否为全局所必需及在主体陈述论证中的地位、作用,每部分所占的篇幅与不同材料之间的关系、比例是否和谐恰当,相互间逻辑联系是否严密。提纲既是写作的依据,又是修改的标准,能让写作主体行文有所依循,避免跑题和结构层次混乱、失衡等毛病。因此,大学生撰写科技论文应养成拟写提纲的好习惯。

提纲有粗细之分。常采用标题式、提要式、段落式三种方式,可依写作习惯和论文的性质、篇幅而定,但不宜过于粗略。拟制提纲应着重处理好以下三方面问题:

1. 立论方面

明确要确立什么样的基本论点,采用哪种方式立论,从哪个角度提出问题,在中心论点以下拟设几个分论点以至小论点。

2. 选材方面

拟选用哪些材料作为论据,宜特别列出那些准确可靠、新鲜生动、精当典型能充分表现主要观点的材料。

3. 谋篇布局方面

明确如何开头、结尾,设置哪几个部分,每部分如何分担写作任务,何处提领、分述,层次和段落如何安排,上下如何衔接,前后怎样呼应。

(三) 撰写论文

一篇完整的科技论文应包括标题、摘要、关键词、论文主体、参考文献、署名。

1. 标题

科技论文标题,应以最简明的词语恰如其分反映论文中最重要的内容。论文题名也是目录、索引等二次文献的重要著录内容,题名是否准确、

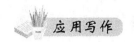

具体、简明而传神,将直接影响到该论文能否作为二次文献进行编制,能否迅速传播。因此,科技论文题名的拟定要字斟句酌,不可疏忽。题名除含有必要的信息,还应简短精练,字数不宜过多,一般不超过20个汉字。题名中避免使用非通用的缩略词、字母、代号和公式等。如用于国际交流还应有外文题名,外文题名不宜超过10个实词。

科技论文标题最忌过泛过大,如单一标题难以尽意,可采用主副题形式,以副标题名补充说明。题名过长时,为清晰醒目起见,也可把主题中的一部分内容抽出来作为副题名呈现。

2. 摘要

撰写好正文之后,要对全文进行高度浓缩,用简练的语言陈述论文的主要内容,展示写作主体的研究成果,这就是摘要。摘要写作是写作主体对选题研究结束后的最后梳理,也是计算机学术文献检索的依据之一。摘要具有独立性和自明性,即也是一篇完整的短文,可以独立使用,其内容包含与论文同等量的主要信息,便于他人决定有无必要阅读全文,也可供文摘等二次文献采用。

(1) 摘要的要素

科技论文摘要包括目的、方法、结果、结论四要素。不属于研究、研制、调查的主要目的,但就其见识和情报价值而言是重要信息的内容也应写入摘要中。

(2) 摘要的类型

科技论文摘要大致分为三种类型:

① 报道性摘要。指一次文献的主题范围及内容梗概的简明摘要。一般反映科技论文的目的、方法及主要结果与结论,以有限的字数向读者提供论文中全部创新内容和尽可能多的定性或定量信息,充分反映该研究的创新之处。学术性论文多采用此类摘要。篇幅300字左右为宜。

② 指示性摘要。指一次文献的论题及取得的成果的性质和水平的摘要,其目的是使读者对该研究的主要内容有一个框架性的了解。创新内容较少的论文,其摘要可写成指示性摘要,一般适用于学术期刊的简报、问题讨论等栏目及技术性期刊等,篇幅100字左右为宜。

③ 报道—指示性摘要。介于上述两者之间,以报道性摘要的形式表述一次文献中信息价值较高的部分,而以指示性摘要的形式表述其余部分。

篇幅200字左右为宜。

在学术期刊上发表的论文,多选用报道性摘要。内容一般包括研究工作的目的、方法、结果和结论,方法、结果和结论要详写,研究目的根据具体情况可略写或不写。

摘要的位置,在单行本的论文报告中,可以用另页置于题名页之后,学术论文的摘要置于题名之下正文之上。如遇特殊需要,字数可以略多。比如为了评审,或参加学术会议,可按要求写成变异本式的摘要,不受字数规定的限制。

(3) 写作要求

摘要写作应遵循有关规范。我国《文摘编写规则》(GB/T 6447-1986)和《科学技术报告、学位论文和学术论文的编写格式》(GB/T 7713-1987)对摘要的编写作了若干规定。具体写作注意以下问题:

①表述简明。不得简单重复题名中已有的信息和在本学科领域已成为常识的内容。所用专业术语和技术名词应具有通用性。所涉及的物理量必须采用法定符号和计量单位。不宜出现图表和复杂的数学公式、化学结构式等,也不宜采用正文中图、表、公式和参考文献的序号。

②要素齐全。科技论文摘要应包含研究的目的、方法、结果和结论。

③内容准确。必须忠实表达原文的核心内容,保持原文的基本信息,准确无误地传达论文的主旨,与论文内容对应、相称,不可出现论文未涉及的信息,或丢失论文的重要内容。忌用"据估计""可能"等不确定性的表述。

④语言平实客观。摘要多以一个主题中心句开始,不分段,一般使用第三人称,多采用"对……进行了研究""报告了……现状""进行了……调查"等表述方式标明一次文献的性质和文献主题,不对论文内容作解释和评论,尤其是不对论文进行拔高的自我评价。

⑤突出创新。摘要应紧扣主题,应将论文中原创的新观点、新论据、新方法、新结论等最具新意的部分凸现出来,但不要旁征博引进行解释或说明,不要出现与论文主题无关的一般性叙述和综述内容。

3. 关键词

关键词是为了便于文献标引工作而从论文中选取出来的用以表示全文主题内容和信息款目的单词或术语,是论文信息的高度概括和集中反映,所以关键词要准确。一般选3~8个,以显著字符另起一行,顶格排在摘要的左

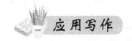

下方。我国现在正在使用的《汉语主题词表》是1980年6月由中国科学技术情报研究所和北京图书馆联合编制的,共三卷十五章,收入规范词汇十万余条。如有可能,尽量选用《汉语主题词表》中提供的规范词。另外为了国际交流方便,应标注相应的英文关键词。

4. 论文主体

科技论文主体主要包括引言、正文、结论。

(1) 引言

引言一般简要说明研究工作的目的、范围、相关领域里前人的工作和知识空白、理论基础、研究设想、研究方法和实验设计、预期结果和意义等。引言不可与摘要雷同,或成为摘要的注释,一般教科书中有的知识在引言中不必赘述。引言都比较简短,但学位论文为了反映写作主体科研水平和能力。要求在"引言"中作"文献综述"时例外。

引言部分一般可考虑写以下几方面内容:为什么写这篇论文;要解决什么问题;论文的研究范围;与课题相关的历史回顾和现在国内外情况的横向比较;研究的理论基础、方法、设想和预期结果等等,以引起科技写作受体的重视和注意。

引言与摘要不同,目的在于引导全文且为正文奠定写作基础。论文类型不同,引言写法也不尽相同。实验型论文往往以历史显示研究的必要,然后自然引出正文内容。观测型论文的引言与实验型论文的引言相似,不过对于一些在必然中"偶然"有所发现的观测型论文,引言可只交待一下发现的时间、地点、环境以及标本情况等。理论型论文的引言,多以提出问题并为正文奠定必要的基础为主要目的,除了要表明研究、撰写的缘由之外,还要注重阐明研究的理论基础,或先阐明论文中的概念、定义和定理,研究开始所作的某种假设,研究的设想等,表达形式比较灵活。

(2) 正文

正文是用论据证明论点、表述科研成果的核心部分,占主要篇幅。由于研究工作涉及的学科、选题、研究方法、工作进程、结果表达方式等差异很大,正文内容不能作统一规定,但是,都必须客观真实、准确完备、层次分明,简练可读。

实验型论文的正文一般包括实验材料、实验方法、实验结果、讨论几部分。如实验是对实验设备、实验方法或工艺过程的创新或改进,那么实验设备、实验方法、过程和结果等内容就是论文的核心,必须详细、清楚地阐述和予以描绘,要用实验事实来表述、证明在哪方面,在何处,有什么创新,有什么意义等等;如要通过实验所观察到的现象和测试出的数据等来论证主题,则重点放在实验过程与实验结果上,以实验事实作为论据进行论证。整理出来的有关数据、图表要实事求是,真实可靠,让人信服;如是对实验结果进行深入分析讨论的,行文时实验方法和实验过程常作概括说明,给出必要信息显示实验有重复可能性即可,写作重点放在实验结果和对实验结果的深入讨论上。如几项实验结果相对独立,内容各异,则要逐项讨论,写作时可把实验"结果"与"讨论"放在一起,作为"结果与讨论"或"结果与分析"呈现。

观测型论文的正文部分主要应突出材料与方法、观测结果和讨论,重在采用文字叙述、描写,以及数字、图表、图片等表达手段,把观测到的事物的形象和外部结构或内部结构等客观、具体、清晰地描述出来。材料与方法部分,应把为深入细致观察目的物所作的准备、所用仪器、设备等一一交代清楚,便于他人重复验证;观察结果部分,对观察到的事物应作详尽描述,最好能配以相应的实物照片或实体图;讨论部分应确切地指出通过观察所得到的新的发现是什么,存在形式怎样,有什么作用、意义等。

理论型论文的正文部分相对比较灵活,但同样得有鲜明的论点,充足的论据和有力的论证。论文结构多以逻辑顺序安排,或是着力阐明形成论点的基本概念间的关系,进行合理的判断,再由一个或几个判断得出新的判断,最后证明论点的正确性,或是进行数理公式的推导运算,获得新的结论,再用实验去验证。

正文部分可以采用不同的方法安排结构层次。可以按照"时序式"——事物发展在时间上的先后为序安排层次;或者按照"位序式"——客观事物在空间上的依次位置为序安排层次;或者按照"递进式"——围绕中心,由表及里,由此及彼,层层深入,逐步得出结论的方式安排层次;或者按照"并列式"——将客观事物分成若干平行并列部分,围绕中心,分别论述的方式安排层次;或者以"总分式"——先提出总论点,再论证若干分论点的方式安排层次。

(3) 结论

学术论文一般在正文的后面要有结论,结论是科研成果的最终的总结性说明,结论不是实验结果的简单重复,不是正文部分各小标题(或小结)的叠加,而是根据正文部分的全部研究材料,经过科学研究推导所得到的总的观点。写作时可考虑指出对研究对象进行考察或实验后的结果揭示出什么原理及原理的普遍性,或者指出本研究有无发现例外,或指出本论文还存在哪些难以解释和解决的问题,或者指出本研究与先前已经发表过的(包括他人和写作主体自己)研究工作的异同,或指出本论文在理论上、实践上有何意义与价值,或提出本课题进一步深入研究和解决遗留问题的办法、意见、设想和建议等。

5. 参考文献

参考文献是为了节约篇幅和叙述方便,提供在论文中提及但没有展开的有关内容的详尽文本,是反映论文科学依据的一个必要组成部分,是科技写作主体表达尊重他人研究成果的方式,也是向读者提供论文相关引用资料的出处,表达研究相关性程度、推进科学研究的一种方式。被列入的论文参考文献应该只限于写作主体亲自阅读过和论文中引用过,且属于正式出版的或其他有关档案资料,包括专利等文献资料。

6. 署名

署名是科技论文的必要组成部分。科技论文的写作主体指的是在论文主题内容的构思、具体研究工作的执行及撰稿执笔等方面的全部或局部作出主要贡献的、能够对论文的主要内容负责答辩的人员。署名是著作权拥有的声明,也是表示文责自负的庄严承诺,应写全名,一般用真实姓名,并附简介资料,方便相关人员之间互相联系。

*注:按要求编写英文标题和摘要、关键词、作者署名及简介资料。

【例文】

基于MATLAB的磁饱和式可控电抗器的
仿真模型参数及过渡时间分析

摘要:建模仿真方法和过渡时间计算是磁饱和式可控电抗器研究中值得关注的2个重要问题。根据磁饱和式可控电抗器的饱和特性,通过对小斜率磁化特性的分析,找到了电抗器额定容量、额定电压、自耦比和绕组电阻之间的定量关系,明确了基于MATLAB的磁饱和式可控电抗器仿真模型参数的设置方法。通过对小斜率磁化特性的分段线性化,把从空载到满载的过渡过程分为直流磁链随时间线性增加和控制电流根据线性RL电路充电规律变化这两个过程,得到了比较准确的过渡时间计算公式。实例仿真结果说明所提分析方法简捷有效。

关键词:电抗器;可控电抗器;磁饱和;仿真;过渡时间;MATLAB

【简析】这是在《电力自动化设备》(2013.6)发表的一篇论文,摘要227字,属于报道性摘要。内容涉及研究工作的目的、方法、结果和结论。

论文正文内容分为五部分:引言;1.等效电路及参数计算;2.仿真模型的建立及举例;3.过渡时间计算;4.结论。正文后附有参考文献、作者简介、英文标题及摘要。

四、毕业设计

(一)毕业设计说明书

1.毕业设计说明书的含义

毕业设计说明书,指的是高等学校工程技术学科(简称工科)各专业的大学生、研究生全面运用所学专业的基础理论、专门知识和基本技能所作出的解决工程技术方面实际问题的,用来阐释、论证工程技术设计过程、任务、要求及其成果的说明性书面材料。

毕业设计是工科各专业大学生、研究生完成全部学业的必修科目之一。撰写毕业设计说明书是学生接受工程师工作基本训练的最后一个教学环节,目的是使学生获得工程师的基本训练,学习熟悉工程设计的全过程,树立正确的设计思想,了解有关工程设计的方针、政策,学会编制技术资料,掌握设计程序及方法和技能,掌握毕业设计说明书的写作规范和基本要求,学习独立进行设计和撰写设计说明书的本领。

毕业设计说明书是毕业设计成果的书面反映,相当于高等学校文、理科或一般性学科各专业的学位(毕业)论文,也是授予相应学位的重要依据。

2.毕业设计和毕业设计说明书的类型

毕业设计,按照设计的对象可分为工程设计、单体设备设计和零部件设计三大类,后两类合称为产品设计。工程类设计则可分为新建、改建和扩建工程项目设计;按设计对象的独立性,毕业设计则可分为主体设计和配套设计两大类;按毕业设计选题的情况,则可分为假拟题目、实际课题和两者相结合三种;按写作主体的不同,毕业设计说明书可分为专科生的毕业设计说明书(不授予学位)、本科生的毕业设计说明书(相当于学士学位论文)、硕士生的毕业设计说明书(相当于硕士学位论文)和博士生的毕业设计说明书(相当于博士学位论文)四种。

3. 毕业设计说明书的写作

(1) 选题

这是毕业设计和能否写好毕业设计说明书的关键。毕业设计说明书的选题一般有四种方式:导师给定课题、自选题、引导性命题、命题与自选题相结合。选题注意符合培养目标,一般不要超出所学专业的范围,从主客观条件出发,大小合适,难易适度,尽可能与今后从事的工作相结合,有利于日后专业工作的顺利开展。

(2) 毕业实习

毕业设计任务书下达后,搜集有关资料,紧密配合设计课题进行实习,加深感性认识,为毕业设计说明书的编写打好基础。

(3) 毕业设计说明书一般由前导、主体、附录和结尾四部分组成

前导部分包括:封一、封二、扉页、题名、目录、摘要、前言(总说)。

前言(总说)部分应对毕业设计的内容作全面的说明。一般包括设计题目及任务的简要介绍;本设计的指导思想及特点;本设计方案的先进性以及设计中采用的新技术、新工艺;本设计在国家建设中的意义及实施后的经济效益等。

主体部分主要包括技术部分、经济部分和参考文献。技术部分是毕业设计的核心部分。因专业不同差异很大,各有侧重。写作注意层次分明,表述简洁,数据、事例客观准确。毕业设计还应有经济意识,注意经济效益。包括本设计全部投资总额,本设计的主要技术经济指标,建设效果分析和评价的有关基础资料等,这部分内容一般只作粗略概算。最后注明参考文献。

设计说明书是一种技术性文件,应严谨、细致、科学。在具体写作中注意以下几点:① 资料可靠。对收集到的资料要进行梳理、分析、鉴别,不然会导致决策错误,影响设计质量。② 数据准确无误。计算所采用的公式,应有科学根据,所得数据应反复验算、校核,确保精准。③ 图表要规范,尽量选用标准型号,图表内容和文字说明应一致。④ 详略得当,重点突出。设计中独到的地方应突出说明。

凡对设计内容有用、又不便写入正文的一些数据,要用表格形式列出,连同某些附图及有关的资料等附录于说明书后。

后记是毕业设计说明书末尾(多在封三前)的短文,用来说明写作目的、经过或补充个别内容。后记中常有致谢的内容,注意需确定你要感谢的组织、人员同意你的这种致谢形式。

第三节 科技报告

一、科技报告的含义

科学技术报告,是描述科学技术的结果或进展情况,或是记录技术研制试验的评价和结果,或是对某项科学技术问题的现状和发展进行论述的书面材料。

科学技术报告是用来呈送科学技术工作主管机构或科学基金会等组织或研究主持人员的,所以要提供系统的充足的科技信息,以便有关人员准确判断和评价,及时对报告的结论和建议提出修正意见。

科技报告和科技论文都是用来描述科研过程、反映科研成果的书面材料,二者写作过程、方法、规范和要求大体相同,区别在于:

1. 科技报告目的在于向主管机构、同行和其他有关方面告知科研工作的进展和所取得的成果;科技论文则是以阐述学术观点、主张和独创性见解为目的。

2. 科技报告内容广泛、全面,既可反映科研成果,又可反映科研工作的进展、过程,还可反映科研工作存在的问题,或反映科研失败的原因;科技论文内容单一、专而深,要求集中反映创造性的科研成果。

3. 科技报告可以采用灵活自由的方式,以最快的速度及时将科研情况和阶段性成果通报各有关方面;科技论文一般都是在整个科研工作结束后,取得最终成果时才动笔。同一研究课题往往是先写科技报告,后写科技论文。

4. 表述方式上,科技报告注重描述、说明;科技论文则注重论证、推理。

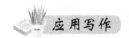

二、科技报告的类型

1. 按时间顺序,可分为初级报告、进度报告、终结报告。

2. 按保密程度,可分为绝密报告、秘密报告、解密报告和非密(公开)报告。

3. 按具体的内容,可分为科研开题报告、科研进展报告、科技成果报告、科技实验报告、技术经济分析报告、技术专题报告、科学考察报告、科技政策研究报告、可行性研究报告等。

4. 按取得科技成果的方式可分为研制报告、考察报告、调查报告、实验报告。

三、实验报告

（一）实验报告的含义

"实验"是科学研究的重要方法手段之一。实验报告则是根据实验的全部过程和结果所写成的总结性书面报告。

（二）实验报告的类型

实验报告因实验种类不同而各异。比如根据实验性质不同有定性实验和定量实验之别。根据实验方式不同,有对比实验、析因实验、模型实验、数学模拟实验等区别。根据实验作用不同,可分为课堂实验和科学研究实验,不同的实验类型有其相应的实验报告。

科学研究实验有别于课堂实验,是科学研究人员用来探索未知科学领域、探索自然奥秘、检验科学真理的手段,是人类发现科学真理的基础。课堂实验是用来检验某种已知的研究结果、科技产品的性能及功用、规格是否达到预定指标,是对预测的检验。内容上基本都是重复前人已做过的实验,所以,科技信息保存价值不大。而科学研究实验报告则是写作主体从事某项新的科学研究,自己设计、创造的全新实验,或是对前人实验的修正,或是利用前人实验原理作出了更高更精准的测量,或是用新的实验方法验证了已有的结果,学术价值是课堂实验报告不能相比的。

（三）实验报告的写作

实验报告一般包括:标题、写作主体姓名及其单位、摘要及关键词、引言、实验原理、实验装置和实验方式、实验结果、讨论、结论和致谢、参考文献等内容。以下择要简介。

1. 引言

这是实验报告的开头。应言简意赅交代做的是什么实验,实验的目的、作用和意义是什么,该工作发展的历史背景及存在问题是什么,本实验要达到什么预期结果或目标等内容。注意写作内容不要与摘要雷同,不要成为摘要的注释。

2. 实验原理

这部分视情况不同可以省略。以下两种情况不可省略:(1)实验装置自行设计、实验内容新颖。(2)实验条件复杂,他人难以掌握。写作时可扼要介绍实验涉及的重要概念,重要的定理、定律、公式及由此而推算的重要结果等内容。

3. 实验装置及方法

这是实验报告的重要部分。对于一般的或是常用的实验方法,大家熟知的实验装置内容可以省略。但是,对于那些较重要、较特殊的实验装置,或者自行制作的实验装置,自己设计的新的实验方法,则应作详细介绍说明。

写作时此部分可考虑以下内容:实验所使用装置的原理、结构、型号及性能;自行设计制造的设备;实验条件及对实验的具体要求;特殊的实验方法和实验过程。必要时,还应附上实验原理图、流程图及表格等。写作时应客观忠实再现实验方法和结果,不带任何主观偏见描述报道。

4. 实验结果

这是实验报告的主体之一,也是科技写作受体最关心、最感兴趣的部分。写作时应把相关实验数据整理、加工成图例或表格的形式有序排列,按照问题的性质分门别类突出表现,并作出必要的说明。实验结果必须具备可验证性,因此,此部分的写作表达必须准确可靠,具有确证性,尽量使用专业术语客观真实描述实验结果,引用数据真实无误,数字、公式的记法和处理符合规定,图表制作规范清晰,不夸大、缩小、杜撰实验结果。

5. 讨论

视具体情况此部分可与实验结果合并,也可省略。讨论内容可考虑影响实验的根本原因是什么,提高实验精度的措施有哪些,扩大实验结果的途径是什么,实验时观察到哪些现象,得出了哪些规律,如何解释这些规律,说明实验结果与已知结果或理论推算结果对比的情况,测量的误差及误差分析等。

6. 结论

实验报告的结论是对实验结果的高度概括,应准确、完整、明白、简练。也可在结论部分提出一些建议、设想、仪器设备的改进意见及尚待解决的问题。结论写作是一项严肃的事情,必须有严格的科学态度,不能有半点含糊和虚假。

四、考察报告

(一)考察报告的含义

考察是一种研究手段。考察报告指在实地(或现场)运用观察、勘测、挖掘、采集等方式,对未知的科学领域不加干预或轻微加以干预进行探索,并对在探索中取得的大量材料进行研究、整理、总结之后所写成的书面材料,是直接经验的总结材料。

考察报告可以促进人类对未知的新的知识领域的开拓和发展,具有一定的学术价值。有些考察报告的内容可能学术价值并不大,但对于发展本国或本地区的科学技术事业和国民经济有利。

(二)考察报告的类型

根据考察形式不同,考察报告可分为科技情况考察报告、科技会议考察报告和科学研究考察报告三种。

(三)考察报告的写作

考察报告写作之前,应围绕考察目的和任务做深入细致的实地观察、考查,充分获取考察材料,这是写好考察报告的前提。

考察报告内容分为前置部分、报告主体、附录、结尾、封三和封底。

1. 前置部分

(1)封面一。提供应有的信息,包括:

①分类号。在左上角注明分类号,便于信息交换和处理。一般应注明《中国图书资料类法》的类号,同时应尽可能注明《国际十进分类法UDC》的类号。

②本单位编号。一般标注在右上角。

③如为密级报告,按国家规定的保密条例,在右上角注明密级。

④题名和副题名或分册题名。卷、分册、篇的序号和名称,版本如草案、初稿、修订版等。

⑤责任者姓名。必要时可注明个人责任者的职务、职称、学位、所在单位名称及地址;如责任者系单位、团体或小组,应写明全称和地址。

⑥工作完成日期包括报告提交日期,出版部门收到日期(必要时)。

⑦出版项。出版地及出版者名称,出版年、月、日(必要时)。

(2) 封面二。报告的封二可标注送发方式,包括免费赠送或价购,以及送发单位和个人;版权规定;其他应注明事项。

(3) 题名页。题名页是对报告、论文进行著录的依据(具体要求可参看科技论文),还应包括单位名称和地址,在封面上未列出的责任者职务、职称、学位、单位名称和地址,参加部分工作的合作写作主体姓名。题名页置于封二和衬页之后,另页起。报告如分装两册以上,每一分册均应各有其题名页。在题名页上注明分册名称和序号。下列情况可以添加副题名:题名语意未尽,用副题名补充说明报告论文中的特定内容;报告分册出版,或是一系列工作分为几篇报道,或是分阶段的研究结果,可用不同副题名区别其特定内容;其他有必要用副题名作为引申或说明者。注意题名在整本报告不同地方出现时,应完全相同,但眉题可以节略。

(4) 变异本。报告体除正式的全文正本以外,可有某种变异本,如节本、摘录本、为送请评审用的详细摘要本、为摘取所需内容的改写本等。变异本的封面上必须标明"节本、摘录本或改写本"字样。

(5) 序或前言。此部分并非必需。报告的序一般是写作主体或他人对报告基本特征的简介,如说明研究工作缘起、背景、它旨、目的、意义、编写体例,以及资助、支持、协作经过等;也可以评述和对相关问题研究阐发。这些内容也可视情况在正文引言中加以说明。

(6) 摘要。摘要是对报告的内容不加注释和评论的简短陈述。为了国际交流,还应有外文(多用英文)摘要。摘要一般应说明研究工作目的、实验方法、结果和最终结论等,重点是结果和结论(写作要求可参考论文摘要写作要求)。报告的摘要可另页置于题名页之后。

(7) 关键词。为了便于文献标引工作,应从报告中选取3—8个表示全

文主要内容信息款目的单词或术语。

(8) 目次页。长篇报告可以有目次页,短文无需目次页。目次页由报告的篇、章、条、附录、题录等序号、名称和页码组成,另页排在序之后。报告分卷编制时,每一分卷均应有全部报告内容的目次页。

(9) 插图和附表清单。报告中图表较多时,可以分别列出清单置于目次页之后,并注明序号、图(表)题和页码。

(10) 符号、标志、缩略词、首字母缩写、计量单位、名词、术语等的注释说明汇集表,应置于图表清单之后。

2. 报告主体

科技报告的主体部分比较自由灵活,写作不必囿于固定的模式。主体部分的编写一般由引言(或绪论)开始,以结论或讨论作结,须另页起。以考察报告为例来说,正文主要包括前言、概述和考察细目三部分,多侧重于直观叙述所看到的科学技术事实,不必过于注重论证说理。

前言部分简明、概括地交代考察目的、对象、时间、地点和人员组成、考察概况、考察结果、总的评价等。

概述部分主要交代考察的基本情况(可以和前言合并)。考虑到此类报告的写作受体可能是上级领导及管理人员,所以应通俗易懂综合介绍考察的内容及收获,提供新情况、新线索、新方法、新动向,其中对考察课题的国内外情况的比较和考察对本地区、对本部门、本单位的重大意义等要写清楚。

考察细目部分是考察报告的主体部分。写作要简约明晰、详尽透彻。主要介绍考察方法和过程、考察结果和分析两方面的内容,详细叙述对哪些部门或哪些方面进行过考察,考察的现象和事实及其意义。可按问题性质分类叙述,亦可按考察时间的先后叙述。

结论部分主要对考察的结果及其意义进行评价,视情况不同可以省略。如考察结果有分歧或结论不明确时,也可用讨论的方式提出来。

*注:按规定列出参考文献表。正文结束后可致谢。

3. 附录

附录是报告主体的补充项目,并非必需。附录与正文连续编页码,每一附录均另页起。为了整篇报告材料的完整,下列内容可作为附录编写,也可另编成册：

(1) 如编入正文有损编排的条理和逻辑性，但包含比正文更为详尽的研究方法和更深入的技术信息，或是建议可以阅读的参考文献题录，以及对了解正文内容有用的补充信息等。

(2) 由于篇幅过大或取材于复制品而不便于编入正文的材料。

(3) 不便于编入正文的罕见珍贵资料。

(4) 对一般写作受体阅读价值不大，但对相关专业人员有参考价值的资料。

(5) 某些重要的原始数据、数学推导、计算程序、框图、结构图、注释、统计表、计算机打印输出件等。

4. 结尾

为了将报告、论文迅速存储入电子计算机，必要时可以提供有关的输入数据。如可以编排分类索引、著者索引、关键词索引等。

5. 封三和封底(包括版权页)。

【例文】

《网络环境下基本教育模式的研究》课题开题报告

各位领导，各位专家，老师们：

我校《在网络环境下基本教育模式的研究》课题，是我市电化教育现代教育技术"十五"专项科研课题。经领导批准，今天开题，我代表课题研究组，将本课题的有关情况向各位领导、专家和老师们汇报如下：

一、本课题选题的依据

在现代素质教育的形势下，建设为素质教育服务的、现代化的、功能完善的教育教学资源系统，拓展学生自主学习的空间，发展学生的多种能力，特别是创新能力，已经成为中学教育必须研究的课题。

现代信息技术特别是计算机网络技术的飞速发展，使我们的教育模式产生了质的飞跃，网络化教育将成为信息时代的重要标志和组成部分。探索、研究并构建适宜于在计算机网络环境下的教育教学模式，是教育界亟待解决的课题，也是我们责无旁贷的使命。在网络教育时代，不仅需要有先进科学的教学手段、高效互动的教学方式，更需要有丰富实用的教学资源、完

备的教学体系。在网络化教育的大环境下,教师应该成为网络教育的主导力量。而目前,我们的教师对信息技术、网络教育尚不熟悉,利用网络组织实施教学尚有距离,尤其是建立"在网络环境下的教育教学新模式"还有待起步,基于此,我们提出了本课题的研究。

二、本课题研究的条件

开展本课题研究具有以下有利条件:

背景条件:国家教育部大力推进信息技术教育,虚拟学校、远程教育等应运而生;重庆市教委大力普及信息技术教育,通过评选信息技术示范校加大力度;渝中区率先建立局域网,并通过已经实施了三年的"双创课题"研究,使教师的教学理念有了极大改观;随着课改的进一步深入,现代技术特别是信息技术在教育教学中得到了广泛的应用。

基础条件:我校通过一年多的艰苦奋斗,信息技术无论在硬件上,还是软件上,都打下了坚实的基础。

硬件上:我校建成了以光纤为网络骨干,采用千兆高速以太网,集视频教学、监控、信息服务、学校管理于一体的校园网络,实现了"班班通";全校所有的教室都安装了数字投影机、实物展示台、100英寸电动玻珠屏幕、多功能讲台、监控摄像机、29英寸电视机,上课教师人手一台笔记本电脑。

软件上:我校初步建成了具有求精特色的"教育信息资源库",包括《k12学科资源库》、《数字图书馆》(近两万册电子书籍)、《信息技术与课程整合》电子期刊等大型教育数据库、试题库、资料库,涵盖国情教育、心理咨询、青春期教育、健康教育、艺术教育、升学指南、教育法规等教育信息库,能充分满足现代教育管理和一线教学的需要。

人员上:我校成立了信息技术中心,配备了专业人员,无论从理论上,还是实践上,都有相当造诣。信息技术中心,对全校教职员工进行了信息技术素质修养和实际操作的培训,全校教职员工基本掌握信息技术教育,能满足在网络环境下进行教育教学的需要。

三、本课题研究要解决的问题

1. 观念问题:有了好的硬件环境,如果观念不更新,只是"换汤不换药",那就失去了研究价值。本课题必须着力解决教师教育观念更新的问题。

2. 理论问题:目前网络教育缺乏科学、系统的教育理论做指导,本课题应在实践中创造性地应用现有的理论,不断探索、总结、归纳、概括,形成适用于网络教育的理念、原则、策略。

3. 技术问题：信息技术，顾名思义，技术性是很强的。如何使教师技术精湛，使精湛技术与优质教育紧密结合，培养适应知识经济时代需要的人才，是一个值得认真探讨的问题。本课题希望在这方面能作出一点贡献。

4. 实践问题：网络是一个新环境，如何在这个平台上，创造出符合自己实际的教育教学模式，需要从实践中不断总结，不切实际地模仿别人，拷贝别人，是不可取的。本课题倡导教师努力进行实践。

四、本课题研究的目标、内容和创新之处

1. 本课题研究的目标：建立一个基于网络平台的符合当代教育理念、具有现代教育特色、综合教育效益很高的新型教育教学模式。

2. 本课题研究的内容

(1) 21世纪的教师的角色定位问题

①在网络环境中教师应该采用什么样的教育教学模式实施教学。

②在网络环境中，教师应该采取什么样的再教育模式接受终身教育以保持新鲜活力，促成教学可持续发展。

③适应现代教育的新趋势——网络教育，对教师素质到底有哪些新的要求。

(2) 21世纪的学生的学习问题

①在网络环境中，如何变更传统学习模式，建立新的学习方式。

②在网络环境中，如何学会学习。

③在网络环境中，如何培养创新精神和创新能力。

(3) 21世纪的学校问题

①如何进行资源库结构的建设。

②如何强化教师和学生的网络意识。

③如何合理地充分地使用资源库，实现新的教育教学目标。

3. 本课题研究的创新之处

(1) 选题富有挑战性。本选题基于信息化大发展，传统教育与新型教育大更替的阶段，具有承上启下的作用。

(2) 大胆打破传统的教学模式。本课题研究以全新的教育教学理念为指导，采用生动活泼的网络课堂教学与丰富多彩的课外教育相结合的形式进行教学实践。

（3）手段先进。利用校园网络和个人主页资料，给学生提供一个充分自主的学习空间和积极思维的素材，强化培养学生的"自我"意识和"问题"意识。

五、本课题的前期准备工作(略)

六、本课题的研究方法

本课题研究方法的理论基础是建构主义理论、多元智力论、现代教育学、现代心理学和科学研究方法论等。

本课题的主要研究方法为文献索引法、行动研究法。以网络技术、人工智能、多媒体技术为基础的信息技术作为研究手段，采用观察、问卷调查、经验总结、实验、对比分析等方法和手段进行研究。

七、本课题预期研究成果

1. 课题研究报告

2. 论文、案例、教案精编

3. 专著：《扣开未来之门——在网络环境下的教育模式研究》

八、本课题研究进度计划(略)

九、本课题组成员(略)

各位领导，各位专家，老师们，本课题研究得到了我校领导的高度重视，在人力、物力和经费上都给予了大力支持和充分保障，我们课题组全体成员有信心、有决心完成本课题的研究任务。谢谢。

开题报告，即在研究课题方向确定之后，课题负责人在调查研究的基础上撰写的报请上级批准的选题计划。包括大学生在完成文献前期调研后写成的关于学位论文选题与如何实施的论述性报告。学位论文开题报告是研究工作的出发点，对研究工作起定位作用。其写作目的是请老师及专家审核、确认自己所选课题有无研究价值、研究方法是否奏效、论证逻辑是否严谨等，并作出进一步研究指导。

思考与练习

一、比较分析下列学术论文标题是否规范。

1. 对铁路运输生产规模与运输安全投入的关系分析
2. 对铁路运输生产规模与运输安全投入关系的分析
3. 对于铁路运输生产规模与运输安全投入的关系的分析
4. 对于铁路运输生产规模与运输安全投入关系的研究
5. 关于铁路运输生产规模与运输安全投入关系的分析
6. 铁路运输生产规模与运输安全投入关系的分析
7. 铁路运输生产规模与运输安全投入的分析
8. 中国高铁:像风一样飞奔
9. 中国半导体产业政策研究
10. 培养学生自主学习能力,提高课堂教学效率
11. 论我国对外文化贸易的发展对策
12. 诗歌与形象
13. 谈三种亲历式新闻报道写作的异同
14. 中国革命历史研究
15. 90后大学生就业观分析

二、评析下列科技写作现象。

标题:铁路运输生产规模首应加强运输安全

摘要:适应运输对象对运输量和运输安全的需求,应保证一定的铁路运输生产规模和运输安全投入。文章论述了两者的概念和内容以及它们在数量和时间上的关系。

引言:铁路运输业的发展史也是一部运输安全史。从第一台机车牵引车辆在钢轨上运行,到通信信号、行车组织规章、各种机构的设立、设施设备技术参数的规定,均为提高运输效率和安全性。铁路运输实际上是把运输对象按委托人的要求,及时、安全、完好地运送到目的地。此目标的实现取决于铁路运输生产能否达到要求承担的运输量和能否顺利实现运输安全,二者反映在运输生产规模与运输安全投入上。在一定的运输生产规模下,运输安全投入的减少会降低安全保障程度,影响运输

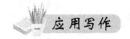

企业的经济效益和社会效果；为提高运输安全保障程度，也不能做无限制的安全投入。在运输生产规模与运输安全投入之间存在某种关系，两者相互促进，也相互制约。

三、在国家权威期刊上选取一篇专业论文，分析其写作要素和特点。

四、谈谈你对下面有关科技写作的言论的理解。

1. 能提出像样的问题，不是一件容易的事，却是一件很重要的事。说它不容易，是因为提问题本身就需要研究；一个不研究某一行道的人，不可能提出某一行道的问题。也正因为要经过一个研究过程才能提出一个像样的问题，所以我们也可以说，问题提得像样了，这篇论文的内容和价值也就很有几分了。这就是选题的重要性之所在。

2. 科技论文写作只要做到"持之有故，言之成理"就足够了。持之有故即科技写作要有事实、理论依据，言之成理即要做到条理清楚，观点明确。

3. 科学研究有三个阶段，首先是开拓，其次是完成，第三是发表。

第八章

新闻报道类文书

第一节 概述

新闻事业历史悠久,源远流长。大众传播事业迅猛发展是信息时代到来的重要标志之一。新闻文体是大众传播的主要表现形式,是人类社会实践发展的产物。

一、新闻的作用

新闻是对现实世界新近发生的、能引起人兴趣、有意义、有价值、真实可靠的新鲜事实的报道和传播,其内在本质是新近发生的事实,外在表现形式是一类特殊实用文体。亦是时下传统报刊媒介和网络、广播、电视电子媒介经常使用的新闻体裁。

(一)传递信息,记录历史

新闻事业是人类社会文明进步的标志。人类历史进程中的任何重大事件,都能通过新闻媒体资料得以记录、说明、保存和品评。今天信息时代格局下,人与人之间的交往、沟通更是离不开新闻。人们早已习惯通过各种新闻文体观天下大事,察人生百态,知柴米油盐衣食住行。

(二)促进文明,和谐社会

新闻歌颂真善美,鞭挞假恶丑,引导教育群众,推动社会历史的文明进程。作为社会公器,统治阶级的意志可以通过新闻表达,人民群众的心声也可以通过新闻媒体来反映。新闻报道常常就可以激发让人难以想象的社会凝聚力,显示出的巨大的社会推动力量。

(三)舆论宣传,社会导向

新闻媒体大众化的社会属性,使其有着无可比拟的强大的宣传功能。

历史上任何政党、国家,对舆论宣传都高度重视,把新闻作为政治宣传的强有力的工具和武器,且加以重点保护,严格控制。

二、新闻文体的类型

新闻文体是一类特殊的实用文体,随着近现代新闻事业的蓬勃发展,新的传播形式、手段、媒介和社会生活的日益复杂化,新闻报道的形式也越来越多,新的新闻文体不断涌现。目前对新闻文体的分类仍是众说纷纭,大致分为以下几类:

1. 根据新闻文体结构特点分为:基本常规文体,包括消息、通讯、评论;边缘性、交叉性文体,包括报告文学、深度报道、预见性报道、趋势性报道、解释性报道等。

2. 根据新闻文体的主要表达方式分为:报道类新闻文体,包括消息、通讯、调查报告;新闻评论类,包括社论、评论员文章、编者按等。

3. 根据新闻文体内容分为:政法新闻、经济新闻、文卫新闻、体育新闻、社会新闻等。

三、新闻写作基本要求

(一)真实性

真实性是评判新闻好坏优劣的首要标准和条件,是新闻现实功用的基本要求。新闻写作的真实性要求有三:其一,写作客体对象的真实,也即所揭示的新闻事物的基本事实和本质要真实。其二,写作主体评判公允正确,情感、态度、观点真实。其三,新闻事实材料须呈现一种质的真实。社会生活复杂多变,新闻客体事实也会有深和浅、隐和显、量和质、部分和整体的不同表现,新闻写作不能止于表面的、一时的、个别的、部分的真实,应对新闻事实予以深入考证,避免不实写作和报道。

(二)通俗性

新闻媒体是为广大受众服务的,新闻在真实的前提下,还应通俗。新闻写作的通俗性表现在三个方面:其一,新闻写作是为人民代言,因此,应想群众之所想,急群众之所急,贴近群众生活,展示生活的真实,表达民众心声。其二,新闻表达形式应通俗。内容决定形式,形式也会影响内容的传播效果。术语满篇,表达佶屈聱牙,内容艰涩深奥,态度盛气凌人的新闻是不会赢得受众的。其三,通俗的新闻必也是生动的新闻。真正的通俗是既不违背生活真实而又生动形象感人的通俗。教条死板缺乏创新的新闻写作,会让受众敬而远之,无法真正实现新闻文体的写作意图。

（三）时效性

新闻需在最短的时间以最快的速度传递给受众。新闻写作的时效性表现在三个方面:其一,时代性。新闻写作应站在时代最前沿。只有善于把握时代生活的脉搏,善于了解时代需求,才会不断发现新事物、新动向、新问题、新经验、新做法,才能把时代和社会生活中最新、最有价值、最能吸引人的真实信息提供给人民大众,写出符合民众要求的新闻作品来。其二,时间性。这是新闻的特点之一,也是新闻价值的重要保证。新闻写作追求快速迅捷。新闻采写愈及时,写作客体就愈鲜活,新闻价值也就愈大。其三,鲜活性。新闻追求对客体对象新鲜变化的及时捕捉。保持新闻客体的鲜活性是新闻写作的最佳境界。事物的发展变化是永恒的。新闻对写作客体的把握实是一种动态反映,常常要从事物的发展变化中来寻求新闻的客体目标和价值意义。

（四）思想性

新闻具有客观性,同时也必然带有一定程度的主观性。新闻主观性最集中最主要的表现就是新闻报道所反映出来的思想倾向性。新闻写作的思想性表现有二:其一,新闻写作要匡谬正俗、宣扬真善美等普世思想。新闻对人类社会之所以有促进、推动作用,就是因为新闻文体中承载有教育、指导、引导受众的文明意识、先进思想。其二,政治性。对新闻事实选择、表达手法及揭示程度,均可反映写作主体特有的思想意识和主张。在我国,新闻写作主体的思想性主要指的是新闻的党性原则。新闻写作中,写作主体应具有敏锐的政治眼光,精准的判断力,将新闻客体本质属性和基本规律揭示出来。

（五）简明性

简明性是新闻写作的重要原则之一。简明的新闻才有受众市场。新闻写作的简明性表现有三:其一,语言表达风格要简洁。新闻具有高度概括、精练准确的言语风格,新闻传播受众总是想在最短的时间内把握最感兴趣

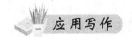

的新闻事实,因此,新闻写作中必须用最经济的语句把真实、丰富、鲜活的新闻事实表达出来。其二,新闻文体篇幅要简短。新闻写作要想赢得主动,在表达形式上就必须和时间赛跑,以最短小精悍的篇幅反映新闻事实,适应受众的消费需求。其三,新闻文体写作中传递的信息内容应明白晓畅。简明不等于简单贫乏,更不是浅薄平庸,而是博采之后直取要害的高度凝练,是一种丰实之简洁,新颖之精短,是大容量、足分量、小体形。当然,这一切都要以新闻事实和主旨鲜明为前提,不可为简而简,背离新闻写作初衷。

第二节 消息

在众多新闻文体当中,消息新闻特征最为明显。消息表现形式灵活多样,篇幅最短,时效最强,使用范围最广,出现频率最高。消息是广大受众喜闻乐见的新闻表现形式之一。

一、消息的结构

消息的结构构成一般有标题、消息头、导语、背景材料、主体和结尾六部分。其中标题、导语、消息头,是消息区别于其他新闻文体的一些标识性结构要素。

(一)标题

1. 标题的类型

从结构特点来看,标题可分为复合式标题、单一式标题两种形式。

(1)复合式标题也叫多行式标题。完整的复合式标题包括引题、正题、副题,为三行式标题。

正题,即主标题,也称主题,是复合式新闻标题中的核心部分,居主要位置,字号最大,主要承担揭示主题、表述消息主要内容的作用。主题多实写,以准确传达新闻事实的主要信息为目的。

与主题相对的标题为辅题,是居次要地位的标题。辅题主要是用来引导、烘托、渲染、补充、说明、强化主题的。辅题包括引题和副题两部分。位于主题上面的上标题称引题,又称"肩题""眉题",目的是交代背景,烘托气氛,说明原因;揭示意义,表明倾向。引题多是虚写。位于主题下面的下标题称副题。副题又称子题、下标题,位于主标题之下,字号比引题更小,主要起补充、说明作用。补充交代新闻中的次要事实,使之显得更加准确、具体和完整。副题以实写居多。引题和副题虽然居从属地位,起次要作用,但在背景设置、气氛烘托,意义揭示,情况说明方面具有特殊的表达功能。能密切配合主题,照应、补充、突出主题,如此主辅相得益彰。准确、别致而引人注目,从而将消息的主要信息最大化、最有效地传递给受众。

【例1】

浓雾袭来人影迷　一闻渡江心胆惊(引题)
试问行路人　却道过江依旧(主题)

成千上万人员和车辆昨晚在军警民协力疏导下,安全通过延安东路隧道、浦桥隧道和南浦大桥(副题)

这组复合式标题,引题运用了一个流水对,工整的对仗中烘托出浓雾给渡江人造成的恐慌紧张气氛,重在务虚。副题部分纯粹实写,重在叙事,表明新闻时间、地点、人物、事件等基本要素,从而揭示出新闻事实的缘由与价值意义。对于引题和主题部分的矛盾、疑惑予以补充、解释、说明,原来是上海党政军警民齐心协力,克服了一场大雾造成的交通危机,使引题部分的担心、焦虑真正化为主题部分的安然、欣慰。整个标题虚实相生,珠联璧合。

复合式标题还可以双行式"正题+副题"或"引题+正题"的形式出现。

【例2】

商品房市场清淡　保障性住房申购火爆(引题)
海南楼市进入有价无市僵持期(主题)

(2) 单一式标题即单行式标题,因为新闻的准确性所致,原则上都应当是实写,首先平实精当把消息的核心内容一目了然传递出来,否则受众不知所云,就很难吸引人。单行式标题只有正题,特点是简练、醒目、易记。

【例3】

裁判文书公开是规定更是一种态度

标题作为提示内容的窗口,须和消息内容匹配。一般来讲,国内国际的重大活动、重大事件的报道,诸如奥运会、世博会、人代会等重大新闻的报

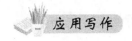

道,内容比较繁复,就适合选用信息容量比较大的复合式标题。相反一些次属性的消息报道,选择让人一目了然、简洁明快的单行式标题就比较适宜。

在一些篇幅较长、内容复杂的消息正文中,可以借助插题使文意清晰条理。插题,又称分题、小题。它是分插在消息中间的小标题,起到概括段意、画龙点睛的作用。如新华社四川西昌10月1日电,主题:嫦娥二号发射全记录。正文部分分别用了——镜头:进入发射倒计时;镜头:火箭点火;镜头:火箭正常飞行;进入地月转移轨道4个小题,使发射过程清楚再现在受众面前,节奏鲜明,现场感极强,文意层次清晰条理。

2. 标题写作基本要求

拟制消息标题应简洁自然、准确真实,文题一致。为便于受众领会新闻主要内容,同时还应生动形象、新颖别致、引人注目。这是新闻内容的真实性和消息标题的功能所决定的。标题不准确,或文题不相符,背离新闻原则,轻则误导读者,产生阅读障碍,重则给社会带来消极负面影响。一些不顾事实随意杜撰、故弄玄虚的标题,只会让受众反感,背离新闻写作初衷。所以好的标题,应该首先向受众准确传递真实、可靠的新闻事实和价值意义,方便受众选择,理解和把握。当然这也是写作主体实现写作意图的保证之一。

(二)导语

导语位于消息开篇,具有一定独立性、统领性,是消息的质量、品位所在,也是新闻写作主体能力和认识水平的基本标识。

1. 导语的类型

(1)从导语与新闻事实之间的关系程度,导语可分为直接性导语和间接性导语两类。

直接性导语即直接从正面切入新闻事实和主题的导语。这种导语开门见山,直截了当概述事实,交代新闻事实要旨,是目前新闻中最重要、最常见的导语形式之一。

第八章 新闻报道类文书

【例4】

塔吊出故障　俩民工悬空四小时
消防官兵紧急施救

本报讯(记者刘磊)9月27日下午4时许,安宁区枣林路一家工地的塔吊钢丝绳缠绕在一起,两民工上到塔吊上解绳索时被困。兰州市公安局消防支队特勤大队一中队消防官兵经过4个小时的努力,成功解救出被困民工。

导语部分开宗明义,概述事实要素齐全,三言两语交代清楚何时、何地、何人、何事、结果,让受众在一开始就对消息内容有一个基本的把握。

间接性导语,不直接陈述新闻事实或揭示主旨,而是运用多种写作手法,如描写、特写、抒情、比拟、设问等,渲染、烘托环境,以求生动形象地引出新闻事实。间接性导语风格迂回、舒缓、含蓄、委婉,因此又被人们称作延缓性导语,手法灵活、内容丰富、形式多样,富有艺术感染力,可读性强。

【例5】

疯狂的黄龙玉

导语:几年前几十块钱就能买一卡车,现在一公斤就要几万块钱。一个三轮车夫,用三百块钱起家炒黄龙玉,仅仅五年的时间,就成了千万富翁。

这例导语在概述基础上,抓取一个底层小人物因黄龙玉而际遇巨变的典型,衬托、提示炒作之疯狂,准确精练又不失形象。

(2)根据反映新闻事实的容量大小,导语可分为单一性导语、复合性导语。

单一性导语,又叫单元素导语,即在一则导语中只反映一个基本的新闻事实或只揭示一个主题,是导语的基本的表现形式。如例5。

复合性导语,又叫多元素导语,即在导语中表述揭示的不止一个新闻事实,而是包含两个以上相关联的事实要点。如例4。

3.导语的写作

导语作为新闻主体的引子,置于开篇,引人注目,主要起导读作用,吸引受众进一步了解、接受新闻主体事实,因此,提炼和优化导语是消息写作极关键的一笔。导语表达方式有叙述式、描写式、议论式三种。

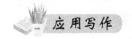

① 叙述式导语,具体有直叙式、概述式、对比式三种情形。

直叙式导语,即开门见山、直截了当叙述最有价值的新闻事实。概述式导语,即对所报道的内容加以概括,取其精要加以客观介绍的导语,适用于内容复杂、过程曲折的新闻事件。对比式导语,即将具有对比关系的新闻事实放在一起,使之构成对比关系加以介绍,从对比映衬中来显示新闻价值意义。

【例6】

勿忘国耻　振兴中华
各地举行多种活动纪念"九一八"

新华社北京9月18日电　昨日是"九一八"事变79周年纪念日。各地群众纷纷举行活动,表达勿忘国耻、振兴中华的心声。

这则导语采用概述方法。概要交代"九一八"79周年纪念日的各种纪念活动。开门见山,两句话即让受众知晓新闻事实概况。

② 描写式导语,以描写为主要表达方式呈现新闻形象、事件场景,这种导语形象生动,现场感强。具体有见闻式、特写式两种。

见闻式导语一般用于较大场面的描述,以叙事为主,适当地穿插一些形象描绘,长于远景描绘,有利于对新闻事实大场面的总体性把握。特写式导语则以表现近景见长,力求抓住一点或局部细节予以细化、放大、强调,如同特写镜头一样,给人印象鲜明突出,能让受众如闻其声、如见其人、如临其境。

【例7】

起跑,刘翔落后! 50米,刘翔落后! 80米,刘翔依然落后!

大屏幕中的刘翔咬紧牙关、双眼爆出血丝,拼命地追赶着领先的美国名将特拉梅尔。

距离在一厘米一厘米地缩短,终点在一米一米地接近。还剩最后一个栏了,刘翔还在苦苦地追赶,他和特拉梅尔相差半个身子。

只有奇迹,似乎才能挽回刘翔当晚在世界田径锦标赛男子110米栏决赛中的"颓势",而奇迹居然就在这瞬间出现!

最后10米,刘翔宛如霹雳雷神,以惊人的速度冲刺。撞线时,人们惊呆

第八章 新闻报道类文书

了,就在这短短的10米内,刘翔居然明显地超越了特拉梅尔,冠军最终属于刘翔! 成绩是12秒95! 刘翔欣喜若狂!

这是《刘翔夺金,创造世界高栏史传奇》消息的导语,属于典型的延缓性导语。用四段文字,抓取了面部表情和行动两方面特写镜头:牙关紧咬、双眼爆出血丝、苦追、跨栏,扣人心弦的结局放在最后一段,冲刺、撞线。导语写得有声有色,现场感十足,从而使整篇消息都极富感染力。

③ 议论式导语多是在叙事的基础上巧妙穿插议论,运用夹叙夹议、叙议结合的方式,巧妙揭示主旨,在呈现新闻事实价值方面更为有力、直接,深刻,能让受众开篇即准确理解把握新闻的核心。具体有评论式、设问式、引语式等。

评论式导语是在叙事的同时作画龙点睛式的评论,来揭示新闻事实的因果关系或价值的导语。设问式导语即以提问的方式吸引受众注意、思考、共鸣,将新闻事实实质或问题提出来,再加以解答的导语。引语式导语是引用新闻中主要人物的有代表性的言语或名言警句来引出事实或点明新闻主旨的导语。

【例8】

美通过人民币汇率特别关税法案
外交部表示借口人民币汇率问题搞保护主义会损害中美经贸关系

据新华社电 美国众议院29日投票通过人民币汇率特别关税法案。外交部发言人姜瑜30日表示,借口人民币汇率问题对中国搞保护主义,只会严重损害中美经贸关系,并给两国经济乃至世界经济的复苏造成消极影响。

这则引语式导语间接引用外交部发言人的权威言论,直指主题,一针见血揭示出美方人民币汇率特别关税法案的实质,凸显新闻价值意义,简洁而有分量。

(2) 导语的写作要求

① 重点突出,针对性强。导语能否把新闻主体内容的价值引导出来,是消息写作的关键因素。写作主体应根据主题对新闻事实深入考察,细致分析,准确把握,严格筛选,抓住最有价值、最有说服力、受众最关心的基本信息予以揭示。或是高屋建瓴,揭示新闻事实之重大,开启全篇;或是第一时

间第一现场告诉受众新鲜事;或是是贴近受众生活空间等等。总之,有的放矢切入新闻事实的导语才会让受众心有所动。

② 表现形式新颖别致,活泼生动。受众固然关心新闻事实,但是新闻表现形式是否新颖、生动,无疑也会影响受众新闻事实的传播效果。因此,导语写作要善于灵活运用不同的表达手法,赋予事实材料以鲜明可感的形象、色彩、力度、格调,增强吸引力。

(三) 背景材料

新闻背景是对新闻主体事实进行解释、说明的,处于从属地位的和新闻事实密切相关的环境、文化、历史等附属性的事实材料。在新闻的传播活动中,这有助于受众对新闻主体事实的全面理解和掌握。

新闻背景内容相当广泛,可以是自然环境,也可以是社会环境,可以是新闻事实的纵向或横向联系等等。在附属于新闻主体事实的陈述中,既可以出现在新闻的主体部分,也可以出现在开头或结尾。写作主体借助背景材料可以巧妙解释、阐明新闻事实、深化新闻价值及意义、巧妙暗示写作主体的观点和态度。

运用背景材料适切,会让新闻报道陡然生辉。是否需要背景材料须视新闻事实本身而定。单一的新闻事件一般没有必要补充背景材料。新闻事件重大、复杂或受众接受有困难的情况下,则需适当辅以背景材料,以凸显新闻主旨。

【例9】

嫦娥三号顺利进入环月轨道

北京时间12月6日17时53分,在北京航天飞行控制中心的精确控制下,嫦娥三号探测器成功实施近月制动,顺利进入环月轨道。

17时47分,地面科技人员发出指令,嫦娥三号探测器器载变推力发动机成功点火,361秒钟后,发动机正常关机。根据实时遥测数据监视判断,嫦娥三号顺利进入距月面平均高度约100千米的环月轨道,近月制动获得成功。

近月制动是嫦娥三号飞行过程中一次关键的轨道控制。如不能有效减速制动,探测器将飞离月球;而如果减速过大,探测器则将撞向月球。

此篇消息最后一段即为背景材料,对受众陌生的专业术语"近月制动"予以解释说明。

（四）消息头、消息主体和消息结尾

1. 消息头

消息头俗称电头,是表明消息来源的文字。主要用来标明通讯社名称和记者姓名、发电时间、地点及方式等内容,是消息特有的一种文体性标志。消息头有表明文体属性、版权、时效,明确文责的作用。

消息头传递方式主要有"电"和"讯"两大类,以示手段不同。"电"指的是通过电报、电传、电子邮件、电话等电传形式向报社所传递的新闻报道。因此也称之为"电头",意即电传的开头。一般由新闻单位简称、发布时间、地点和方式等几要素。"讯"主要指通过邮寄或书面递交的方式向报社传回的新闻报道稿件。其中,凡是通讯社通过自身的渠道获得的本埠消息称为"本报讯";凡是从外埠寄来的稿件则应写明发稿时间、地点和报社简称,如"本报上海10月31日讯""本报11月1日航讯"。

2. 消息主体

消息主体担负陈述新闻事实的主要任务,须给受众提供足够的新闻信息以展开导语部分浓缩了的事实。主体事实应精当详实、典型有力。筛选什么样的新闻主体事实材料,从什么角度筛选,包括新闻事实各要素之间如何组织,段落层次如何安排,也是写作主体对新闻事实及价值评判的表现,因此,新闻写作中不能因新闻对事实的依赖性而漠视写作形式上的要求,还要注意合理布局,条理清晰,表述准确,严谨生动。只有这样,新闻事实才会明白无误展现给受众,消息主旨才可为受众准确领会。

3. 消息结尾

消息结尾是消息结构的一个基本组成部分。新闻事件的发生有始有终,报道新闻事实的消息文体也应自足完整。体现在消息结构上,即有头有尾,自成一体。

消息结尾形式有两种表现:其一,自然收束结尾。随着新闻事实的陈述进程,事完文结。其二,单独布设结尾。根据新闻事实和主题的需要,有小结式、照应式、补充式、诘问式、评论式、预告式、提醒式等多种收尾方式。

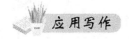

【例10】

防卫省已在政府内部展开协调。分析师认为,扩编会增加经费负担,加剧日本政府财政困难,预计会招致不少政府官员的反对。

这是《日本拟扩编陆上自卫队》消息结尾,属于评论式的结尾。通过分析人士的议论,写作主体不出面,隐于事实背后,借他人之口对新闻事实加以评判点击,揭示要旨,突出主题而收尾。

【例11】

英雄受奖

驾歼十迫降的飞行员李峰被记一等功

据新华社电 3月7日下午14时07分,空军特级飞行员、空军航空兵某团副团长李峰驾驶歼十战机执行战术机动任务,在距机场54公里、离地1170米高度时飞机发动机停车失去动力。在地面指挥员的果断引领下,李峰临危不惧,使失去动力的飞机在空中飞行1分44秒后安全迫降机场。李峰成为成功处置国产单发新型战机空中发动机停车故障、安全返航的第一人。

3月26日,空军在航空兵某部举行表彰奖励大会,为李峰颁发一等功证书和空军功勋飞行人员金质荣誉奖章。

这条198字的消息,结构紧凑,布局合理。消息紧紧围绕驾歼十迫降的英雄飞行员李峰被记一等功的主题,首先简要介绍英雄事迹,并嵌入一句背景材料,补充说明这例安全迫降第一的新闻价值,最后用一句话结尾,交代授奖具体内容。正文采用并列叙述方式,内容详略有致。详细介绍迫降新闻事实,采用数字事实具体生动叙说英雄事迹,"在距机场54公里、离地1170米高度时飞机发动机停车失去动力",让受众真切体验生死千钧一发之势;概括叙述受奖事实,突出受奖事实原因。新闻事实完整丰富,形式简洁练达,短而精当,主要事实突出,主旨鲜明。

二、消息的布局

消息除言之有物外,还应言之有序。仅有新闻事实,没有谋篇布局,势必会影响新闻传播的完整和清晰程度。消息结构布局复杂多样,有对比式、对话式、蒙太奇式、问答式、延缓式等结构布局方法。

（一）倒金字塔结构

倒金字塔结构根据新闻事实材料的重要程度决定段落顺序。先重后轻、先主后次，把最重要的事实材料放在最前面，依次递降排列，形成一种头部重而大，底部轻而小的布局特点。这是目前使用最多、最典型的消息结构布局方式。此种安排注重新闻事实材料之间的内在逻辑联系，打破了依照新闻事实发展顺序而自然顺叙的叙事常规，有意把最重要、最新鲜、最精彩的部分首先呈现给受众，符合受众快节奏的阅读习惯和接受需求，对新闻写作主体而言也是最为推崇的一种布局方式。

（二）编年体结构

编年体结构是按照新闻事件发生的时间顺序组织安排新闻材料的一种结构布局形式，也称时间顺序式结构。编年体结构一般没有导语，事件的开头就是消息的开头，事件的结束就是消息的结束，适合故事性较强、事件单一的新闻材料。这种布局条理清晰，现场感强。具体运用时，要注意控制好叙述进程，详略得当，以免平淡拖沓，记成流水账。

（三）悬念式结构

悬念式结构是在消息的开头故意设置悬念，随着事件的发展，情节的推进，自如收放，结局部分才将最精彩的内容呈现给受众，解密释疑。这是一种促使受众保持连贯、完整、有效阅读行为的结构方式，又称作"积累兴趣"式结构。悬念式结构虽易吸引力强，但对新闻事实材料比较挑剔，不可故弄玄虚，倒人胃口。

（四）并列式结构

并列式结构是一种并列运用多个新闻事实来表现同一主题的布局方法。相关新闻事实之间没有主次关系，具有相同价值意义，各自独立，相互平等，因而又被称之为"集纳式结构"。其突出特点是跳跃性大，场面热烈，事实突出，形象鲜明，表现主题集中深刻，较适合于重大事件的多方情况或重大问题的连续反映。不足之处是难以深入反映复杂事物的内部联系。

（五）散文式结构

散文式结构是以散文笔法来安排组织材料的结构形式，常以清新、明快的写法，不加雕饰，挥洒自如，真实而自然地再现新闻事实。其突出特点是

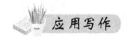

自由活泼、生动感人、富于变化、极具人情味,可读性强,能让受众在愉悦的欣赏阅读中接受新闻事实。适用于看似平常,实际底蕴丰富、社会意义较为深刻的新闻材料。具体运用时注意围绕新闻主题表现,形散神聚,巧妙安排。

消息文体的结构布局各有千秋,只要是适合、贴合消息内容表达的就是最佳结构布局方式。形式都是为内容服务的,内容决定形式,只有二者互为表里,相得益彰时,整篇消息才会光彩夺目。因此,消息的结构布局须从消息内容的实际需求出发,这也是组织安排消息材料时的一个基本前提。

【例12】

联合国将根据斯诺登爆料信息调查英美监听行为

【环球时报记者 马晴燕】联合国官员本·埃莫森2日称,有关美国安全局前雇员斯诺登持续曝光美英情报机构监听丑闻一事,联合国已决定对美英涉案情报机构进行调查。同时,联合国还将调查英国国会是否误导、利用英国国家通讯总局,以及现有监督和审查系统是否符合联合国标准。

埃莫森表示,斯诺登正好在"公众利益担忧的风口浪尖"将监控丑闻爆料出来,而"媒体也有责任和权利将这些事实公之于众,无论涉案的是英国国家通讯总局还是美国安全局。"

持续曝光斯诺登机密文件内容的英国《卫报》正受到英国当局的政治压力,《卫报》总编辑艾·拉斯布里杰被要求在3日前往议会一个委员会解释该报的行为。联合国言论自由问题特别报告员弗兰克·拉吕谴责对《卫报》的报复,称之为"民主社会无法接受的行径"。

此例消息结构就是典型的金字塔结构格局。按照新闻事实材料之间的内在逻辑联系、事件重要程度依次表述,把最新最重要的信息——联合国新的举措"决定对美英涉案情报机构进行调查"首先呈现给受众,再安排次重要的信息——联合国对在斯诺登事件中新闻机构报道事实的责任和权力给予肯定,最后安排联合国关于英国当局对媒体《卫报》施加压力行为的谴责。

三、消息的类型和写作

消息从内容特点上可分为动态消息、综合消息、经验消息、人物消息等。

（一）动态消息

即报道刚刚发生或正在发生的还处于运动变化进程中的具体事实、情况的一种消息。动态消息有短而精、快而新、动而活的优势，是消息中使用频率最高、最典型、最活跃的基本文体样式。

1. 动态消息的分类

（1）根据动态信息写作客体运动的"动"程，也即运动进程，动态消息可分为正在进行式的动态消息、新近或刚刚发生过的动态消息和即将发生的动态消息。正在进行式的动态消息一般新闻事实都比较复杂，事件本身具有连续性特点，适合进行连续性跟进报道；新近或刚刚发生过的动态消息，新闻事实呈现完结状态，动态事实完整，报道中需将新闻事实还原至过去时空，高度概括予以报道；即将发生的动态消息，是在将来时空中必会发生的一些新闻事实。

（2）根据动态消息写作客体内容属性，动态消息可分为事件性和非事件性动态消息。事件性动态消息所反映的新闻事实，一般动态短暂，具有明显的阶段性，事件具有突发性；非事件性动态消息所反映的新闻事实，主要包括执政方针政策、新成就、新动向、新问题、新情况以及日常生活中时间性不明显但具有指导性、思想性文化教育等题材。

（3）根据动态消息形式特点，动态消息可分为简讯、快讯、单项、连续报道等。简讯又叫新闻简报、简明新闻，形式简短，文字在一二百内。其中，时效性特别强的即快讯。一般加单行小标题。单项报道是相对具体单一新闻事实的一次性报道，连续报道是就同一新闻客体的发展变化进行的不同时段的多次报道。

2. 动态消息的写作特点

（1）侧重表现新闻事实的新情况、新成就、新变化、新趋势。动态消息的写作关键重在表现、突出新闻事实的动态性，因此写作中要围绕"动"字做足文章。选材中不管是已经发生的"变"还是正在发生、将要发生的"动"，都应及时捕捉。

（2）一事一报，开门见山。动态新闻大都篇幅短小，内容单一，集中反映一件事、一项重大活动的某一个侧面，笔墨相对集中，一般在导语部分就把事物的最新变化情况交代清楚明白，事实鲜明突出，印象深刻。因为事实单一，所以一般写作时都是开门见山，直截了当呈现事实。

(3) 用事实说话，不作解释和评述。动态消息以表现新闻事实的变、动为己任，其基本表现手法是通过客观叙述或描述事实，凸显事实，让事实说明一切、表现一切，一般不掺入写作主体的主观评说。

(4) 时效感强，鲜活有生机。任何变动都是特定时空中的变动，动态消息的变动，突出的表现是新闻事实正处于运动状态当中，捕获的新闻是"活鱼"，是最新鲜、最富有生机、时效性最强的动态事实。

在动态消息写作中，不同的写作客体须区别对待。比如对于一些影响重大、信息量大、情况复杂多变的新闻事实，在报道中想要表现动态消息的新闻优势，应注意化整为零，进行跟踪采访，随事件的进程进行多次连续报道，这样既能体现新闻的动态价值意义，又能将难以一次集中报道的复杂新闻简单化，同时还满足了受众的新闻需求。如新华网关于嫦娥三号的重大新闻报道，就是通过多次连续报道完成的。

【例13】

1. 揭秘"嫦娥三号"：将首次实现地外天体软着陆（2012年11月13日 15:28:13）

2. 嫦娥三号计划12月上旬择机发射（2013年11月27日 10:28:14）

3. 嫦娥三号为多窗口、窄宽度发射 已制定6套发射方案（2013年12月01日 08:14:46）

4. "嫦娥三号"发射成功（2013年12月02日 08:43）

5. 嫦娥奔月 三大环节待跨越（2013年12月02日 18:24:25）

6. 嫦娥三号今日将被月球捕获刹车 进入环月圆轨道（2013年12月06日 08:20:28）

（二）综合消息

综合消息是围绕一个新闻中心主题对新闻事实进行综合的报道，又称"组织性消息"。综合消息新闻事实复杂，涉及面宽，可以把不同地区、不同战线、不同部门的相关新闻事实集中组织加以报道，因此综合消息指导性、思想性较强，但时效性不及动态消息。其视野开阔，关注大局、宏观的新闻事实，容易给受众留下全面、深刻、鲜明的印象。

写作中注意两点：其一，综合消息写作中事件特征不明显，不追求新闻事实的完整和构成要素的齐全，而是围绕主题集中选材，采用多个镜头齐头并进,场面集中而热烈地切入新闻事实。或是多侧面、多角度、立体化、全方位地反映新闻事件,或是将若干个发生在不同时空的不尽相同的新闻事实集中组织在一起,突出表现主题,给人以气势恢弘、印象鲜明突出的新闻感受。这是综合性消息综合性、宏观性的表现。写作时写作主体须善于观察,精心选材,对事关全局的、重大的、广大受众关注的新闻事实或事件首先要充分占有材料,在调查、分析、研究基础上,去伪存真、去粗取精,有序组织,综合展现新闻事实及内涵。其二,综合消息重在综合,但仅有宏观,没有局部点的深入,又难以体现新闻的深度,缺乏说服力。点上显现具体、实在,面上概括显现大局。二者有机统一,才能使消息有较高的新闻价值和宣传价值。因此,写作中在眼观全局的同时,还必须选择有代表性的事实,强化新闻表现力度。

（三）经验消息

经验消息又称典型报道,是对某一部门、单位的典型的工作经验所做的集中报道。经验消息具有社会宣传指导作用,可以扩大社会先进成果,指导、带动工作,提高工作效率,推进社会持续、和谐发展。

写作中注意两点:其一,经验消息必须及时针对当前国家方针政策,面向社会发展和广大受众所需,有效应对现实问题。经验型消息针对性愈强,无疑指导性就愈强,相应的宣传报道价值就越大。其二,经验型消息具有客观性和一定的概括性。对先进经验的报道必须实事求是,不能人为夸大或蓄意贬损,更不能无中生有、胡编乱造。经验是从具体工作中抽象出来的,但在消息中若一味单纯的概括经验往往难以达到经验消息的宣传目的。因此,写作中还须坚持让事实说话的原则,让新闻事实的感性具体和经验的理性概括自然融合,经验才可被受众接受。

（四）人物消息

人物消息,是以新闻人物的思想言行、事迹成就、精神风貌为报道内容的一种新闻报道形式。只要是有新闻性、有时代感、有故事的人物,不论个体或群体、正面或反面、平凡或伟大,都可以通过消息予以报道,以彰扬先进、正义,或惩治恶行,警醒世人,促进社会文明进步。

写作中注意两点:其一,以写人为主。在人和事件的处理上,注意事因人生、以事显人、人以事显。同时,还得有所控制,不能让事件冲淡、湮没了

新闻人物。要善于发现人、表现人、突出人,彰显其时代特征、思想价值和社会意义,以达到启发教育、鼓舞人心的舆论宣传目的,引导社会主流,推动历史进程。其二,人物典型真实。选对人物,既要善于及时捕捉时代风口浪尖上的新闻人物,也要善于发掘普通百姓的不平凡之处。写好人物,就精选事实,让事实彰显人物言行的价值意义。写活人物,应有真实、突出的新闻事实。只有新闻人物真实化、现实化、生活化,消息才形象感人。无中生有"杜撰""包装"新闻人物,随意想象拔高,将先进人物神圣化,或肆意贬损人物等等都不可取。

第三节 通讯

通讯从消息发展而来,渊源关系十分密切。二者都以现实生活中具有新闻价值的真人真事、社会工作、自然景貌为写作客体对象,都追求思想性、时效性,都是新闻文体中常见的、基本的、典型的体裁之一。

一、通讯与消息的区别

(一)内容选材有别

消息重事,通讯重人,而且通讯所写的人和事比消息更重大、更典型、更详尽、更完整、更生动、更富有故事性。消息大多是一事一报,题材细小,概括程度高,很少有细节详情;通讯则不局限于一人一事,众多人物和复杂事件可集于一篇通讯中。

(二)表现方法有别

通讯写作方法灵活多样,在不违背真实性的写作前提下,叙述描写、议论抒情、细节刻画、对比映衬、铺排比兴等无一不可,因此,通讯往往比消息更生动形象、更有表现力、更容易感染人。消息则多以概略叙述或描述为主,手法比较单一。

(三)时效性有别

新闻文体虽都追求迅速及时,但由于通讯题材重大,报道详尽,前期需要大量采访、求证、调查研究等准备工作,写作时效性不及消息强,不过在时代性上的要求还是一致的。

（四）信息容量有别

通讯写作主体需要捕捉生活中最典型的事实或形象，以生动的情节和丰富的情感去再现这种典型，以更全面、立体地展现新闻人物的全貌，表现时代精神和主旋律，或是人多事丰，或是人少事深，或是风貌细致，叙述描写具体、详尽、完整。因此，篇幅相对较长，少则千字，多则上万字。消息则人少事简，内容单一，概括介绍新闻之梗概。因此，篇幅短小，千字以下居多。

（五）形式、风格有别

通讯的写作客体意义一般重大，内容繁多，结构形式复杂，表现手法自由灵活；写作主体完全可以依据主题表达的需要，不拘一格，开拓创新，因而风格华丽、形象生动。消息结构固定，写作程式化明显，局限性较大，风格简明朴实。

二、通讯的结构布局

通讯的基本结构形态可分为纵式结构、横式结构和纵横交错式结构三种类型。

纵式结构按照事物发生发展的过程和时间先后顺序来组织安排材料。这种结构形态符合客体事物自身的发展顺序，能清楚地再现事件的来龙去脉，表达清晰、条理、自然、深刻，写作主体和受众都易于把握，因此应用较为广泛。

横式结构按照空间位置的转换或材料属性归类来安排层次结构。这种结构形态时间关系不明显，空间跨度大，材料事实独立性较强，自成单元。

纵横交错式结构即纵式与横式结构融合组接而成的特殊结构形态。多见以纵向顺序为线索，在展开事件过程的同时，描绘多个不同空间方位的相互关联的故事。

三、通讯的写作

通讯报道从写作客体对象上区分，有人物通讯、事件通讯、工作通讯、概貌通讯四种类型。

（一）人物通讯

人物通讯就是以人物为中心报道对象，通过一个人物或一组具有新闻

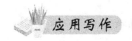

价值的人物新近的行动来反映时代特征和社会风貌的一种新闻报道体裁,也是通讯报道的主要形式,重在通过人物的言行事迹表现人物的高尚品质和精神面貌,扬善弃恶,促进人类社会健康文明发展。

人物通讯以写人为主。首先,写作主体应自觉主动站在历史的高度,慧眼识人,及时发现、捕捉典型新闻人物。这样的人物可以是人们普遍关心的伟人、社会名流,也可以是在平凡的生活和工作中体现了某种人生价值的"草根英雄",还可以是某些对社会有警示作用的反面人物。其二,写作主体须精心选材,巧妙布局,精炼语言。根据客体材料属性、主题之需求,运用多种语言艺术,在叙述的基础上抒情说理,使人、事、情、理相融于一体。其三,要注意典型人物不能工具化、概念化、模式化。既要从人物题材中能提炼出具有普遍针对性的时代价值意义,以宣传引导社会主流,又要符合典型人物的实际情况,个性鲜明;既要展示时代和社会生活壮丽多彩,又要使人物形象立体化。如《百姓心中的丰碑——追记公安局长的楷模任长霞》(人民网2004年6月3日)。

(二)事件通讯

事件通讯即对社会典型事件进行详尽完整报道的通讯。重在记述、再现新闻事件历史过程,揭示事件各要素之间的内在逻辑性和本质属性。典型事件类型众多,或是人类发展历史进程中的重大事件,或是重大事故类案件,或是能反映时代精神的普通人物的新事件。可以是褒扬正义的宣传事件,也可以是贬抑批判的恶性事件,或者仅仅是客观、全面地反映某种特殊性新闻事件,揭示其真相,暴露其问题实质、矛盾焦点,引人关注、思考、回味。如《360与腾讯"弹窗"大战,数亿网民"被围观"》(中国经济网2010年10月31日)。

事件通讯题材广泛,取材典型,往往故事性、情节性比较强,形象生动,容易吸引受众。写作首先要注意选择好题材,只有典型的、重大的事件,能感染受众、震撼受众的事件才能入题。同时,写作主体还应善于发掘事件题材的深层次价值和意义,体现通讯的思想性;善于运用多种语言表达艺术,巧妙组织情节,生动再现场景,让人如同身临其境,亲历事件。如《"和谐搬迁"背后的故事》(《中国纪检监察报》2012年2月4日)。

(三)工作通讯

工作通讯也称经验通讯,是以报道工作成就或工作中的成功经验,揭示和讨论工作中存在问题的新闻体裁。通过报道工作中的典型事例、重大问题或工作中的不良倾向,可对成就、经验、教训予以总结、分析探究,或者对反面工作事实予以揭露、批评,以此来反映社会工作现状,达到教育警策的目的。因此,工作通讯指导性强,有助于推动面上工作,促进社会发展。如:《青藏铁路:世界屋脊上的钢铁大通道》(《经济日报》2011年7月8日)。

工作通讯是写作主体站在第三者的立场上针对实际工作中一些探索性、开创性的成功经验加以宣传总结,以此指导全局工作;或就工作中的问题、失误、事故教训予以揭示、探究,为他人提供借鉴。因此,写作时写作主体首先要有强烈的"问题"意识,及时发现一些典型的、有现实意义的、对当前工作有指导和借鉴价值的问题。其次,针对问题,从不同角度和层面逐步深入,严谨明晰描述事实,突出问题实质,反映工作情况,综合得出结论。如《青山之殇》(《中国环境报》2012年5月28日)。

(四)概貌通讯

概貌通讯又叫风貌通讯,是一种描绘自然和社会风貌,介绍各地风土人情,以开阔眼界、传播知识,陶冶情操为目的的新闻报道体裁。

概貌通讯题材广泛。天文地理、人文景观、风土人情、社会变化等等都是风貌通讯的报道对象。其中以时代风尚和风土人情、社会新气象为主要内容。概貌通讯往往能给人以美感教育和鼓舞作用,常被人称作"美文"通讯。

概貌通讯写作形式多种多样,散文体、日记体、书简体,不拘一体。名目繁多,有见闻、见闻录、参观记、访问记、巡礼、纪行、掠影、拾零、拾趣、拾萃、侧记、巡礼、印象记、速写等。如《〈行走〉年终盘点·游名山大川》(新华网旅游频道2013年12月)。

概貌通讯写作以写"貌"为主,此"貌"可以是自然之"貌",也可以是社会之"貌"。写作自由灵活,可以运用多种艺术表达手法——写景状物、描写抒情、记人叙事、感慨评说等展现客体之"貌"。写作注意两点:其一,情景不分家。概貌通讯不是单纯为了写景写貌而写。即便在风貌通讯写作中,也不以写景状物为目的,而主要是借景寄情,抒发感受,表达社会情理。因此,写作应着眼于更大的时空范围,从历史沿革、趣闻轶事到人文变化等不同角度,用优美的语言描绘、展现、揭示美,使概貌通讯情趣化。其二,注重写出"貌"之动态。概貌通讯与抒情散文很相近,但概貌通讯突出的是风貌变化

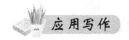

之动态,在对比映衬中着力突出风貌之"变"及其意义,在发展变化中抒发独特的感受和情怀。如《林子大了 鸟儿多了 身心畅了——复旦大学教授王祥荣眼中的上海生态变迁》(《解放日报》2012年5月2日)。

第四节 新闻评论

新闻评论是一种面向广大受众的政论性新闻体裁,是政论文体和新闻文体完美结合的产物。

一、新闻评论的作用

新闻评论是新闻媒介进行舆论宣传和监督的重要途径,是新闻媒体的旗帜。古今中外新闻媒体机构都极为重视新闻评论新闻评论。在解决矛盾,维护稳定、舆论宣传、引导教育群众方面有着不可替代的作用。

(一)认识功能

新闻评论不同于政论文,注重以新闻事实为基础,通过对新闻事件、社会热点的分析,帮助受众洞察新闻现象的实质,明确其现实意义,把握其发展规律。

(二)教育功能

新闻评论思想性较强,常以具体的新闻事实材料为论据,形象论说,深刻分析,具有规范社会行为、引导社会思潮、社会风尚的教育功能。

(三)导向功能

新闻评论以其思想性著称,提倡什么反对什么旗帜鲜明,可引导社会舆论,从而形成主导性言论和观点。

(四)监督功能

引发新闻评论的有正面材料也有反面材料,对一些不合时代、不合民意、不合事物发展规律、无益国家民族的新闻现象的分析评说,能使广大受众进一步深刻认识其危害性,自觉予以抵制。

二、新闻评论的特点

（一）新闻性

新闻评论不可凭空发论，有着极其强烈的现实针对性，即必须针对当前重要的新闻事件和现实生活中的典型问题、思想意识动态，选取带有代表性、倾向性、全局性的事件、问题和现象，及时准确地加以剖析、阐释。同消息报道不同，新闻评论的新闻性并不在于单纯求快，而是适时择机而评。主要体现在紧密结合当前的形势、现状问题，不失时机地对某些重要事件和问题及时作出反应或表明态度，以取得最佳社会宣传效果。

（二）政治性

政治性首先集中表现在写作主体是代表一定的阶级、政党或政治集团的利益，对重要的政治事件以及在贯彻执政党的方针政策中出现的各种问题进行分析、阐明和主张时的政治立场和态度上。新闻评论一方面要集中鲜明地反映执政党、统治阶级对现实问题的看法和主张，表达一种有组织的观点和见解，争取广大受众的理解和支持。另一方面又要顺应人民群众的愿望，自觉替人民讲话，反映民情民愿。只有针对人民群众最关心和最感兴趣的新闻事实的评论才有生命力。

（三）论说性

新闻评论和消息、通讯相比，特点在有所"评论"。新闻评论是写作主体将新闻事实与主观意见精确结合、深思熟虑之后的一种系统的表达，担当舆论宣传、社会导向职责。因此，凡新闻评论，不管是高级别的社论，还是都市小报短评，都要以评论为主。而但凡是论说，不管是代表国家利益还是媒体利益抑或仅仅是一家之言，都要旗帜鲜明亮观点、表态度，理性论证。

三、新闻评论的类型和写作

（一）社论

社论是政论性最强的新闻评论，是以一个新闻媒体的身份针对某一重大事件、重要现象或问题发表的指导性的权威意见。在我国，社论在一定程度上表达的是同级党委的观点和意图，传达的是党和政府的声音。因此，社论政治性、权威性、指导性最强。

社论从其形式上看，有评论员不署名和署名之分。评论员署名的社论

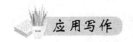

文章相比不署名的社论而言,规格稍低,指导性和权威性较弱,不过其实质还是反映编辑部的观点和倾向的。

从内容和功能出发,社论有方针政策性社论、指导工作的社论和时事性社论。方针政策性社论,主要是用来分析形势、确定原则和策略、阐明一个政党或政府的路线、方针、政策的,表达的是一个时期内执政党的基本行动纲领。指导工作的社论,主要是对思想政治、经济建设、文化教育等领域的业务工作和生产活动进行总结、指导和督促的社论。时事性社论,主要针对一些重要节日、纪念日,国内外重大事件,以及国际国内的最新形势变化发表的社论。

社论大多是针对当前重大事件、重大问题或重大节日和纪念活动发表的言论,题材重大,权威性、指导性、针对性最强。因此,社论写作要求非常严格,立意要有高度,论述要有深度,辐射要有广度,表达要庄重严肃,语言畅达,逻辑严密,导向权威。

(二)短评

短评是一种篇幅短小、选材广泛、内容单一、表达相对自由灵活的新闻评论。短评通常为千字以内,少则三五百字。短评题材广泛,大至国内外重要事件,小至衣食住行尽可入题。短评内容单一,往往反映社会生活的某一个侧面,不求全面宏大。因此,短评做大题目不显空泛,讲大道理又平易近人;做小题目又可以小见大,意旨深远;依事而起又不就事论事,见树木也见森林。相比社论的庄严、凝重、权威,短评显得活泼、生动、灵活。短评多一事一议、一理一评。切口虽然小,但入口深,外延大,能以小见大,把道理讲深讲透,因此能量不可小觑。短评形式简短,笔法灵活自由,语言机敏,条分缕析又不枯燥拘谨,文风精致又不乏通俗。

(三)新闻评论写作特点

不管是社论还是短评,写作中都须把握以下几点:

1. 主题鲜明,适时应事

新闻评论的使命是舆论监督、宣传指导、解疑释惑,因此就得紧紧围绕国家利益、人民利益,针对党和政府关注的、人民群众关心的社会热点,予以透彻分析,准确引导,达到启人心智或发人深省、催人奋进的宣传力量。

2. 以议为主,评论深刻

新闻评论是针对社会现实问题和思想动态进行分析的,其主要表达手段是议论。议论不能泛泛而谈,也不可只是简单罗列材料,而必须体现一定的广度和深度,有广度才有一定的指导面,有深度才能启人心智。

3. 文风朴实,生动自然

新闻评论面向受众,不是为了审美欣赏,根本目的是通过议论的方式,说理、明理、证理,让受众接受写作主体的主张。因此,新闻评论以质朴为本,语言鲜活,表达生动。

4. 论证严密,把握有度

新闻评论须掌握好分寸和火候,凡事过犹则不及。对错综复杂的社会现象,该一语惊醒予以痛击就重拳出击,需要委婉含蓄就得把持有度,不失偏颇。有理有力、有情有义的评论才能真正服人。

【例15】

向网络谣言"亮剑"

当今时代,论坛、博客、微博等网络传播平台越来越多地走进百姓生活。然而,网络所具有的发布信息快速、便捷的特性,也给一些别有用心的人造谣传谣提供了渠道,发布传递网络谣言扰乱互联网秩序,危害社会诚信,激化社会矛盾。我们要果断向网络谣言"亮剑"。

莎士比亚有句名言,"谣言会把人们所恐惧的敌方军力增加一倍,正像回声会把一句话化成两句话一样。"现实生活中,几乎我们每个人都曾受到过网络谣言的侵害。从日本大地震期间的"碘盐防辐射",到"部分艾滋病人通过滴血食物传播艾滋病",从"歼—10B战机试飞坠毁",到"海师支教女生被灌醉轮奸"……从最初的言之凿凿,到最后的真相大白,网络谣言破灭的过程让我们认识到,网络谣言对公共舆论道德产生了致命的损害。

人人都有"麦克风"绝不等于人人都可以"乱放风"。网络环境越是开放、自由,越是对我们的道德产生考量。我们越应该牢记公民责任,珍视、善待这种网络媒体给予我们传播的权利。对待网络谣言,我们每一位市民,首先要做到不听信、不盲从、不传播,知情者要挺身而出、及时批驳,敢于对谣言说"不",让谣言止于真相。互联网企业和网站要当好制止谣言的"看门人"和"清道夫",绝不能听之任之、推波助澜,让谣言止于企业责任。

应用写作

当前，天津正处在发展的关键时期，好的形势来之不易，我们要万分珍惜。深刻认识网络谣言的危害性，增强对网络谣言的干预，务求干预实效，也是不断巩固团结和谐稳定、风正气顺心齐、想干会干干好的良好环境氛围的需要。认识到位、措施到位，效果就一定到位。

这篇短评是《今晚报》为了协助有关部门坚决取缔、依法惩处网络谣言这颗蛊惑网民、欺骗公众、危害社会的"毒瘤"，策划采写的11篇系列报道中的一篇评论作品，主题鲜明、语言生动，有效促进了网络文明建设工作。

思考与练习

一、分析下列新闻标题的写作特点，指出其优点和不足之处。
1. 追问紫金矿业董事长陈景河
   污染越来越近，真相越来越远？
   一封道歉信，七种辩解，八大疑问
2. ① 英国首相卡梅伦抵京访华
   ② 卡梅伦时隔3年访华 去年见达赖致中英关系遇冷
   ③ 英国首相今起访华 中英关系步入正轨
3. ① 嫦娥三号点火发射
   ② 嫦娥三号探测器发射 飞赴月球
   ③ 嫦娥三号探测器发射圆满成功！
   ④ 飞向月宫 飞向梦想——嫦娥三号发射全记录
   ⑤ "嫦娥三号"发射成功，"玉兔"踏上登月之旅
   ⑥ 嫦娥三号准确入轨 发射圆满成功
   ⑦ 现场直击：嫦娥三号发射成功

二、请结合实例谈谈你对下面这段话的理解。

记者不可避免地把自己的价值观和事实混杂在一起。事实的取舍标准本身就打上了道德的烙印。新闻事件往往按照记者的价值尺度被剪裁，纳入编辑记者和市场规定要求的道德意识形态和利益框架里。

三、阅读下列新闻报道,判断其属于哪种新闻文体类型,并指出其结构要素、布局特点和语言特色。

山东作家莫言获诺贝尔文学奖

本报高密10月11日讯　晚上7点刚过,高密的大街上便响起了鞭炮,一条消息在鞭炮声中口口相传:高密走出去的山东作家莫言荣获2012年度诺贝尔文学奖。这是中国籍作家首次问鼎这一奖项。

几天前,莫言成为诺贝尔文学奖大热门的消息不胫而走。来自国内外20余家媒体的记者奔向高密,在莫言文学馆的手稿里,在莫言出生的大栏乡平安村,在高密的剪纸、扑灰年画和山山水水中找寻密码,期待一条爆炸性新闻。

这是收获的季节,高密的棒子黄澄澄地摆满了场院和房顶,侍弄着活计的老乡们略带疑惑地观望着纷至沓来的记者。莫言的二哥管谟欣已经说不清接待了几拨客人,但他还是面带笑容。

随着时间推移,记者群里散发出焦急和期盼的气氛。他们不停地看表、翻着网页,并一遍一遍追问着莫言的下落。莫言事后对记者说,那时,他正躲在一个地方逗着小外孙玩耍,还舒舒服服吃了顿晚饭。

"成了!"晚上7点刚过,记者当中一个手疾眼快性子急的率先确认了这一消息,人群中随即爆发出热烈的掌声。

在斯德哥尔摩当地时间10月11日13时,远在北欧的瑞典文学院宣布,2012年诺贝尔文学奖授予中国作家莫言。

瑞典文学院常任秘书彼得·恩隆德在瑞典文学院会议厅先后用瑞典语和英语宣布了获奖者姓名。他说,中国作家莫言的"魔幻现实主义融合了民间故事、历史与当代社会"。

诺贝尔文学奖评委之一、瑞典汉学家马悦然说,莫言的作品十分有想象力和幽默感,他很善于讲故事。莫言获奖会进一步把中国文学介绍给世界。

晚9点,让各路记者找得好苦的莫言终于现身。对于获奖,莫言表示"可能是我的作品的文学素质打动了评委,中国文学是世界文学的一部分,表现中国独特的文化和民族风情,站在人的角度上,立足写人,超越了地区、种族的界限"。他强调,"诺贝尔文学奖是重要的奖项,而并不是最高的奖项",自己要"尽快从热闹喧嚣中解脱出来,该干什么干什么"。

　　莫言出生于1955年2月,原名管谟业,山东高密人。小学即辍学,曾务农多年,也做过临时工。1976年2月离开故土,尝试写作。1981年开始发表作品,一系列乡土作品充满"怀乡""怨乡"的复杂情感,被称为"寻根文学"作家。他的主要作品包括《红高粱家族》《丰乳肥臀》《檀香刑》《蛙》等。长篇小说《蛙》获第八届茅盾文学奖。

　　按照诺贝尔奖有关规定,所有获奖者将前往瑞典首都斯德哥尔摩,参加12月10日举行的颁奖典礼。(《大众日报》2012年10月12日)

四、根据下列新闻事实,写一篇800—1000字的新闻评论,标题自拟。

　　1. 2012年11月十八大新闻中心13日晚举办第二场网络访谈,主题为"中国的教育公平"。

　　教育部部长、党组书记袁贵仁,山东大学党委书记李守信,广西壮族自治区平果县希望小学校长周标亮,甘肃省嘉峪关酒钢三中教师闫桂珍四位十八大代表回答了网友提出的问题。

　　"国内学生'重英语、轻汉语'的现象普遍存在,您作为语文教师,如何看待这个问题?"有网友问。

　　闫桂珍认为,这首先是个导向定位问题。现在,社会上几乎把英语作为升学、升职、晋升职称的一个硬杠杠,使英语学习几乎成了教育中最为重要的科目之一,实际上,在中学或大学突出语文教学,同样很重要。她主张,让大学把语文作为必修学科,在高考、职称晋升等方面也增加对语文考核的权重,自然就会把这个问题解决。

　　2. 2013年10月北京市教委公布了《2014—2016年中考中招改革框架方案》(征求意见稿)《2014—2016年高考高招改革框架方案》(征求意见稿),面向社会征求意见。根据框架方案,从2014年起,北京市中高考将陆续启动一系列改革,从试卷分值设置、招生方式、志愿填报等方面进行渐进式改革。到2016年,本市高考英语总分将由150分降低到100分,语文分值将从150分提高到180分。中考语文由120分增至150分;高考英语由150分降至100分,中考英语由120分减至100分。同时,高考英语实行社会化考试,一年两次,学生可多次考试,按最好成绩计入高考总分。

3. 山西2014年高考英语听力不计入总分。（中国新闻网2013年11月）

4. 2013年10月中国人民大学网上消息，下个学期人大将继续开设大学语文课程，归入选修课类别，课程为2学分。校方还同时表示，该校之所以做出如此调整，无关乎"国际化"，只是因为学生对这门课的热情一直不高，多次课程测评的综合排名都排在倒数第二位。

10月25日，中国人民大学一位学生在网上发表博文《慢一点：人民大学的"国际化"》，指学校不该为了追求国际化而取消大学汉语课。继而引发人们的讨论，有人为汉语鸣不平，为什么在中国的大学里，英语是必修，语文反而被放在如此尴尬的位置。

中国人民大学校方回应：大学语文不应简单地变成"高四语文"，而应进一步提升与深化，更注重学生人文素养的培育和专业应用能力的提升，给学生提供个性化的选择。据介绍，人民大学改革后的大学语文教学从2013级本科生开始实施，原来2学分的必修大学汉语课将增加、扩展为总计10学分的人文素养课。人文素养课包含于通识教育大讲堂课程群、原著经典选读课程群、公共艺术教育课程群以及课外阅读课程中。课堂内外将被打通，全校学生可根据兴趣和能力选择心仪的课程。

5. 上海外国语大学教务处处长李基安教授表示，作为一所外语特色类院校，该校从未在语文开课问题上纠结过。"上外学生普遍中文能力较弱，因此，对上外学生来说，不是语文课要不要取消的问题，而是不仅不能取消，还要保质保量。"他介绍，上海外国语大学一直有《大学语文》《古汉语》这两门必修课，从来没有要将这两门必修课变为选修课的想法。近年来，上外一直致力于学生人文素养的提高，为此开展了通识教育课程，共分10个模块共200门课程，文史哲国经法等全部涵盖。新生入校后，要选修通识教育课持续两年。"我个人非常反对取消语文教学，尤其是在外语院校更要加强对学生的中文素养。"李基安说。

6. 今年年初，湖北省大学语文研究会公布了对大学语文课程现状调查结果。在91所高校中，将大学语文列为必修课的不到40%，课时也在逐渐减少，超过八成任课教师对大学语文的前景表示担忧。

这份调查覆盖全国20余省份的高校，有115位一线大学语文教师接受了问卷调查。调查结果显示，96.52%的高校开设了大学语文课，但必

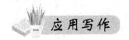

修课占比仅为34.8%,而且"一旦高校课时调整,大学语文必首当其冲,是最先被砍的课程"。

六成高校大学语文并非必修课,超六成高校语文课课时仅为英语课一成。

(《广州日报》2013年11月15日)

第九章

申 论

第一节 概述

知识经济时代所需要的人才是高素质的复合型人才。国家公务员负有行使国家行政权力、为民执行国家公务的重要职责。与时俱进建设一支优秀的公务员队伍在当下日益紧迫。申论作为选拔国家公务员主要途径的录用考试科目之一,随着我国人事制度的改革和国家公务员制度的实施,也日益得到重视。

一、申论的含义

申论含义有二:其一,作为公务员考试中的科目,"申论"是一种作答要求和程式都相对固定规范,以测查阅读理解、解决问题等具体能力为目的的笔试科目。其二,在公务员测试语境下,申论指应试者依据给定材料,对材料事实蕴含的观点予以归纳引申,阐明并论证自己的主张、观点,表达风格贴近党政机关工作言语风格的一类特殊应试文体。

二、申论的意义

申论早在2000年中央国家机关面向全社会公开招考国家公务员的笔试科目中出现,后为全国各地、各部门公务员考试普遍采用。

申论作为国家用来选拔优秀行政管理人才的一种考试科目,从一个崭新的视角对应试者综合能力提出了更高更全面的要求。根据国家行政机关日常工作的特定要求,申论通过特定的考核方式主要检测应试者是否具有发现并解决问题的能力、宏观战略思维能力、语言表达能力。这种测试目标明确,考查全面,不同于传统的作文考试。应试者必须在给定材料基础上应对作答,给出有效的谋略思想和方法。给定的材料一般都来自现实生活,涉

及面广,应试者只有高屋建瓴,快速理清资料的内在逻辑关系,准确判断,恰切分析,合理归纳,才可进一步申述、论证并提出合理合法合情的解决之道,得体成文。这种切合公务员实际工作情景的特殊要求远非在校学生的写作考试所能比,是对应试者分析问题、解决问题和书面沟通能力的综合考核,充分体现了知识经济时代对复合型人才的新要求。

三、申论的作用

作为一种应试文体,申论在实践中得以不断的改进与完善。申论是公务员考试中唯一主观化的考试科目,必须人工阅卷,测试成绩占笔试科目总成绩的40%—50%。

1. 申论考核的实质是模拟公务员日常工作性质的一种能力测试,重在测试应试者的综合素质和实际工作能力,利于国家选拔高素质人才,优化公务员队伍,提高政府工作效率,促进国家稳定、和谐发展。

2. 申论测试利于个人才智的充分发挥。申论测试的不是一日之功,而是训练有素的阅读理解能力,综合概括能力,发现、分析、解决问题的能力和得体的言语交际能力。应试者只有具备扎实的理论知识,较强的实践能力和正确的政策思维导向,才能在测试中脱颖而出,全面展示公务员的潜质和资质。

3. 申论测试有利于素质教育理念的普遍现实化。申论全面考查应试者的综合素质和实际工作能力,有效防止了"高分低能"者进入公务员队伍。对坚持以人为本,促进人文社会科学的发展,有效提升整个社会的人文精神具有积极导向作用。

第二节 申论测试

一、申论测试特点

申论测试与传统作文考试不同,是对分析驾驭材料能力与表达能力并重的考试,侧重考核应试者的综合素质和务实能力。具有以下特点:

(一)测试内容广泛,重测应试者现实或潜在的公务员工作能力

申论测试在给定的背景资料基础上进行考查,所提供的背景材料一

般都具有较强的社会现实性。选题多围绕社会关注度高的热点问题和现象选材。这些题材具有三个基本特点：其一，关注度高。大都是为广大人民群众普遍关心的问题，如就业问题、社会保障问题、社会公平问题、生产安全问题、环境保护问题、科学发展观等等。其二，非专业性。这主要是为了保证不同专业、不同教育背景的考生都能理解题意并有话可说。其三，非敏感性。申论题材不涉及高度敏感性的话题，如涉及国家根本政治制度的政治体制改革和民族、宗教、人权、外交、国防、腐败、刑事案件等问题。申论测试中，应试者如何陈述表达、分析归纳能充分反映应试者的思想认识水平。应试者单纯就事论事，就题论题，和现实工作生活的复杂多变势必难以对接。因此，在聚焦问题的时候，要充分利用发散式思维，善于从表象问题延伸到社会管理层面。如2004年申论国家级考试中，表面上考查的是汽车工业与交通拥挤问题，实际上与汽车制造及交通专业知识并无多大关系；2005年国家试题，材料表面上属于金融领域，其实事关多方，仅从金融角度并不能解决。2010年，考查的是海洋生态保护与海洋经济发展保护问题，属于生态文明建设、经济建设的范畴，在更深一层次上也是科学发展观的考查应用。

（二）测试针对性明显

申论测试有特定的应试者、特定的考查内容、特定的考查目的。

申论应试者作为写作主体定位明确，即虚拟公务员身份。如2011年国家级的测试中就明确要求应试者分别"以国家和政府的名义"以及"以县政府的名义"来作答。

考查内容时政性和现实性明显。作为一种严格的国家公务员录用考试科目，测试依据针对的都是具有鲜明时政性、现实性的背景材料和问题，内容连贯，且作答环环相扣，更容易甄别应试者水平差异。

申论考查目的明确。主要考查应试者阅读理解能力、分析概括能力、解决问题的能力，针对性很强。应试者不能无视材料语境和现实语境，提出一些理想化的、超现实的方案。见解、方案是否合理、可行，正是鉴别应试者解决现实问题、实践能力的一个重要标尺。

（三）测试形式灵活多样

申论由概括问题部分、提出方案部分、论述问题部分三部分组成。表达手段叙、说、议兼用，文体形式公文、行业文体、日用文体都有涉及。相对于传统写作考试，这是对写作能力的全面考核。比如2003年的申论曾要求应

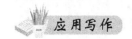

试者为设定的发言人拟出一篇现场讲话稿或电视讲话稿。2004年的申论曾要求应试者以市交通主管部门负责人的名义写一份"关于我市交通拥堵情况的报告"。2014年的申论测试曾要求应试者根据给定资料以"告别跟风,走向成熟"为题写一篇新闻短评。申论测试的灵活多样性还表现在申论作答写作的多解性上。申论测试没有也不可能有一个固定、唯一的标准方案,这是社会实践特点决定的。论述问题、提出对策更是题无定解,应试者完全可以见仁见智,各抒己见。这就给应试者提供了相对自由的发挥空间,能充分展示自己的综合能力和表达水平。

二、申论测试目标

申论考试作为能力型测试,主要通过给定材料考查应试者的四种能力:阅读理解能力、概括归纳能力、提出和解决问题的能力、语言表达能力。

（一）阅读理解能力

考查应试者理解材料的敏捷性和准确度,应试者须通过阅读分析材料,正确把握材料暗含的主题思想、倾向和观点。

（二）概括归纳能力

在正确理解给定材料的基础上,考查应试者能否运用概念判断、推理、分析、综合等逻辑思维的方法分门别类对材料进行筛选、加工、概括、提炼的能力。

（三）解决问题能力

针对材料反映的主要问题,考查应试者能否提出行之有效的解决措施、方案和方法,这是考查的重要目标。所提方法对策是否具有现实针对性,是否有效,是否符合政策法规、国情、世情和民情,是否符合虚拟身份且不越位,是否切合具体条件,是否具体操作,是否存在风险,预期收效如何等都是解决问题能力的表现。

（四）语言表达能力

申论写作不是为了抒发个人情感、展示个人文采,而是为了考查应试者是否具备公务员所应有的言语表达和沟通能力,重在测试应试者说理道事是否平实、通达、简要、有力。

三、申论测试环节

申论测试的过程有四个主要环节:阅读资料—概括内容—提出方案—论述表达。

(一)阅读资料

申论的论证环节是在阅读理解给定材料的基础上进行的,因此,阅读材料就成了申论测试的第一步。这一环节是完成其他三个环节的前提条件。只有彻底读懂读通给定材料,才能真正把握材料的性质和内涵,从而准确归纳、概括、提炼出主题或者发现主要问题,有的放矢提出切实可行的解决对策和方案,最终论证成文。

(二)概括内容

这是承上启下的重要环节,既是小结之前的阅读环节,同时又决定着下一步所提对策是否切实可行。概括的文字材料往往内容很复杂,多则近万字的材料要用三五百字概括出来,对应试者的概括表达能力要求很高。能否吃透材料主要内容,能否准确把握材料性质,将直接影响应试者提出的对策是否具有针对性,立论基础是否稳固扎实。注意概括内容不见得都是要求概括主旨,也可能是主要内容或主要观点等。

(三)提出方案

这是申论考试的关键环节,要求把有关问题的处理意见清楚地表达出来,以考查应试者思维是否开阔、是否具有创新意识、应变能力和解决问题的能力。它给应试者提供了自由发挥的充分空间。应试者可充分结合自己的实践和经验、知识积累,发表见解。当然,这一切必须针对背景材料反映的主要问题,不能超出材料给定的范围和条件。

(四)论证表达

这是在前三个环节基础上的理论升华,需要应试人员着力用墨。论述主要检测应试者的理论思维能力和表达能力。这部分内容要求应试者充分利用给定材料,紧扣主要问题,对自己的见解和观点进行全面阐明和论证,以更全面、更充分地展示应试者的知识基础、理论水准、思维水平及文字表达能力。

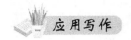

四、申论测试的发展变化

近几年申论测试稳中有变。主要表现如下：

（一）分级分卷测试

申论测试针对性更加明显。2010年之前历次国家级申论考试，省级以上和市地以下职位的试卷相同，只是部分试题不同，报考者根据自身报考的职位选择答题。2010年开始按照职位等级，分别设置两类试卷，报考不同层次职位的考生，同科不同卷，测查要素和能力开始有所区别。省级以上侧重考查分析能力，更强调分析的主动性、判断的准确性，这与实际工作中对高级领导者驾驭全局能力的要求是相一致的；市级以下侧重考查贯彻执行能力，这也是由较低层职位人员在公务员体系中的位置和在处理问题上所站的高度所决定的。

（二）问题形式多样化

申论测试不再以考查议论文体为主，已从普通文体逐渐扩展到机关公文、事务性文体等多种写作体裁，如提纲、演讲稿、建议、报告、讲话稿、公开信、新闻评论等。比如，2003年国家级申论试题要求写成一份"建议"；在议论部分，要求写成"讲话稿"；2004年国家级申论试题要求概述"我国汽车工业的现状和发展趋势"，实际上就是将给定资料"改写"成说明文。第二部分要求写一份"关于我市交通拥堵情况的报告"，考查应用文体写作能力；2011年申论考试中要求报考副省以上的应试者以国家和政府的名义，围绕黄河的历史、治理文化、精神制作一个宣传手册；报考地市以下的则要求以县政府名义写公开信。

（三）选题内容更务实

申论测试内容更合理、更贴近公务员实际工作，越来越重视对应试者实际工作能力和实用写作能力的考查。众所周知，当前我国正处于经济转型、体制转轨的社会转型期，伴随着日新月异的变化，同时也出现了各种各样的问题。从国际社会的发展经验看，社会转型期一般是"黄金发展期"，但也容易变成"矛盾凸现期"。理性、平和的社会情绪与国民心态，对社会转型意义重大。应试者唯有对转型期的社会热点有持续关注与思考，方能应对。如2014年度申论副省级给定的材料就是从第21个世界精神卫生日着手，阐述了当前中国日益凸显的一些国民心理疾患所引发的社会问题，列举了当前一系列跟风和浮躁现象,如报班热、相亲热、买房热、投资热等,全方位展现对国民心理健康的关注和探讨。市地级的申论给定材料同样紧扣转型期的社会焦虑问题,极具社会民生关怀倾向。这些问题和现象既是现实中国的反映,也是现实公务员日常工作所必须应对解决的。

第三节 申论写作

申论测试材料信息冗杂,问题形式灵活多样,应试者必须具备足够的知识储备和较强的分析、解决问题的科学思维能力,方可从容应对。

一、申论试卷构成

申论试卷主要包括三部分:

（一）注意事项

1. 作答时限:阅读材料40分钟,作答110分钟。

2. 仔细阅读给定的材料,按照后面提出的"申论要求"依次作答。

（二）给定资料

申论给定材料通常是与现实国计民生密切相关的社会问题或社会现象。内容可能涉及政治、经济、法律、教育等社会现象的诸多方面。

（三）申论要求

要求在试卷中通常都是通过3到4个题目来体现的,比如要求概述事件、概括主要问题、分析原因、分析危害、简述意义、分析观点、分析论证所提对策措施。文体不外乎策论文、议论文、公文和事务文体。"申论要求"一般涉及三个主要方面:

1. 阅读理解背景材料并予以梳理分析整理、归纳综合,概括表达。比如用不超过200字左右的篇幅,概括出给定材料的主要内容或主要问题。

2. 对主要问题提出见解,提出对策或具有可行性的解决方案。比如给应试者设定某种身份,对材料中所反映的主要问题提出的对策和方案要体现针对性与可行性,作答不超过500字。

3. 对见解、方案进行论证、说明、申述。对观点和方案的论证,一般要求应试者根据上述材料反映的重要问题自拟题目或就给定的题目进行论证。

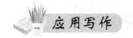

申述须中心明确,内容充实,论述深刻,条理清楚,有说服力,字数在1200字左右。

二、申论作答

(一)审题

应试者首先必须准确把握、正确理解背景材料,这是申论作答的基础和关键。申论试卷中所提供的背景材料信息量大,有效信息、干扰信息错杂相处,行文有意杂乱排列,应试者不具备科学的阅读方法和技巧、没有一定的综合分析能力很难真正读懂材料。

申论写作对应的是广阔的现实社会大背景,不同的背景材料,设定的就是不同的写作语境。

事件型的材料应区分是常规性的还是突发性的事件。常规性的事件一般集中反映的是社会现实生活中普遍存在的、频发性的、长期的、影响波及面大而又亟待解决的社会问题。如生产与环境保护问题、网络安全建设问题、安全生产问题等。现实中,处理这类事件是国家公务员一项经常性的工作。对待这类材料,应试者的写作处理与国家公务员日常工作性质很接近,写作中一般以客观陈述为主,以说明、议论为辅,问题涉及的诸方面要素都要层次清楚地表现出来。而突发性事件具有极大的不确定性。针对这类事件的写作,应试者的联想空间相对就比较大。应试者必须把握住及时、稳妥处理突发事件的原则,挖掘自己的潜能,发挥自己的创造力应答。

问题型的材料应区别有定论的还是尚无定论、正在磋商和争议中的。问题型材料是以问题为主,一般是以叙述、说明、议论问题为主线。定论型问题针对性较强,基本是现实生活中严重影响工作、生活并亟需改进或解决的社会问题。应试者对此需有针对性地在材料中发现问题,并提出行之有效地应对措施及解决问题的办法和方案。这也是国家公务员在实际工作中经常遇到的一项工作。没有定论的或有争议的问题,往往问题本身就具有双重属性,有"利"有"弊"。对此,应试者可根据题意的指向或审题的需要来选择角度,既可从利的方面总结成绩,推广经验;也可从弊的方面总结教训,提出对策,解决问题。这种类型的问题在今天社会转型期间,也是政府职能部门必须直面并亟待解决的问题。

给定材料是完整的篇章还是片段式的也须区别。相对完整型材料,结构上基本是围绕一个问题的叙述或说明排列下来,内容层次意义比较连贯,应试者大多习惯阅读这种形式的材料。但近年来不完整的片段式的材料居多,这种结构类型的材料,往往由一系列文字、数据、图表分别传递出一堆待整理加工的信息片断,内容先后顺序不明显,头绪不清楚,信息量又繁杂,常识性、基础性、职务性等综合知识错综复合,材料的语境意义远远超出其表象。对待这一类材料,应试者在阅读的同时,必须完成对材料的系统梳理,运用抽象思维能力概括归纳材料,跳出材料的表象,透过现象看本质,抓住材料的关键和实质,去伪存真、去粗取精、由表及里接近问题实质。如果没有一定的阅读分析综合能力很难驾驭这类材料。

(二)表达

申论表达,一方面应试者须具有一般的汉语书面表达技能,比如遣词造句合乎规范,表意准确、严谨,修辞得体。另一方面须具备现实公务员工作语境中所应有的应用写作表达技能。具体作答注意以下几个方面:

1. 标题

申论考试常会要求自拟标题。标题是文章的"眼睛",一个既能恰当反映背景材料内涵,又切合自己见解、准确鲜明形象生动的标题,无疑能为申论写作增光添彩,标题可以是单标题形式,也可是双标题形式;可以是结论,也可以是问题;可以直白,也可以修饰。总之,要能传达文章的基本思想、重要信息。标题拟写应简洁形象、准确鲜明,使人一目了然,忌冗长啰唆,题不对文。

2. 开头

申论写作开头宜直截了当。申论写作实用目的很明确,时效性要求很高,字数又有限定。因此,最好开门见山,一两句成段,迅速入题,引入本论。开篇即确定中心,交代清楚文章的观点或议论的话题。开头应有新意,以展示"凤头"之精彩,可运用比喻、类比、排比、引述名言、讲述寓言故事等多种手法导入话题。

3. 主体

主体是申论文章的展开部分。主体部分须结构严谨,条理清晰,论证严密,理据充分。

思路明晰,行文才可条理。因此,写作主体首先须明确写作要求是策论文、政论文还是公文、事务文体。

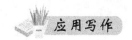
应用写作

策论文,强调测评应试者解决问题的能力。写作中要将提出对策、方案作为全文重中之重,布局谋篇、构思、具体写作均以此为主。提出的方案,要合法合理合情,以人为本;提出的措施,应既有现实针对性,实践上可行可操作,又有理论高度,所思所想都必须站在虚拟身份的角度。总之,提对策,不能简单、生硬、偏颇,或脱离实际纸上谈兵,而要合理、科学、合乎国情民意,有利于解决问题,促进工作,营建和谐社会。

政论文,应针对背景材料中引发的主要问题展开论述。提出自己的看法,正确引导舆论和指导实践,或提出解决问题的思路和方法等。为此,正确地确定中心论点,即立论或立意很关键,这是写好政论文的前提,也是政论文写作的总的原则。提出论点应旗帜鲜明,不能模棱两可、暧昧不明,最好使用段旨句突出论点。论述应理论结合实际,既要讲道理,又要摆事实,自始至终为中心论点服务。论述应全面深刻,能从表象看到事物的本质,一针见血地指出问题的实质。对问题的阐述,可从操作层面、体制、观念、心理等方面多角度多层次进行分析,继而提出切实可行的解决方案。

公文文体或事务性文体,不管是"建议""讲话稿""报告"还是其他文体,其主体内容上虽然都离不开反映情况、提出建议、进行论述三个方面的要求,但需要注意的是,由于文体类型不同,具体写作时在内容的安排布局上就要区别对待,不能平均使用笔墨,要有主有次,有轻有重。比如报告这一公文文种,其主要用途是向上级机关汇报工作,反映情况,答复上级机关的询问。在申论试题中以"报告"的形式写作,就需要认真分析概括给定资料以便"汇报工作,反映情况"。谈到一些相关的认识,还需要适当议论。讲话稿、演讲稿一般都是为了进行宣传和鼓动的,同样需要进行议论,发表意见和主张,但这些文体互动性明显,写作时就要体现出明确的听众针对性。再比如建议,建议内容实际上等同对策,写作时就需要针对背景材料所反映的问题拿出对策,而不必深入论证。

申论大作文一般都要求在千字左右,结构安排上宜分段表述。段落一般首句多为小论点,或承上启下过渡句;中间段围绕小论点,运用恰当的事实、理论论据,或针对现实生活中的某些现象,分析说理;最后结合论述内容小结。这种布局能明确显示出文章的脉络层次,展示应试者的论述思路。具体可用一些标志性的提示词语,如,首先(第一),其次(第二),再次(第三)等显示结构层次。

论证方式常用正反对比式。运用辩证思维迅速展开论述,从正反两面讲道理,一般不容易出现失误。论述时应尽量减少背景材料的转述、摘抄,以免被写作客体材料牵着鼻子走,或一味地将材料联想、堆砌,将观点湮没在材料之中。而应突出加强议论,将分析、概括、提炼的内容上升到理论高度,这样的论证才有理有据有力。

4. 结尾。结尾是文意发展的必然结果,也是文章结构的重要组成部分。收束全文时,要体现结构上的紧凑、完整,既不能草率收兵,也不能画蛇添足。结尾应干脆有力、富有启发性和鼓舞性。常见结尾的方式有:总结全文,强调中心论点;水到渠成,自然收尾;提出希望,发出号召,指明方向;突出哲理意义,启人深思。

三、申论写作

（一）申论写作特点

"申论"作为国家公务员考试的一种专用文体,是实用写作与时俱进的产物。特点如下:

1. 综合全面

申论写作要求应试者针对既定题目、既定的背景材料去发现问题和解决问题,是将阅读、理解、作文、策论有机结合之后的综合表达。这不仅考查应试者分析问题、解决问题的能力,还考查应试者处理日常事务信息的素质与潜能,现实针对性强。

2. 立意高远

申论写作主题其实都是从公务员现实工作中提炼出来的,方向明确。近年来申论考查内容涉及政府行政职能的较多,这也正是为什么申论要求应试者分析把握问题要有宏观性,解决对策要便于执行操作的原因。

3. 写作主体虚拟化

申论是一种限定性测试,命题者一般都会提供应试者以既定的"虚拟身份"——公务员或政府部门。因此,应试者所提方案与对策都不能脱离这一"虚拟身份"的限定,应试作答须切合这一角色身份和地位。

4. 主客一体

"客"即申论写作的客观性,指的是申论写作客体背景材料的既定性。

写作只能是在既定材料基础上提出方略并进行论证,不可随心所欲。"主"即主观性,指的是申论具体写什么、如何写并没有明确限定,应试者完全可以根据自己的实际情况和对背景资料的认识有感而发。

5. 程序化明显

申论写作是环环相扣的。申论测试规定应试者在写作之前,首先必须阅读给定材料,加以整理分析综合后,才能提见解对策,进行论证。

(二)如何提高申论写作能力

申论测试万变不离其宗。申论写作需要的是经国济世的大文章,应试者申述的应是治国之道,利民之道,益世之道。因此,要想提高申论写作能力,就必须兼顾"诗"外功夫和"诗"内功夫,踏踏实实打好写作基本功。

1. 提高运思能力

分析概括能力是申论测试的第一大基本功,直接影响申论写作成败。而要提高分析概括能力,就必须掌握科学的思维方式。在分析社会问题上,尤其需要掌握辩证思维的方法,以科学、系统、全面地分析研究问题。

2. 关心时政

申论背景材料大都是涉及国计民生、带有普遍性的社会问题。有志于做一名国家公务员的,就必须培养关心时政,关心大众,关注民生的大局意识和勤思考的好习惯,做一个有心人。

3. 积极参与社会实践

申论材料涉及的大都是现实中未能很好解决的问题。只有具备渊博的知识、丰富的实践经验和阅历才能准确作答。如平日对时事反应淡漠、不敏感,写作就会手足无措,勉强成文也是下笔千言不见方略,广度、深度、高度都不足。所以,应试者须积极主动不断丰富自己的实践经验和阅历。

4. 提高政治理论素养

申论申述的是治国之道,因此,政策理论性很强,而政治素养和政治水平的提高不是一朝一夕就能实现的。应试者只有养成认真学习政治理论、学习相关法律法规的习惯,熟练掌握现行的政策规定,持之以恒理论联系实际,不断提高政治理论修养,才能提出既符合大政方针又体现社情民意有效可行的对策。

5. 提高阅读水平

申论试卷给定资料纷繁复杂、散乱无序,如没有一定的阅读能力,往往难以梳理出命题指向。应试者平时应阅读一些高质量的报刊文章,不断提高自己阅读理解的速度和质量,勤于换位思考。应对申论写作,这种深度阅读的训练不容忽视。

6. 提高应用写作技能

应用写作水平有限,这是制约应试者申论写作水平不高的原因之一。而应用写作在文种的选用、材料的取舍、格式的限定、语言的运用等方面,都有独特的体式和要求,必须经过一个扎实的学习、训练、过程。

7. 提高语用表达能力

申论的语言具有"政务性"与"事务性"的特点,论证要客观、严密、准确、冷静,态度严肃,表达理性。而语言风格是在长期的写作实践中形成的,要想把握它,就要多读多写一些政论性、事务性较强的文章,勤于练笔。

2014国家公务员考试申论试题(副省及以上)

给定资料

1. 2013年10月10日是第22个世界精神卫生日。世界卫生组织公布的最新数据显示,全球约有4.5亿精神健康障碍患者,其中大多数生活在发展中国家。某心理研究所的研究报告表明,我国城市劳动力人口中亚健康人群的比例呈现增长趋势,其中城市无业人员中的心理亚健康问题尤为突出。

该心理研究所的Z博士说:"人的内心不稳定、不平衡会造成个人负荷加重,并累及社会适应能力,无形中拖累了社会发展的步伐。"某社会学家也指出,社会的浮躁与焦虑,不仅易引发有害的聚合行为,且可能因之导致社会的某种断裂,影响经济社会的健康发展。

我国正处在社会转型期,各种社会问题矛盾多发,竞争压力加大,工作节奏加速,使得部分国民心理疾患所引发的社会问题开始凸显。

心理问题涉及面广泛。从发育的儿童、成长的青年,到空巢老人;从校园内的大学生、工棚里的农民工,到政府官员、企业精英,各阶层的人都可能面临各式各样心理问题的困扰。心理疾病和精神疾病对人们的危害绝不亚于心脑血管、呼吸系统疾病及恶性肿瘤等。有统计显示,每年约有160万人因心理问题导致行为失常,甚至构成犯罪,给社会造成很大危害。

有观察家指出,破解这一问题,政府应承担营造"大环境"的责任。改革开放30余年,在举世瞩目的经济高速增长背后,我国政府已经意识到必须妥善解决心态失衡等社会问题,让民众真正感受到公平正义,过"有尊严的幸福生活"。社会学研究员Y认为"制定政策时,政府还应充分考虑政策的科学性、连续性和社会影响,减少因政策的不连续性等因素导致民众对未来的不确定感,减少对个体造成刺激和重大挑战","尤其是对于城市边缘人群和农村贫困人群,提高他们的积极情感、帮助其消解负面情绪,对于缓解社会冲突、减少人际间的矛盾与仇视,促进家庭和谐、社会稳定,都具有十分积极的作用"。

2. 某网站发表文章指出,目前社会问题日渐增多,造成社会心理方面的若干"缺失",并具有相应的表现形式。

一项针对100万在职工作人员工作现状的网络调查显示,近三分之二的人感到压力较大。尤其在警务、义务人员、高层管理者等职业群体中。70%—80%的人都感到压力大,表现为失眠,记忆力衰退,容易紧张、焦虑和抑郁。许多感到调整自己原有的心理定式和行为模式越来越困难,心理放松,宣泄郁闷的机会和渠道越来越少。

由于当前各种体制机制还不够完善,人们在资源占有、机会获取、成果享用等方面出现事实上的不公平,一部分人往往在比较中产生了心理失衡。加之现代社会信息化程度高,各种不平衡、不公平信息迅速大量地传播公众,造成了更多人的心理失衡,这种情绪积累时间过长,势必产生严重的心理问题和社会矛盾。

在社会转型期,传统的价值观、就业模式、保障体系等,正在发生急剧变化,人们对未来缺乏安全预期,对未知充满恐惧,对变化心理准备不足,对多元化心理认同不够,易产生焦虑、恐惧、迷茫心理,出现信任和诚信危机。

一项对"白领阶层"的社会调查显示,在被调查者中,认为与过去5年相比,生活幸福指数略有下降和下降很多的占36%;快乐正悄然离一些人远去,焦虑已渐渐占据某些现代人的心理。有报告显示,新生代农民工已经占农民工整体的47%。他们因为收入较低,难以承受较高的生活消费,融入城市生活困难重重,更容易滋生心理问题。同时,人口流动范围加大,生活环境变化加快以及各种自然灾害频发,都会使人们增加社会陌生感带来归属感的降低,进而导致孤独感。特别在一些发展较快的城市,生活着一些被高就业门槛和高生活成本边缘化的"社会隔离"人群,或称心理"无根"人群,这种现象得不到消解,易使一些负面情绪蔓延,甚至危及社会秩序和安全。

某些心理精神疾病病患者常因"羞耻感"而不及时就医,延误了诊治。而患者的亲友和同事也没有及时表现出该有的同情,社会对心理疾病还存有偏见和歧视。精神疾病康复者不能顺利回归社会大家庭,则又成为导致心理健康疾病复发增高的一个诱因。

3. 为了全面推进大学生心理健康教育工作,S大学举办了以"迎校庆、健心灵、献爱心、促成长"为主题的第六届心理健康节活动。

2013年4月26日下午,著名相声表演艺术家J到校作了题为"中国曲艺的魅力"的讲座。讲座现场气氛异常火爆,能容纳300人的音乐厅座无虚席,很多学生一直站着听完整场讲座。J说学逗唱、惟妙惟肖的表情和幽默的言语让全场师生捧腹大笑,充分领略了相声的艺术魅力。4月28日晚,第四届校园相声大赛如期举行,共吸引了一千多名师生参加。有同学以充满诗意的语言表达了自己的感受:"相声通向笑声,笑声连接大家的心声。笑帮人宣泄喜怒哀乐的情绪。笑伴人应对酸甜苦辣的人生!顺利时会笑,困难时能笑,失败时敢笑,我们笑着同昨天告别,又笑着迎接新的黎明!"

S大学是较早创办心理运动会的单位之一。5月12日下午,第五届心理运动会拉开帷幕,活动精彩纷呈,创新无限。"漫天飞舞"项目要求参赛选手中女生蒙住眼睛抛毽子,而男生站在女生身后5米的圆圈内用篓子接毽子,规则看似简单,却要求女生恰到好处的抛毽力度和男生辨识毽子飞行方向的全神贯注。漫天飞舞的彩毽和同学们的欢声笑语飘扬在操场上空,其乐融融。"心灵感应"环节要求参赛者一人蒙住眼睛,背着另一位同学,在他的指引下绕过障碍,背者失去方向、小心探索道路的迷茫,被背同学指点迷津、化险为夷的喜悦,使得比赛充满刺激和欢乐,全场气氛渐入高潮。"齐心协力""铁人三项""背对背拥抱"的比赛模式也都突破常规,不仅强调个人的体能展现,更考验团队的默契配合。参与的同学活力四射,乐在其中,观战的同学呐喊助威,激情澎湃,让整场活动都洋溢着喜悦和乐趣。

举办讲座是开展心理健康教育的传统方式,深受师生欢迎。组委会针对辅导员、心理保健员、普通学生等不同群体组织了若干场精彩讲座。

5月21日下午,学校党委副书记带着各院系辅导员听取S大学心理健康教育中心主任D教授做《如何应对心理压力》的讲座。D教授是国家首批注册心理督导师,她的精彩讲解有助于辅导员们应对职场与生活压力,享受健康人生。

4月28日下午,S大学心理健康教育中心W老师为全校各班班长、心理保健员做了一场题为《常见的心理问题》的讲座;5月7日晚,W老师又做了一场《与大学生谈人生规划》的讲座,师生们表示要将所学知识运用于学习、工作、生活中,调节自我,服务大家。

健康节筹备期间。四川雅安发生7级地震,给当地人民群众生活财产造成了重大损失,深深牵动着师生的心。健康节组委会寻事把给灾区募捐的爱心奉献活动也列为心理健康节的重要组成部分,试图使学生们在募捐活动中体认到爱心与向善是心理健康的真正底蕴。

4月23日,几位学生连夜制作了募捐箱和祈福绶带,发起"天佑雅安、心系灾民"捐资赈灾活动。在"生者坚强、逝者安息、祈福雅安、重建家园"的条幅上,同学们写下了真挚的祝福。并将所筹善款汇往灾区。

一衣一物皆心意,一元一分总关情,有同学说,我们的心连在一起。就是一座爱的堤坝;我们的手牵在一起,就是一座情的长城。

4.暑期来临,日益升温的"报班热"让孩子们本该无忧无虑的假期变得紧张而忙碌。不少家长"跟风",给孩子报了特长班、兴趣班、课外辅导班等等。

荧屏上的相亲交友类节目大战愈演愈烈,多家卫视相继播出相亲或者交友类节目,一轮"相亲热"席卷荧屏。

近年来,媒体选秀节目从未冷却,从"超级女声""快乐男生"到各行各业、各种角色纷纷"选秀","选秀热"进入了全面开花阶段。

一股"全民养生"的热潮炙浪逼人。五花八门的养生学说见诸各种媒体,名目繁多的养生书籍充斥图书市场。养生,已成为人们时下最为关注的话题之一,并以一股强大的磁力影响着百姓的日常生活。

此外还有集资热、股票基金热、买房热、文凭热等,常常是一波未平一波又起。

据某网站问卷调查显示:七成以上的受调查者认为时下跟风程度"非常

严重",表明随大流、跟风已成为一种普遍心态,跟风现象有愈演愈烈之势。专家认为,跟风现象折射了社会转型期的浮躁心态,在一定程度上构成了社会群体心理"亚健康"的表征。

有研究者撰文指出,如果说跟风来自于人们对各类专家的依赖,那么,不难想见,这种"依赖"恰好凸显了当前人们的一种"预先失败"的窘况。文章中引用了英国学者吉登斯在《现代性与自我认同》一书中的相关阐述,试图把现代人所面临的心理问题的讨论引向深入。

吉登斯指出"在晚期现代性的背景下,个人的无意义感,即那种觉得生活没有提供任何有价值的东西的感受,成为根本性的心理问题。"在吉登斯看来,现代社会中任何个人的行为都必须参照一种专家系统才可以实现。换言之,人们越来越相信现代社会的专家指导系统,在做任何活动之前,总要去参考各种各样的指导意见,并找到行为的依据,离开了这个专家系统,个人将迷失在社会当中,一事无成。

比如说买衣服,表面看起来,这是一个纯粹的个人行为。买什么衣服,选什么品牌,完全由个人的看好所决定。但是,在今天,任何购买行为都已经深深地和各种各样的广告连接在了一起。广告,无形中就成为了现代人生活中重要的"指导系统"。事实上,广告无意于担当这一功能,但是在纷繁复杂的商品世界中,它确实为现代人提供了辨别和追寻自己需要的物品的中介——从这个意义上说,广告也成为现代人自我辨认的一种曲折的形式。

这无疑会对人们自主选择能力带来巨大的冲击。在任何属于个人的行为当中,都隐藏着一个他人的选择、他人的要求、他人的想象。因此,它会使相当一部分人成为脱离了庞大的文化系统而难以生存的族群。

隐藏在这种生存的想象性对抗背后的,则是人们期待权威的心态。当人们无法获得真实世界的全部信息,就只能想象性地获得这种信息——这就有了对于大众文化媒介的依赖。跟风现象之所以在今天以如此空前规模的形式盛行,也正是这种媒介依赖的结果。

斯图亚特·霍尔曾这样描述现代社会:大众传媒通过生成知识和影像,给大众提供一个认识外部世界的通道。在社会高度发展、信息丰富芜杂以及生活形态多样变迁的同时,世界也在一定程度上变得破碎、凌乱和神秘,而大众传媒恰好掩盖了这种破碎、凌乱和神秘。大众传媒总是向我们呈现出世界的完整面貌,让我们觉得生活在一个充满了广告画面一样温暖的世界之中。

就人们的日常生活而言,大众媒介承担了一个"专家指导系统"的角色。一时间,所谓的养生专家"走红"各家电视台:隔夜水可以还阳养肾、活吃泥鳅可以治病……几乎最时髦的养生术,都是以对科学主义的文化体系进行颠覆甚至戏弄为前提的。这种反科学主义的冲动背后,则是人们对"媒介"的过度依赖。公众的生活知识,总是通过大众媒介获得,于是许多人也就把大众媒介专家作为自己生活方向的指路人。

5. 某网站展开一场关于"跟风"现象的讨论,引起了网民的热议。有热心网民对数量庞大的跟帖中的"精华"整理如下:

甲:我就上过所谓养生专家的当,对各种各样"养生经"深信不疑。有一次挂了一个养生专家的门诊,仅挂号费一次就花了我2000元,结果,从书店里买到的最普通的养生图书中一查,原来专家给我的建议全是从里面抄的。

乙:我也买了不少养生书籍,有一本图书的广告特别吸引人:"一本可能让您多活几十年的书!一本可能让您少花几十万的书!"这两句广告语真的是说到了中老年人的心坎上。被看病难、看病贵所困扰的中老年人觉得,如果买一本30多元的书就能达到永葆健康的目的,谁不会买一本?看到邻居买、同事买、亲戚朋友也买,出于从众心理,自己也唯恐"落伍"。大家都这样做,自己也这样做,这样才不会感觉到舆论压力。

丙:我国经济快速发展,给国人创造了各种各样的机会,但同时也催生了从未有过的竞争与生存压力,追逐名利的人们越来越失去了耐心,迫切渴望"一夜成名""一夜暴富",再加上一些媒体不负责任地炒作和推崇各种"快餐式成功"和"速食式成名"的"典范",人们越来越不甘心清贫和默默无闻,越来越不愿用勤勤恳恳的劳动来获得成功和荣誉,而是不切实际地去跟风,去拼、去赌,这种从众潮流正把社会推向前所未有的浮躁之中。

丁:民众其实有时候就那么点乐趣,只要不违反原则,跟就跟呗,没必要太在意。我认为不要一味地反对或禁止,关键是要正确引导,要体现以人为本。

戊:跟风是一种拙劣的模仿,所以结果必然是平庸的跟随、盲目的复制与可怕的同化,这是缺乏理性、丧失文化个性的行为,无论对于社会还是个人,后果都十分严重。从国家的角度说,在经济全球化时代,我们要建设独立自主的有中国特色的社会主义,这既是民族自强之路,也是建设世界健康的文化生态的召唤。所以,有着悠久历史的中华文明理应创造自己的新文化。而如何保持中华文化的优良传统,增强文化自信,进而在世界文化大舞台上展示有个性的民族文化,使中华文化得到创造性的发展,则是我们必须认真思考的问题。

己:一个经常从众跟风的人,必然缺少独立的思考,创造力也会随之降低,新方法和好创意会被同质化,逐渐变得平庸。一个人如果丧失了智慧和创造性,一味地随大流,就会造成千人一副的社会环境。社会学家早就指出:在个人价值和社会选择上,我们每一个人都拥有一个坐标。在某种意义上说,每一个人都独特地属于"自己",而不是别人。在纷纭复杂的现代社会,如何沉下心来,真正坚守自己,做好真正的自己,这是我们每一个人都必须面对的挑战。

庚:我觉得最重要的是加强民族文化自信心,尤其是要注意从中华文化的灿烂历史中去找寻民族文化的根基。几千年来,中华民族历经沧桑,内忧外患,但这条文化的血脉却一直没有断,贯通到今天,并日趋呈现出勃勃生机,这足以说明我们民族的伟大,说明了我们民族文化强大的生命力。今天,面对全球文化的冲突与融合,我们更应该珍惜这份文化遗产,加强传统文化教育,克服盲从与自卑心态,重振民族文化的自信心,展示中华文化的个性风采。

辛:"风"也有益害之分,"辨风"的目的在于"选风"。譬如,"全民读书活动"这种风气,既陶冶民众情操,又涵养民族精神,就应该积极追随。"好风凭借力,送我上青云"。对于保护环境,和谐自然的"清风"。也应该追风赶潮,尽显自己的绵薄之力。一句话,当追的风要追,不当追的风,那是万万追不得的。

壬:全社会应积极倡导公民的个性发展,鼓励创新精神。在当代生活中,现代化推崇"标准化"的操作模式,世俗化的思想潮流如享乐至尊、娱乐至上等等,常常在不知不觉之中,以同一模式对我们进行打造。尤其是随着商业化的全面推进、社会交流的日益频繁以及信息化的强力渗透,跟风更加有可能束缚思维、抑制个性发展、扼杀创造力,从而使我们在生活方式,文明习惯乃至人生境界等方面陷入流行化、浮躁化、庸俗化。个体是构成社会的细胞,只有每个人的素质提高了,才能抵得住诱惑,守得住人生的宝贵价值。

癸:如果这样一种跟风随流的生活成为我们人生的全部,在人生终点,岁月大幕落下之时，我们会不会深深地为自己的平庸感到遗憾，甚至有难以言表的耻辱感？因为，我们一直活在别人创造的所谓的"跟风文化中"，我们从没创造出打上个性烙印的成果。

6. 当今社会，竞争白热化，每日高速度、快节奏奔波劳碌成为城市工作、生活的主旋律。超时、超负荷工作严重地损害了人们的身心健康。

国内一项调查显示，84%的人认为自己生活在"加急时代"，生活节奏越来越快、压力越大越来是普遍现象。英国有位时间管理专家说："我们正处于一个把健康卖给时间和压力的时代。忙，特别是心理上的忙碌感所带来的伤害，可能超出我们的想象，那种不眠不休的工作，是一种自杀式的生活。"

上世纪80年代末期，意大利人首先倡导"慢生活"方式，他们希望放慢生活节奏，主张"慢餐饮""慢旅游""慢运动"等等。这里的慢，并不是速度上的绝对慢，而是一种意境，一种回归自然、轻松和谐的意境。专家认为，从某种意义上说，"慢生活"是一种积极的生活方式，是一种健康的心理状态，是一种"富"的充实、"穷"的快乐的生活状态，"工作再忙心不乱，生活再苦心不累"。

在我国，也有心理健康专家适时提出了"慢生活"这一理念。专家指出，在生活节奏不断加快的今天，我们应该静下心来思考：什么是人生的真谛？物欲催促着生命的脚步，时光分分秒秒日复一日地流走，人生在金钱方面看似相对丰富了；而在另一方面，却是生活质量下降，影响到身心健康。专家认为，生活要归于简单，工作要抓住重点，在职场忙得焦头烂额、筋疲力尽的人士，不妨梳理梳理心情，让生活节奏慢下来。

金庸先生说："我的性子很缓慢，不着急，做什么事儿都是徐徐缓缓，最后也都做好了，乐观豁达养天年。"飞人刘翔生活中也有慢的时候，他说："我吃饭比较慢，我也喜欢洗澡的时候慢一点，因为我喜欢慢节奏的生活。"

慢生活的提出，是对国人生活质量和生存状态的一种反思，放慢生活节奏是一种技巧，同时也是健康、积极、自信的生活态度。"慢生活"没有固定模式，可以从身边的一点一滴做起，从慢一点吃饭开始，到漫步、慢运动等等。有专家因此提倡"节奏慢下来，效率提上去，心态平下来，健康升上去"。

我们或许应该如作家米兰·昆德拉所言，要"慢下来"，因为自在有为的生活是急不得的。

作答要求

一、"给定资料2"揭示了当前社会心理方面存在的若干"缺失",请对此予以归纳概括。(10分)

　　要求:全面准确,分条归纳,不超过150字。

二、读读"预先失败"这一概念在"给定资料4"中的含义。(10分)

　　要求:全面、准确,不超过200字。

三、"给定资料3"介绍了S大学举办心理健康节活动的情况。假如你是该省教育厅的一名工作人员,全程观摩了这次活动,校方请你在这次活动的总结会上发言,请草拟一个简短的发言稿。(20分)

　　要求:

　　(1) 内容具体,符合实际;

　　(2) 目的明确,切合主题;

　　(3) 语言生动,有感染力;

　　(4) 不超过500字。

四、某地方报纸根据"给定资料4"和"给定资料5"的内容做了一版关于"跟风"的专栏,请你以"告别跟风,走向成熟"为题,为这个专栏写一篇短评。(20分)

　　要求:

　　(1) 观点明确,简明深刻;

　　(2) 紧扣材料,重点突出;

　　(3) 语言流畅,有逻辑性;

　　(4) 不超过500字。

五、"给定资料"结尾写道:"我们或许应该如作家米兰·昆德拉所言,要'慢下来',因为自在有为的生活是急不得的。"请结合你对这句话的思考,联系自己的感受和社会实际,自拟题目,写一篇文章。(40分)

　　要求:

　　(1) 自选角度,见解深刻

　　(2) 参考"给定资料",但不拘泥于"给定资料";

　　(3) 思路清晰,语言流畅;

　　(4) 总字数1000—1200字。

【参考答案】

一、主要表现为：一是轻松感缺失。大部分职业群体易紧张、焦虑。二是公平感缺失。一部分人接受不公平信息产生心理失衡，且不断传递。三是安全感缺失。特定人群社会陌生感增加，归属感降低，出现公众信任危机。四是幸福感缺失。社会转型期的急剧变化易引发迷茫恐惧心理。五是同情感缺失，社会对心理疾病存有偏见和歧视。

二、"预先失败"是指人们过于依赖媒介如"专家指导"的意见，弱化甚至丧失自主选择能力的心理状况。在现代社会，人们由于期待权威，总习惯在任何活动前假定自己是失败者，去参考外界的意见，来主导自己的选择。而事实上，过于依赖媒介或他人而一味跟风折射出人们浮躁的"亚健康"问题，盲目相信"权威"容易导致个人的迷失、焦虑甚至伤害。

三、各位老师、同学们：

大家好！非常高兴能够有这次机会全程参加S大学第六届"迎校庆、健心灵、献爱心、促成长"心理健康节活动，我代表省教育厅，向本次心理教育节的成功举办表示由衷的祝贺！

本次文化节内容丰富，形式多样，充分展现了同学们积极、团结、向善的健康心态。

相声——欢愉广大师生。相声艺术为大家带去了笑声，也连接了大家的心声。喜怒哀乐，演绎人间百态；说学逗唱，欢愉广大师生。

运动——动感美丽心灵。在心理运动会上，同学们创新无限，通过精彩纷呈的体育活动，不但充分展现了个人的体能和智慧，更彰显了团队的默契配合和通力合作。

讲座——追求执行合一。讲座是开展心理健康教育的传统方式，也是行之有效的方式。通过开展讲座，师生们将所学知识运用于学习、工作、生活中，调节自我，服务大家。

善款——心系玉树藏胞。健康节筹备期间。四川雅安发生7级地震，师生们发起"天佑雅安、心系灾民"捐资赈灾活动，在募捐活动中体认到爱心、向善的心理健康底蕴。

全面推进大学生心理健康教育工作，切实服务大学生健康成长是全面提高高等教育质量的要求。心理健康节活动为促进大学生健康成长成才发挥了重要作用。希望S大学将这项活动更好地延续下去，为大学生快乐成长做出更大贡献。

四、告别跟风，走向成熟

近年来，我国弥漫着一股"跟风"热潮，家长"跟风"报班热，节目"跟风"选秀热，全民"跟风"养生热，一风未止一风又起。这一现象折射了社会转型期社会群体的浮躁心态，构成了社会群体心理"亚健康"的表征。

"跟风"现象源于人们"预先失败"的心理问题，过于相信专家指导系统所致。当前社会高度发展、信息丰富芜杂，生活形态多样变迁，世界变得破碎，人们无法获得真实世界的信息，期待权威。大众传媒承担起"专家指导系统"的角色，通过生成知识和影响，给大众提供了一个认识外部世界的通道，但部分媒体不负责任地炒作，导致社会"跟风"现象严重，虚假宣传大行其道，从众潮流将社会推向浮躁之中。

跟风是拙劣的模仿，缺乏理性，丧失文化个性，经常从众跟风，会缺少独立思考，创造力也会随之降低，一个人如果丧失智慧和创造性，就会造成千人一面的社会环境。为此，需要正确引导，增强文化自信，全社会鼓励公民个性发展，鼓励创新精神，提升个人素质，使我国社会整体以人为本。中华文明理应创造自己的新文化，个人要沉下心来，做好自己。要加强民族文化自信心，珍惜文化遗产，加强传统文化教育，克服盲从和自卑心理，重振民族趋成熟多样。

五、中国发展升级版　需要释放社会正能量

改革开放以来的中国，经历了长达35年的经济高速增长，特别是过去10年，经济总量翻了两倍，人均收入超过4000美元，发展速度越来越快，"快"成了社会生活的常态，而"慢"越来越稀缺。慢作为一种心理定势，不仅决定着社会生活形态，也影响着经济发展方式。昆德拉认为自在有为的生活是急不得的，为了保证人民的生活质量与心理感受，我们需要放缓节奏，从容不迫推进社会转型和经济发展方式转变，全面打造中国发展升级版。

国内一项调查显示的，84%的人认为自己生活在"加急时代"，生活节奏越来越快、压力越大越来，以心理焦虑和精神障碍为代表的亚健康现象日益突出。学习忙、工作忙、身体忙、心理也忙，人们把健康卖给时间和压力，社会充斥着浮躁与焦虑，不仅易引发有害的聚合行为，且可能导致社会断裂,影响经济社会的健康发展。纵观社会生活,白领跳槽频繁,蓝领不得休息,从富士康的绝望一跳,到厦门BRT的夺命一燃,由于一些成员心态失衡导致的社会代价越来越大,加剧了社会成员的不安全感,影响了国家推进经济社会健康发展的战略部署。

记得7·23动车事故发生之后,一位媒体人曾经发出这样的呼唤:"中国,请停下飞奔的脚步。等一等你的人民,等一等你的灵魂,等一等你的道德,等一等你的良知!"这实际上是在提醒,发展必须以人为本,应当将社会心态建设摆在与经济发展相适应的高度,让人民在发展中拥有自我实现的机会,心态变得积极开阔,姿态变得从容优雅,社会变得文明、安全、和谐。

在昆德拉祖国的首都布拉格,人们习惯在音乐与读书中陶冶心性,度过闲暇;在他国籍所属的法国,拥有世界上最多的假日,一年据称多达186天。这些发达国家的人民拥有与他们的经济发展水平相适应的生活方式与心理状态,缓慢从容,正是社会高度文明的表征。

我国要打造的发展升级版,决不能再是片面的经济发展、见物不见人的发展,在总体战略上要使经济发展与社会建设协调同步,创新社会治理,推进民主法治建设,促进公平正义,保障每一位公民的机会公平;在具体作为上,要提高以正确价值观引导精神文明建设与人们心理调节的能力,弘扬主旋律,唱响中国梦,宣传各个领域的"最美"典型,释放正能量,引导人们将个体追求融入国家民族的事业之中;在社会工作层面,要鼓励各类专业机构和社会志愿者为公众提供多种形式的心理援助服务,疏解心理压力,排遣精神苦闷;同时,在国民福利层面,也要采取扎实的举措,落实国民旅游休闲纲要,保障劳动者假日福利的实现,努力让社会的节奏慢下来,让人们拥有发展自我的条件与空间,实现社会氛围宽松公正,个体自在有为,人人有余暇品味发展带来的精神文化成果,过上有尊严的幸福生活。

昆德拉有一个著名的观点:生活在别处,每一个人的此处即是他人的别处,是他人憧憬向往的地方,在他人眼里很美的地方,我们自己却浑然不觉。从本质上说,一种美好的生活既有物质的"此处",亦有精神的"别处",那些生活中最有吸引力的更多地是来自精神层面。把此处和别处的构建统一起来,让中国发展更均衡,也让我们的生活更美好。

参考文献

1. 郝维.应用文写作教程.商务印书馆,2004年版。
2. 何华.基础写作.兰州大学出版社,2001年版。
3. 黄卓才.经济写作.济南大学出版社,1993年版。
4. 焦垣生.写作学教程.西安交通大学出版社,1999年版。
5. 刘宏彬.新编应用文写作教程.新华出版社,2008年版。
6. 刘瑞红.申论.清华大学出版社,2006年版。
7. 刘玉学.大学写作.中国政法大学出版社,1999年版。
8. 邱飞廉.应用文体写作.清华大学出版社,2013年版。
9. 任遂虎、王百玲.大学写作训练.中国人民大学出版社,2009年版。
10. 邵青龙.财经应用写作.东北财经大学出版社,2010年版。
11. 尉天骄.基础写作教程.高等教育出版社,2005年版。
12. 先国武.应用文写作基础.四川大学出版社,2000年版。
13. 徐中玉.应用文写作.高等教育出版社,2000年版。
14. 余国瑞、彭光芒.实用写作.高等教育出版社,2002年版。
15. 郑孝敏.应用文.中国物资出版社,1999年版。
16. 周姬昌.写作学高级教程.武汉大学出版社,1989年版。